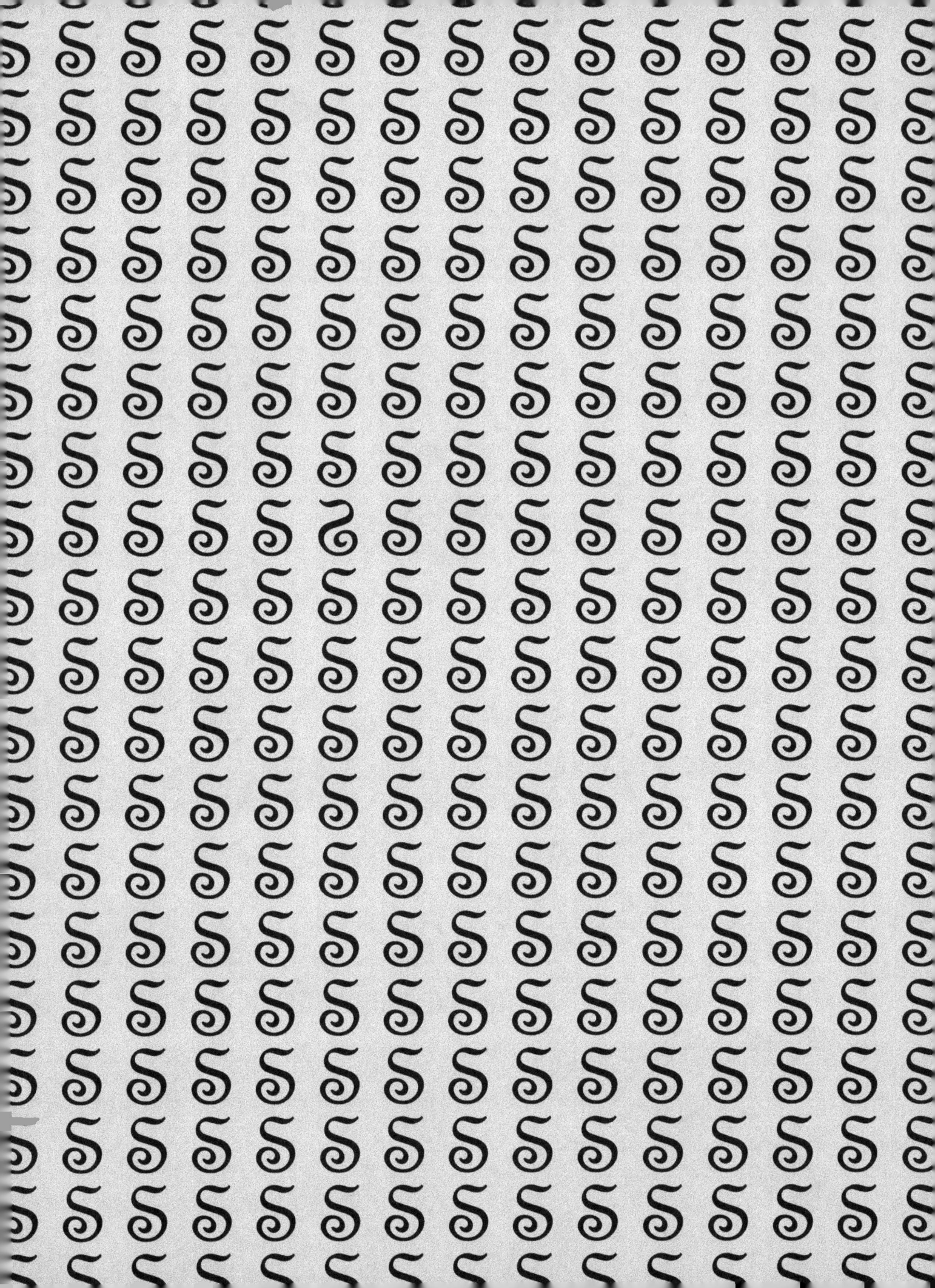

Somos Todos, Uno.

Fuerzas transformadoras en personas y organizaciones

Hacia una CULTURA de COLABORACIÓN

Somos Todos, Uno.

Fuerzas transformadoras en personas y organizaciones

Hacia una CULTURA de COLABORACIÓN

Dra. Juana Anguita G.

Editorial Segismundo

S

© Editorial Segismundo SpA, 2018-2020

Somos Todos, Uno.
Dra. Juana Anguita G.

Primera edición: Marzo 2019

Versión: 5.4

Copyright © 2018-2020 Dra. Juana Anguita G.

Contacto: Juan Carlos Barroux <jbarroux@segismundo.cl>

Edición de estilo: Juan Carlos Barroux Rojas

Diseño gráfico: Juan Carlos Barroux Rojas

Ilustración de la portada: Peter Huettenrauch G. (Berlín, 2016)

Ilustraciones del interior: Peter Huettenrauch G. (Berlín, 2016)

Registro Propiedad Intelectual N° 266.589

ISBN-13: 978-956-6029-16-8

Otras ediciones de

Somos Todos, Uno:

Impreso en Chile
ISBN-13: 978-956-6029-15-1

POD – Amazon™, EBM®, etc.
ISBN-13: 978-956-6029-16-8

eBook – Kindle™, Nook™, Kobo™, etc.
ISBN-13: 978-956-6029-17-5

Tabla de Contenidos

El Cambio

NI SIQUIERA EL FUTURO
ES LO QUE SOLÍA SER

El mundo donde existen y seguirán operando las organizaciones durante el resto de este siglo están en cambio continuo: cambian las relaciones entre naciones, instituciones, socios empresariales y organizaciones; cambia la estructuración de "los que tienen y los que no tienen", cambian los valores y normas predominantes que gobiernan a la sociedad y a las instituciones empresariales y de aquellas que producen riqueza. Cambia la forma en torno a la manera de pasar el tiempo y vivir la vida.

En un mundo así, un dilema medular para los ejecutivos y líderes es saber cómo mantener la estabilidad en sus organizaciones y, al mismo tiempo, adaptarse en forma creativa a las fuerzas externas. Estimular la innovación, y cambiar los supuestos, la tecnología, los métodos de trabajo, los papeles que se desempeñan y las relaciones, así como la cultura de la organización misma.

RICHARD BECKHARD

Prefacio

"Muchas gentes pequeñas, en lugares pequeños
Haciendo cosas pequeñas, pueden cambiar el mundo"
Eduardo Galeano

Como apreciar este libro

Este escrito debe ser entendido como un aporte a la Psicología General y Organizacional y al Desarrollo de las Organizaciones, (DO con mayúsculas), desde la mirada de la Psicología. En medio de tantas otras disciplinas que contribuyen al conocimiento del comportamiento humano y, a pesar de sus inevitables tecnicismos, invitamos a cualquier persona que desee entender el comportamiento y su devenir en situaciones de transformación personal, organizacional o de la sociedad.

Es una invitación a hacernos preguntas y como los antiguos filósofos, como dice Cristián Warnken en una de sus columnas de El Mercurio, volvamos a "no traer respuestas sino más preguntas, ya que ellos no eran portadores de la certeza, sino mensajeros de la extrañeza" (Warnken, 2017). Las encontraras en todo momento en este libro.

Muchas de las ideas y vivencias que se presentan aquí que, no por haber sido observadas, o vividas o investigadas, han de ser falsas o ciertas. Debemos profundizar su conocimiento, sin detenernos.

Busca motivar y profundizar el conocimiento de las causas y del porqué el cambio no se logra ni en las personas ni en las organizaciones tal como sería deseable. Más aún, invita a ir más allá del diagnóstico que, no los hay suficientes, existiendo una resistencia a hacerlos en nuestras organizaciones. Esta realidad me llevó, hace años, al percibirlo, a acuñar la frase siguiente: *"No existen soluciones a problemas ignorados o inexistentes"* (Anguita Godoy, Clase, 1989).

Sin embargo, hoy me doy cuenta de que a esta frase, y con la experiencia acumulada, le falta un importante sustantivo, quedando así:

"No existen soluciones a problemas ignorados o inexistentes o… sin conocimiento real y voluntad para mejorarlos" (Anguita Godoy, Clase, 2008).

Juana Anguita G.

Es una invitación a estudiar, reflexionar e investigar más y, sobre todo, abrir nuestras mentes a diferentes enfoques. A probar y acercarnos a aquellos aprendizajes o reaprendizajes que apunten al cambio de nuestra consciencia. Primero en nuestra mente, luego en nuestro comportamiento individual, colectivo, comunidad, sociedad y en el mundo.

Busco una aproximación diferente para ser aplicada al Desarrollo Organizacional, con mayúsculas (DO). Esto, para distinguir el campo de esta disciplina entre demasiadas personas, que hablan del desarrollo organizacional (con minúsculas) atribuyéndole cualquier procedimiento o acción en la gestión, sea del cambio o desarrollo, sea estratégico o táctico, incluyendo en esta disciplina, cualquier otro concepto de RRHH o Gestión de Personas.

Aventuro una definición y campo más amplio que el utilizado hasta ahora, basado en ciertas premisas y realidades, y considerando lo hasta hoy aceptado como real, así como transmitir mis propias inquietudes del presente.

Estamos, en la actualidad, en una crisis de la disciplina que obedece a los continuos cambios que se están dando en el mundo y creo, es el momento para contribuir a su esclarecimiento o emplear métodos más disruptivos en beneficio de todos.

Si bien busco innovar, hay muchos conceptos y técnicas del modelo tradicional, que no nos parecen desechables por haber demostrado su valor a lo largo de los 75 años de la disciplina. Sin embargo, necesitamos concentrarnos en nuevos focos en nuestras intervenciones hacia las personas y en las organizaciones mismas. En las formas de conceptualizar, trabajar e interactuar, para lograr el éxito que perseguimos en las transformaciones organizacionales.

Este foco, creemos, debe estar tanto sobre la persona misma como en las relaciones propias que se generan en las organizaciones como las diadas, los grupos, áreas, inter áreas y la organización toda, así como nuevas temáticas dadas por el avance del conocimiento de las ciencias y la tecnología.

Invito a conocer, lo más profundo posible, las multivariables que mediatizan nuestra conducta y sus interrelaciones, dando como resultados el que adhiramos a nuevas propuestas de desarrollo en un momento dado, o resistamos a él.

Quisiera que esto fuera comprendido no sólo por psicólogos y científicos afines sino por todas las distintas disciplinas o estados, incluyendo aquellas que aparentemente no tienen relación entre sí, porque al final sí la tienen. Esto me lleva a reafirmar, que la psicología debiera ser una disciplina que se enseñe en todas las carreras, incluidas las técnicas, dado que la gran mayoría de ellas tratan con personas; llámese, hospitales, escuelas, Universidad, centros de investigación, empresas fabriles, industriales o de servicio, o policías y fuerzas armadas. En general, organizaciones gubernamentales, no gubernamentales y privadas, partidos políticos, y comunidades de todo tipo. Sobre todo, a quienes dirigen cualquier organización.

Más aún, quisiera destacar, la organización más primaria que es la familia cuyos miembros necesitan conocer sobre cómo y por qué la gente "se comporta como se comporta" y cómo debiéramos hacer entendible esto a eruditos y a los que no lo son.

Con esto lograremos llegar a tener un mundo más amable y amoroso y menos destructivo y desgastante y así no seguiremos pedaleando en una bicicleta fija que no avanza y sólo nos cansa y no nos lleva al lugar grato en que queremos estar. Ponga Ud. el nombre que le convenga a estos sentimientos: felicidad, bienestar, sustentabilidad, florecimiento u otro.

Mientras pasa el tiempo, ¿por qué no seguir buscando conocer cuáles fueron las raíces de donde nace el comportamiento en cada uno de nosotros y cómo podemos orientarlo hacia fines éticos aristotélicos, es decir aquella "que no produce daño ni a sí mismo ni a los demás".

Hemos dejado atrás tantos enfoques efectivos para conocernos entre nosotros como, por ejemplo, el Análisis Transaccional, poderosa herramienta, que, como otras, han sido dejadas de lado por correr tras "los cantos de sirena" de nuevos enfoques y técnicas que no han mostrado su efectividad que nos permitan profundizar y comprender las relaciones con los demás, la comunicación tanto nuestra personalidad como la de los demás.

Es una invitación a ampliar nuestros modelos mentales incluyendo en ellos, nuestra sociedad, el mundo y el planeta, porque todos ellos nos influencian y a todos ellos influenciamos, para bien o para mal.

Lo que pretendemos en este libro es aludir a nuevas relaciones dinámicas que dan como resultado comportamientos positivos. Sin darnos cuenta, hemos ido dejando de lado, en nuestras intervenciones de transformación, crecimiento y desarrollo armónico, tanto para las personas como para las organizaciones a las que pertenecen.

Juana Anguita G.

No hemos "relacionado conceptos" lo suficientemente hasta ahora, para producir un resultado deseado. No hemos tenido un pensamiento y menos acciones sistémicas y sistemáticas en no sólo nuestras intervenciones como consultores sino en todos los ámbitos en que nos desempeñamos, tendemos a actuar con una visión de silos mentales. Esto es irreal, porque todo está conectado en este mundo, como se han esforzado en demostrarlo científicos, filósofos y espiritualistas de renombre.

Creo que hemos sido un tanto cómodos y, por alguna razón, estudiamos cada elemento por separado, incluso cuando ni siquiera hayamos ahondando en cada uno de ellos. Es así que encontramos muchos textos específicos sobre distintos temas: liderazgo, compromiso, emociones, imágenes, actitudes, ideologías, comunicaciones, por nombrar unos pocos, sin embargo, no los hemos relacionado lo suficiente entre sí para ver el "peso específico" que, por la historia de vida y los contextos en que se han formado, tiene en cada uno de nosotros, dando como resultante el ser como somos y sin conocer las razones por qué, en un momento dado, estamos dispuestos o no, a cambiar.

Más aún, por primera vez la multidisciplinariedad y la interdisciplinariedad, ambas incorporadas en la transdisciplinariedad, gracias al desarrollo del conocimiento debiera investigar y formar a los profesionales no por disciplinas fragmentadas sino para una realidad compleja y lograr mejor la comprensión del mundo que nos rodea.

Volvamos a contactarnos con las raíces del comportamiento humano. ¿Por qué dejamos de considerar los avances y comprobaciones de la ciencia, en general no sólo la psicología, cuando aún están vigentes, al no haberse comprobado lo contrario, y las desconsideramos para mejorar? ¿Por qué al adoptar nuevos conocimientos o técnicas no podemos incorporar lo ya probado sólo adaptándolo, rigurosamente a una nueva realidad de investigación siempre que ella permita esta extrapolación?

El conocimiento sobre los humanos y su cultura, es demasiado vasto. Por esta misma razón no pretendo abarcar todas sus variables, sino apenas dejarlas esbozadas o esquematizadas para ser consideradas por los estudiosos que buscan entender la complejidad del comportamiento humano, en sus diferentes contextos. No olvidemos que el comportamiento y su complejidad, es una de las variables claves de la cultura.

Finalmente, quisiera invitarlos a producir, desde cada uno de nosotros un Gran Susurro Universal, empezando por uno mismo que, con pensamiento y acciones, vayan influyendo positivamente en otras personas, los grupos, organizaciones, sociedades, países, el mundo entero y el planeta y nos encamine a algo mejor para todos nosotros y nuestra descendencia.

El libro consta de dos partes. La segunda es una revisión crítica, indagativa sobre nuestras prácticas de DO, basada en mis muchos años en el tema en organizaciones públicas y privadas. Creo que es tiempo de decir las cosas como son y eso es lo que pretendo en esta segunda parte en relación a las organizaciones en Chile, en quienes las conducen, en sus comportamientos elusivos, y por otra parte el rol de los consultores, sus actitudes, frustraciones que están impidiendo lograr los objetivos de transformación.

Haré una revisión de algunas definiciones del DO Tradicional, pasando por el DO Dialógico hasta proponer un DO Emergente, Transdisciplinario y Holístico.

La primera parte (Capítulo II) e invitación, es una propuesta de una nueva visión aparejada con volver a las raíces que hemos despreciado por considerarlas "obsoletas" sin embargo, al analizarlas están más vigentes que nunca. Es una nueva forma, y más cercana a la realidad, de considerar aquello que hemos ignorado. ¿Qué sabemos de las ciencias y prácticas orientales? ¿Por qué hemos ignorado disciplinas que se relacionan con nuestro quehacer? Hace cientos de años que muchos filósofos, estudiosos desde diferentes disciplinas nos muestran distintos fenómenos que van más allá de éste planeta y que inciden en nuestro comportamiento. Creo que ha llegado el momento de repensar estas conectividades a medida que el conocimiento avanza y logremos tener una consciencia colectiva de la influencia de las partes en el todo y viceversa.

La propuesta corresponde a una nueva iniciativa que busca rescatar lo humano y poner el foco de nuestras acciones en nuevos comportamientos y nuevas formas de desarrollarlos así como crear consciencia de la necesidad de adoptar nuevas acciones apoyadas en equipos transdisciplinarios cuyas reglas han de ser diferentes en su actuar a los equipos que hasta hoy conocemos, con nuevas metodologías de aprendizaje considerando los avances de otras ciencias en este sentido.

Propongo incorporar el conocimiento de otras ciencias provenientes de otras esferas del conocimiento, más allá de las ciencias sociales y de la administración y aunque explicitadas por destacados científicos, no las hemos considerado suficientemente en nuestras intervenciones, la neurociencia, la física cuántica, u otras teorías como la teoría del caos, por señalar sólo algunos.

Es tener una apertura mental, cambiar la forma en que percibimos el mundo, que sólo admiten a la ciencia tal como la concebimos hoy e incorporar la metafísica, lo transpersonal, las ciencias noéticas. Sólo así integraremos en un todo lo que realmente somos.

Juana Anguita G.

Es un camino que inicio después de años con una propuesta tentativa, junto a otras que ya están. Pero, con la esperanza que serán otros los que recorrerán este camino con nuevas sincronías. Sincronías, que implican que ciertos hechos se desarrollan simultáneamente o de manera concordante, como las que me han acompañado de manera cada vez más creciente hasta el último capítulo mientras escribía este libro y que, entre muchos otros fenómenos, nos permitirá avanzar hacia un mundo más humano para las generaciones que vienen.

Primera Parte

Cimientos y Fundamentos

Capítulo I

Fundamentos de esta proposición — Invitación

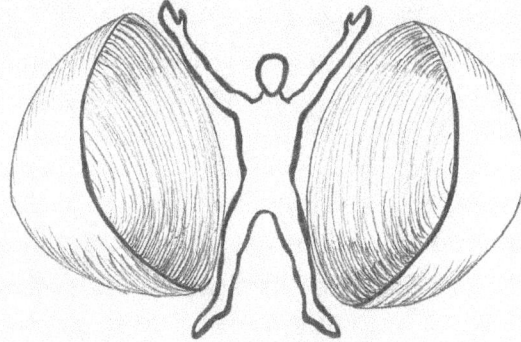

1.- *Sus cimientos*

Mi intención al escribir este libro es compartir y ayudar a las personas a crear nuevas realidades ante hechos que no siempre se divulgan. Revelar factores no siempre conocidos e invitarlos a través de preguntas y posteriores acciones a crear un ambiente acorde con los avances del conocimiento en la ciencia, la tecnología, el arte y el espíritu que carecemos en los tiempos actuales y satisfacer necesidades personales, organizacionales y sociales.

Como muchos estudiosos del concepto de cambio, busco crear una situación de incomodidad e incertidumbre, que sí hemos comprobado es fundamental para iniciar cualquier transformación. Con la esperanza que se produzcan conversaciones entre mucho produciendo en los demás una alteración y una tensión (no demasiado, que paralice...) que lleve a crear y adoptar otras nuevas ideas en torno al tema del comportamiento humano, especialmente en las organizaciones.

2.- *Cómo, cuándo y por qué nace este libro*

Las bases que sustentan lo que escribo son variadas y se apoyan en diversos métodos. Mi práctica profesional, las avalan en su acercamiento a la realidad. A continuación, nos referiremos a algunas de ellas.

Juana Anguita G.

1. La Observación, ha sido y seguirá siendo, la gran herramienta de la Psicología, focalizada en uno mismo y en el comportamiento con otros. La he aprendido y practicado, en mi vida personal y profesional. Especialmente, en torno al acontecer en las organizaciones, transnacionales y fundamentalmente chilenas.

   Al poner un pie en una organización, uno observa todo e inmediatamente surgen elementos diagnósticos sobre la cultura de la organización que estás visitando.

2. El libro tiene una base fenomenológica, de reflexiones y experiencias personales. Pero, por sobre todo, una tremenda energía interior, pujante, inconformista y buscadora de las anti razones que nos pudiesen ayudar a comprender y sobre todo a lograr la visualización de los pasos y forma de darlos para avanzar en las transformaciones organizacionales. Acelerar la comprensión de los nuevos paradigmas que se avecinan ¿o ya están aquí y no los vemos? Sin duda que algo está pasando en el mundo de diferente y cada día crece el número de personas que así lo percibimos. ¿Estaremos preparados para enfrentarlo?

   Es una recopilación y búsqueda de hechos, situaciones, historias organizacionales, análisis, diseños, interrogantes y proposiciones junto al apoyo conceptual de grandes maestros, acumuladas durante mi vida profesional.

   Mucho de lo que queremos expresar generalmente ya está dicho y a veces mejor de lo que podría hacer yo misma, ¿entonces para qué querer parecer original? ¿Si alguien ya lo dijo, en otro contexto y situación y refleja mis propios pensamientos y sentimientos? ¿Por qué repetirlo? Si lo ve aparecer en el libro, sólo lo estaríamos reafirmando, lo que es una buena manera de producir consciencia y reconocer el conocimiento y sensibilidad de tantos.

3. Datos contemporáneos de notables autores sobre los avances de la ciencia del comportamiento y el aporte de otras ciencias como la neurociencia, la teoría del caos, las ciencias noéticas que nos están conduciendo a pensar el mundo de otra manera y a salirnos del paradigma imperante.

   No es suficiente abordar la realidad desde la mayoría de ellas, y dejar de lado otras disciplinas para así entender la realidad como un todo y así no perder la concepción cierta y sistémica de los seres vivos.

4. Datos obtenidos en nuestra Consultora a lo largo de más de 30 años en temas de DO, consultoría de Procesos de Cambio Organizacional, tanto macro como micro. Estudios diagnósticos de Clima y Cultura, Liderazgo, Dirección, Formación y desarrollo de equipos, gestión de personas y la vasta gama de temas que nos ocupa a los interesados en hacer avanzar esta disciplina, humanista y democrática en donde la participación y el aporte de la *Intelligentsia* sea compartida por todos.

   Sobre todo, quiero plantear preguntas que inspiren a otros el contestarlas, con estudios, investigaciones, reflexiones y todo lo relativo a lo que permita cambiar esta frustrante realidad de la vida organizacional para que éstas dejen de ser lugares "donde tanto se sufre".

5. Otro aspecto que he considerado importante y complementario a lo anterior, para desarrollar este planteamiento, es la metodología en primera persona, del TAE (del inglés *"Thinking At the Edge"*). Utilizaré, preferentemente, la primera persona. Según Varela (Varela F., 2000) y Aboitiz (Aboitiz, 2001), "cuando se habla de acontecimientos en primera persona se quiere hacer referencia a una experiencia vivida, asociada con eventos cognoscitivos y mentales, lo que también puede llamarse experiencia consciente o simplemente experiencia." Esto se diferencia de las descripciones en tercera persona, las que "tienen que ver con las experiencias descriptivas asociadas al estudio de otros fenómenos naturales" (Varela F., 2000, p. 292), agregando que, "aun cuando en la ciencia encontremos siempre un agente humano que produce y entrega las descripciones, los contenidos de ésta no están asociados de manera clara o inmediata con tal agente" (Varela F., 2000, p. 296).

Lo que Varela está diciendo es que en general en la ciencia se puede hablar de cualquier cosa, pero la relación de lo hablado con la persona que habla no es siempre clara, faltando la relación entre lo dicho y la experiencia del autor, y es desde allí donde quiero expresar mis disquisiciones, sentimientos, antagonismos, frustraciones, y alegrías que han estado acompañándome durante mi vida profesional.

Varela (Varela F., 2000) se pregunta, ¿cómo hacer realmente un contacto con la propia experiencia?, ¿hay evidencias de que se puede hacer?, y en caso positivo ¿con qué resultados? Por esto, como sostiene Aboitiz (Aboitiz, 2001), Varela se preocupó por la persona e intentó dar una explicación de lo que aparece como inexplicable de nuestra experiencia, lo que se conoce como componente subjetivo: lo difícil de comunicar nuestras percepciones, concluyendo sobre las metodologías en primera persona "no dejarlas nunca de lado pero no olvidar tampoco las referencias de tercera persona" (Varela F., 2000, p. 298). Haremos todo el esfuerzo necesario para que así sea.

El TAE o "Pensando desde el Borde" es una forma de trabajo que permite generar teoría a partir de la conexión con las sensaciones corporales que surgen cuando nos preguntamos por un tema. Esta metodología se basa en la propuesta de Wittgenstein quien mostró "que la capacidad del lenguaje excede por mucho los patrones conceptuales inherentes en él, demostrando así, de manera convincente, que las palabras pueden decir mucho más que cualquier concepto o regla ya existente" (Wittgenstein, 1921). De esta forma Gendlin (Gendlin, 2004) señala que se pueden generar diferentes usos y significados para palabras ya conocidas.

A partir de esto se desarrolla el TAE como una herramienta al servicio de todo aquel que sienta algo vago en su experiencia y que todavía no puede ser dicho, y desde ahí que surja algo nuevo, diferente, reciente y fresco. De esta forma lo que necesita decirse respecto a ese tema se expande, "lo que al principio era una sensación vaga puede generar seis o siete términos. Estos términos traen sus propias interrelaciones, generalmente con un patrón nuevo" (Gendlin, 2004). "Así se configura todo un campo de conocimiento nuevo, con conceptos interrelacionados, generando teoría a partir de la propia experiencia sentida en el cuerpo". Esta configuración, se ha ido dando de tal manera que mientras escribo este libro las piezas del puzle de mi vida entera, secuencialmente, han ido encajando unas con otras y devolviéndome, para su comprensión, el sentido de cada evento de ella. Entiendo, las relaciones que antes no comprendí cuando me preguntaba, ¿por qué hice esto? ¿Cuál es la razón que me llevó a este viaje, a estas relaciones, a estudiar esto o aquello, a sacrificarme, a luchar, a persistir a pesar de los obstáculos? Este libro es su producto, también de un Desarrollo Organizacional diferente, que incorpora conceptos e ideas ausentes en la práctica misma, hasta el día de hoy.

No podría yo, sentirme mejor interpretada por Gendlin en lo que he sentido y experienciado desde hace años, cuando intentaba explicarme las fuentes del comportamiento en mi tesis de Doctorado, sus orígenes y su dinámica y su relación con los cambios.

Se agregan a lo anterior, todas las sincronías que me han acompañado a lo largo de la escritura de este libro, como la que acabo de encontrar, mientras escribo... Una frase de Humberto Maturana y Ximena Dávila, en Facebook realzada y reproducida, con autorización de los autores, a Juan Vera. Copio: "La experiencia es una dinámica relacional; lo que yo distingo es parte de mi experiencia, lo que no distingo no lo es.

Somos seres experienciales. Lo que no distinguimos que nos sucede no nos sucede. Nos encontramos viviendo cuando nos preguntamos por el vivir".

Quiero compartir una agradable sensación de vivencias que me ha acompañado mientras escribía, reescribía y nacían nuevas conexiones cognitivas que me hacían muy feliz, sintiéndome viva y energizada. Me pregunto: ¿será por el *cocktail* cerebral formado por la dopamina, adrenalina y norepinefrina?

En eso estoy, preguntándome e invitándolos a Uds. a preguntarse por todo esto en sus propias vidas. Gracias Humberto, gracias Ximena, gracias Illary Quinteros que lo puso en Facebook, gracias Juan Vera por reproducirlo y compartirlo, gracias a la tecnología que permitió escuchar mi eco y disfrutarlo.

6. Es mi anhelo que las inquietudes aquí planteadas hagan sentido en cada uno de los que lean este libro e iniciar así, *El Efecto del Susurro* que nos habla *El TAO de los líderes* (Heider J., 1985). Para quienes no estuviesen familiarizados con él, lo transcribo por reflejar algo que aprendí, al inicio mecánicamente (como suelen ser los aprendizajes) con mi colega Karen Davis y que, a lo largo de los años pasa a tener un sentido profundo y una de las tantas respuestas de cómo podríamos producir los cambios positivos para su reflexión y puesta en práctica…

¿Quieres ser una influencia positiva para el mundo?

Primero, pon orden en tu vida.

Asiéntate en el principio único de manera que tu conducta sea integra y eficaz. Si así haces, ganarás respeto y serás una influencia poderosa.

Tu conducta influencia a otros por el efecto del susurro. EL EFECTO DEL SUSURRO es eficaz, porque todos tienen influencia en todos. La gente poderosa tiene poderosa influencia…

Si tu vida funciona, influenciarás a tu familia.

Si tu familia funciona, tu familia influenciará a la comunidad.

Si tu comunidad funciona, tu comunidad influenciará al país.

Si tu país funciona, tu país influenciará el mundo.

Juana Anguita G.

Si tu mundo funciona, el efecto del susurro se repartirá por el cosmos.

Recuerda que tu influencia empieza en ti y surge de ti como un susurro. Por lo tanto, asegúrate de que tu influencia sea a la vez potente e integra.

¿Cómo lo sabré?

Todo crecimiento avanza hacia afuera de un núcleo potente. Tú eres un núcleo. (Heider J., 1985).

Este fragmento, nos muestra claramente, que el poder está en cada uno de nosotros para influenciar el entorno y la visión sistémica del mundo. Nos muestra también las posibilidades de transformación global a través de la transformación de cada uno de nosotros. Que es una de las premisas que sostendremos más adelante.

7. Muchas citas y relaciones han sido provistas por ese gran reservorio del conocimiento que es Internet. "No se trata de Copiar y Pegar" sino extraer de allí aquello, que junto a mis vivencias y datos, pienso es el sólido aporte de estos escritos.

8. Invitarlos a relacionar lo que pareciera no relacionable, y de esa manera, construir una verdad más aproximada a lo sistémico que nos rige. Pero, sobre todo, a la visión que debemos tener para afrontar un futuro ya iniciado.

9. A los dos puntos anteriores se incorporan la Sincronicidad presente durante estos últimos 7 años y que explican gran parte de mi aporte.

10. Finalmente, estoy cierta que no estaría escribiendo todo esto si la Educación, en nuestros primeros años hubiese sido diferente. Definitivamente en los niños hay más plasticidad para el cambio de comportamiento. Pensábamos que el ADN era inmodificable, pero la Neurociencia ha venido a darnos una esperanza al comprobar que, incluso las neuronas pueden crearse o, restablecer nuevas conexiones y por lo tanto generar cambios conductuales a nivel de pensamiento, sentimientos, emociones o acciones. Lo cual es una tremenda esperanza y desafío a investigar más y a innovar en el proceso de enseñanza-aprendizaje y reaprendizaje.

Aspiro encontrar las formas de transformarnos cuando nuestros comportamientos se hacen disfuncionales para nuestro propio desarrollo y el de las comunidades a que pertenecemos.

Cuando Eric Berne nos hablaba de que podíamos "resetearnos" no con ese lenguaje desde luego, pero que podíamos, se decía en ese entonces, "borrar la *cassette*" o "el disco duro" y reescribir en ella un nuevo argumento de vida, nos estaba anunciando la posibilidad de cambiar nuestros patrones de comportamientos, aprendidos tempranamente y que en las edades posteriores no nos servirán.

La tarea de trabajar con niños y adolescentes la dejo para especialistas. Mi propósito es invitarlos a revisar cómo cambiamos efectivamente los adultos y desterramos los comportamientos disfuncionales y tóxicos para vivir en armonía, productividad, amor y respeto por los demás y por la tierra en que vivimos.

Estarán pensando que lo que les propongo es algo así "¿cómo enderezar curcunchos?" de lo qué habla nuestra sabiduría popular. ¿Cómo algo imposible? Es difícil, pero **debe** ser hecho y ya debemos comenzar.

La maravilla del mundo de hoy es que estamos más abiertos a que cualquier cosa puede pasar. Sólo debemos **estar dispuestos** y tener la **voluntad** y **persistencia**: dos ingredientes fundamentales para cualquier proceso de cambio, según he podido comprobar. Invitarlos a producir un Gran Susurro Universal, empezando por uno mismo, influyendo en la familia, amigos, en los grupos, organizaciones, sociedades, países, el mundo entero y el planeta no en búsqueda, del Santo Grial, sino tan sólo de un mundo mejor y más humano.

A medida que estudio y escribo el libro me encuentro con un artículo del Instituto NOETIC Sciences dentro de mis archivos y recuerdo cuando hace largos años atrás, en un Congreso de DO en Puerto Vallarta una amiga me presentó al señor Willis Harman, director, en ese momento del Instituto mencionado, con quien sostuve una larga e interesante conversación que coincidían con mis pensamientos científicos, pero, él iba más allá… (yo aún estaba en la racionalidad y empirismo como única forma de conocer el mundo). Durante años lo seguí a través de suscripción de la revista Noetic Sciences y luego me sumí en otras cosas. Lo leo hoy por "casualidad" y encuentro parte de su aporte en el archivo coincidiendo con mi propio proceso el cual describo en este texto, donde explico, someramente, las ciencias noéticas y que agrego a este capítulo. ¿Otra sincronía?

¿Qué son las ciencias Noéticas?

Las ciencias Noéticas significa consciencia intuitiva; surgimiento de la ciencia materialista moderna; Noética como la extensión de la exploración científica; tiene por objeto crear un cuerpo de conocimiento sobre el ámbito de la experiencia subjetiva que se basa empíricamente y validado públicamente.

Agrego algunas citas de Willis Harman que van en el mismo sentido que busco transmitir.

"Estamos atravesando uno de los mayores cambios en la historia-un cambio en la creencia actual de la estructura de la sociedad occidental. Ni lo económico, ni político o de poder militar puede compararse con el poder de un cambio de mentalidad. Con un cambio deliberado de sus imágenes de la realidad, la gente, está cambiando el mundo" (Harman, 1998).

"A través de la historia, los reales cambios en las sociedades no han venido de los dictados de los gobiernos y el resultado de las batallas, sino de un vasto número de personas que han cambiado sus mentes, a veces sólo un poquito" (Harman, 1998).

"La ciencia está enfocada a la causa. Ahora, si todo está conectado con todo, si existe realmente una sola unicidad, entonces afecta a todo, y toda la idea de causalidad debe ser revisada" (Harman, 1998).

Hoy, 2018, voy a una librería y me llama la atención un libro... lo compro, lo leo y encuentro a Cecilia Montero autora de "De la ciencia a la consciencia" (Montero, 2016) en el mismo proceso en que he estado para llegar hasta aquí.

2.1.- Mi propio proceso para esta motivación sostenida

¿Cuándo empezó mi inquietud por el tema de las transformaciones sociales?

Partí con mi tesis de doctorado *"Le rôle des aspirations dans le comportement psychosocial et leur influence dans le changement social"* (Anguita Godoy, 1975) realizada entre 1973-1975, en Chile tratando de responder una serie de interrogantes que nos propusimos en un grupo de investigación internacional, a nivel del individuo y del cambio social, formuladas en nuestras hipótesis directrices de la investigación. Este grupo de cientistas sociales, conformados por académicos de Francia, Polonia, Rusia, Bélgica, Venezuela, Perú y Chile y dirigido por el profesor francés, Paul-Henry Chombart de Lauwe, era demostrar el poder y el rol que jugaban las aspiraciones de la gente en las transformaciones sociales. Este proyecto estaba aprobado y sustentado por el *Centre national de la recherche scientifique* (CNRS).

Desde esa época, y cada cierto tiempo, me preguntaba: ¿Cuál habría sido el sentido de haber realizado todo éste arduo trabajo y de mi atracción hacia el tema? Incluso más tarde, de vuelta a mi país, no entendí inmediatamente la razón de tanto sacrificio aparejado en ese momento, a mi propia vida y la de mi país. Más tarde, encontré una primera aproximación de respuesta, cuando por circunstancias de la vida, cambié de Facultad como Profesora-Investigadora a tiempo completo, desde la Escuela de Psicología de la Universidad de Chile a la Facultad de Economía y Administración de la misma Universidad. Fue allí donde sincrónicamente, descubrí el Desarrollo Organizacional cuyo principal foco es gestionar los cambios y transformaciones organizacionales a través de las personas que trabajan en ellas y, lo que más me atrajo de esta disciplina fuera que estaba fundada en valores humanistas.

De ahí en adelante no abandoné la disciplina del DO y hoy, 40 años más tarde, no dejo de asombrarme que esta reflexión/conclusión sea tan *ad hoc* a la gestión de los cambios organizacionales y la búsqueda de la comprensión del por qué éstos no se producen. De esta manera, tomo consciencia de que mi tesis sí tuvo que ver con mi desarrollo profesional y mi preocupación actual, al ver que el 70% de nuestras intervenciones, e incluso el 80% según Peter Senge y muchos otros, de que algunos no logran resultados positivos y me vuelvo a preguntar: ¿serán así de lentos todos los procesos de toma de consciencia que conducen a las transformaciones individuales y organizacionales? ¿tendrá que pasar toda una generación para que se generalice, alcanzando su masa crítica? o, ¿llegaremos a alcanzar, y con ayuda de otras ciencias, una mayor lucidez de sobre el tema?

Después, guardé mi tesis, no la traduje, extraje un sólo capítulo para mis clases y permaneció empolvada, en mi biblioteca, hasta ahora que la volví a leer y la encontré tan vigente y atingente a los tiempos que vivimos no sólo para la profesión sino en el mundo entero. Esta sincronía atemporal y casi universal, me ha parecido mágica y necesario de hablar sobre ella. ¿Será que aún no sabemos qué teclas tocar para producir los cambios?

Juana Anguita G.

2.2.- *No más de lo mismo*

Comencé a escribir un libro sobre DO, hace años y estaba bien avanzado. Sin embargo, al releerlo, me pareció más de lo mismo y lo dejé de lado. Luego, empecé a sentirme incomoda frente a mis alumnos de postgrado de la Universidad al percibir que, si bien cada año trataba de innovar con nuevas materias, casos, ejercicios, metodologías de aprendizaje, teorías y enfoques, venidos de distintas latitudes, no satisfacía ni mi vena docente ni la profesional. Los participantes, en nuestro país, ya tenían conocimiento sobre lo básico de la disciplina, razones por las cuales dejé de lado el libro comenzado y decidí seguir reflexionando sobre la incomodidad e insatisfacción que sentía, porque los cambios en las organizaciones y en el mundo, a los que aspirábamos, no se producían o su trascendencia era escasa.

Esta aspiración tiene que ver con un deseo profundo y una gran frustración por el esfuerzo desplegado a través de los años, la aplicación de tantos enfoques que si bien muchos son excelentes nos hemos encontrado con una realidad humana por parte de quienes dirigen las organizaciones que muestran debilidades, las que hacen imposible avanzar en el logro de resultados con significado para la empresa y las personas que allí trabajan. Me refiero a la falta de interés y el conocimiento sobre el comportamiento de las personas y al hecho de estar lejos de comprender que "**de verdad**" el ser humano es un capital valiosísimo que debemos cuidar, hacer crecer, e invertir en su desarrollo a través del trabajo y enseñanza diaria, sólo así crece el capital humano.

Algunas de las debilidades encontradas en muchas organizaciones están referidas a los numerosos estudios de diagnóstico y de clima organizacional que las empresas deben realizar como practica de su política generalizada de empresa, aunque sin sentido ni provecho para mejorarlo. Anguita Consultores ha realizado a través de muchos años, intervenciones de mejoras en empresas tanto públicas como privadas. He acumulado a través de ellas, innumerables anécdotas, respuestas, reacciones gerenciales que avalan lo anterior. Pero, antes de mostrar testimonios les recordaré como el haber creado nuevas herramientas, en la búsqueda de cuantificar lo cualitativo, tampoco ha contribuido a mejorar la comprensión de este factor propio de las personas y en especial, de aquellas que, en función de un liderazgo prescrito lo ejercen en la organización. Todo esto habiendo aumentado el número de ejecutivos que por ejemplo buscan medir el Clima, pero sin real consciencia de su importancia ni vinculación entre las personas y con los negocios. Además, sin implementar planes de mejoramiento, lo que lo convierte sólo en un dato más y no en un esfuerzo de transformación, basada en lo que piensa y siente la gente sobre su propia organización.

Capítulo II

Desarrollo de Organizaciones:
Desafío inminente ante un mundo cambiante

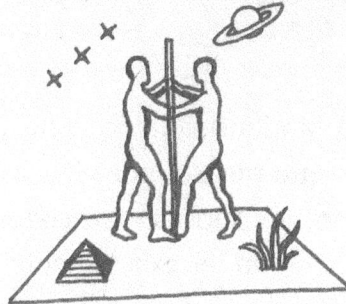

"Da tu primer paso ahora.
No importa que no veas el camino completo,
sólo da el primer paso y el resto del camino
irá apareciendo a medida que camines".
Martin Luther King

1.- Nuestro desafío inminente

Las funciones y la forma de hacer las cosas como consultores internos o externos se han ido transformando a un ritmo bastante más lento que los avances, los descubrimientos y las innovaciones en todos los campos de la vida. Estos se han ido desarrollando a pasos apresurados, así como algunos rasgos de culturas que en muchos países han cambiado.

Como expresáramos, al inicio de este libro, nuestra disciplina no se ha transformado para dar respuesta a nuevas realidades, para entender y mejorar el *management* en las organizaciones cualesquiera que estas sean; las religiones, la política, la educación o la salud.

Nos cabe, responsablemente, tener otra mirada sobre la realidad contemporánea y cambiar los modelos mentales que nos rigen, ampliando nuestra consciencia y percibiendo las interrelaciones posibles. Como esto no lo puede hacer un solo ser humano, debemos estar abiertos a considerar los hallazgos de otras ciencias, del arte, de la tecnología y del espíritu.

Como lo señalaré en las definiciones de DO y su aplicación en los capítulos siguientes, el DO es no sólo posible sino que se hace un deber epistemológico, extenderlo más allá de las Ciencias del Comportamiento y convertirlo en una supradisciplina donde todas las ciencias, el arte, la tecnología, el espíritu y, lo que en cada una lo constituye, estén presentes compartiendo una actitud positiva y unificada para entender que tenemos que dejar de ser personas u organizaciones-silos, comprendiendo que cualquier comportamiento que cada individuo tenga tendrá una influencia positiva o negativa en otros.

Como algunos no estarán familiarizados con mi propuesta he decidido hacer una *Epifanía* de todos los conceptos que pienso, por el momento, deben considerarse. En la literatura, *Epifanía* "es una forma de mostrar un concepto, algo con lo cual el escritor quiere que el lector pueda ver y entender exactamente lo que quiere decir, que el lector tenga un entendimiento profundo y completo de lo que está leyendo. Es hacer legible lo que sólo el autor entiende, y quiere que todos lo vean de la misma manera".

Por otra parte, dice Edgar Morin; desgraciadamente, existe una situación paradójica: "se han adquirido una increíble cantidad de conocimientos sobre el mundo, el universo, y el ser humano, obtenidos primordialmente con el método científico: en nombre de la razón se creyó enterrar mitos y tinieblas. Y sin embargo el error, la ignorancia, la ceguera progresan por todas partes al mismo tiempo que los conocimientos" (Morin, 2003).

El uso del pensamiento complejo (a Edgar Morin se le atribuye ser el padre del pensamiento complejo) en todas las disciplinas es el reconocimiento de que la realidad en sí es compleja. No puede contemplarse sólo desde un pensamiento disruptivo, reduccionista, simplificador y predominantemente acrítico. Se requiere de una visión holística, sistémica e integrada que vislumbre las distintas perspectivas de un objeto o situación.

Desde la óptica psicológica, este tipo de pensamiento se conceptualiza como "aquel capaz de profundizar críticamente en la esencia de los fenómenos, jugando con la incertidumbre y concibiendo la organización" (Fariñas, 2006).

El pensamiento complejo nos permite contemplar diferentes representaciones de un sistema, al mismo tiempo, llamado metarepresentación por Heylighen (Heylighen, 1990), con el fin de tener un entendimiento más completo del mismo.

2.- *Propuesta*

Estamos aún lejos, pero haré el intento de mostrar en este capítulo, las formas que percibo, podríamos enfrentar con éxito esta realidad, que algunos proponen disruptiva como solución, que avanza en el mundo entero.

Para esto propondré en primer lugar, algunos de los pasos que habría que dar para enfrentar este nuevo paradigma. Y, en los capítulos siguientes, lo que el DO debiera cambiar, dado los resultados obtenidos y las prácticas a desarrollar, partiendo por ser más inclusiva de otras disciplinas y utilizando sus hallazgos para lograr a través de las personas y organizaciones todas, un mundo mejor emergente; sustentable, complejo, incierto, cambiante, volátil, ambiguo y amenazante.

En los capítulos posteriores, me estaré refiriendo a la realidad hoy, y a los aspectos que podrían ser el inicio de este magno cambio a considerar, para enfrentar el desafío que desde ahora visualizamos.

3.- *¿Una nueva coherencia?; derribando fronteras y tendiendo puentes*

Son muchos quienes están invitando a hacer transformaciones en el mundo actual, llámense, profesiones, niveles sociales y jerárquicos, pobres o ricos, algunas organizaciones, gobierno, educación, empresas, áreas del conocimiento, países, iglesias, partidos políticos, países o simplemente sólo personas que conforman este mundo.

Nos hemos esforzado en dar una respuesta breve, buscando la coherencia apoyada en algunos pocos conocimientos y lecturas, pero, sobre todo, pero ¿hay algo más fuerte que las propias vivencias y evolución del pensamiento personal?

Reflexiones e inquietudes personales con colegas, amigos, y alumnos me han permitido hacer relaciones de lo que parecía no relacionable. Era algo que intuía desde mi juventud y que nunca como ahora me hace sentido.

En esta búsqueda, he llegado a percibir que el cambio social hasta llegar a lo planetario sólo se logrará a través de las personas, más aún, de cada individuo y desde temprano en su propia vida y su entorno. De ahí el rol de la Educación.

Juana Anguita G.

La relación con la transformación en las organizaciones ha sido mi gran motivación para buscar una respuesta a cómo se puede incidir en ellas y contribuir al aumento del porcentaje de éxito en la disciplina de Desarrollo Organizacional (con mayúsculas) donde la psicología es un gran aporte y, más aún, la Psicología Organizacional.

Distintas han sido las orientaciones y acciones que se esmeran por encontrar resultados positivos en la transformación de las personas, cualquiera sea el fin perseguido. Algunas de ellas son logradas a través del cambio de cultura deseada y cambio en las personas de acuerdo con esa cultura, reorganizaciones, adquisición de nuevas tecnologías, aprender a trabajar en colaboración, dejar los egos propios de lado, integrar nuevas personas pertenecientes a otra cultura o país, echar a andar iniciativas inteligentes para su implementación en nuevos sistemas ya sea de información, *marketing* o desarrollo de personas. Puede suceder que un cambio sea requerido por el mercado, o se quiera elevar la popularidad, o bien se inicia un nuevo proyecto, cualquiera sea su naturaleza, o deba hacer frente a una nueva competencia. Se trate de cambios operacionales, del proceso y/o modelo de negocios, cambios relativos al medio ambiente, campañas de ahorro en industrias, energías o suministros. Transformar, conscientemente y con cada estilo particular, la forma de relacionarse, de capitán a paje. Mejorar las conversaciones agresivas entre los participantes de partidos políticos. Implantar nuevos programas en universidades o colegios, también requiere atención e intervenciones específicas para la realidad de cada una y un camino diferente según con lo que se encuentre.

Algo que se me revelara en un Congreso de DO en México hace aproximadamente 30 años y que fuera la inspiración, concretizada posteriormente cuando formé la Escuela de Estudios Avanzados de Consultoría Organizacional (DCO), fueron los conceptos o pilares en que debiera apoyarse el DO.

En ése momento y relatando mis pensamientos e intenciones de hacer un programa en Chile, les conté a cuatro colegas, que creía el DO debería apoyarse en 4 Pilares y los bauticé, simbólicamente, a cada uno, con el nombre de cada pilar y desde ahí lo celebramos cuando nos encontramos, dos de ellos son norteamericanos, una mexicana y la que escribe. Posteriormente formaron parte del Magister de Comportamiento y Desarrollo Organizacional en el año 1992. Si bien sigo pensando que el DO se apoya en estos 4 pilares, tomo consciencia que el Arte y el Espíritu fueron tratados muy someramente en aquel Diplomado y menos aún en el Magister. Sin embargo, hoy he adelantado un paso, al tener esta nueva visión transdisciplinaria y emergente de todas las disciplinas.

4.- Los cuatros pilares del Desarrollo Organizacional

Estos cuatro pilares que fundamentan mi visión actual y más clarificada, son los mismos anteriores, pero he enriquecido sus definiciones:

4.1.- Espíritu

La fuerza, la energía, la mística, una consciencia expansiva y el compromiso sin el cual las tareas más simples pueden llegar a ser monumentales. Espíritu es el proceso de transformación conducente a la búsqueda organizacional con sentido y sustentabilidad consecuente con una manera de ser y hacer, a partir del conocimiento de uno mismo.

No hablamos de supersticiones, ni religión alguna, ni mitología o esoterismo. Según Wilber (Grinberg, 2005) es una orientación de la existencia humana que reconoce la integridad, el vínculo, el contexto y los significados. Está referido a los niveles de consciencia que perciben o intuyen la vasta dimensionalidad del cosmos. Agrega este autor que "la espiritualidad es una captación viviente de la integralidad que penetra el universo". Al leer esto tomo consciencia y me hace sentido con lo que yo atribuía a mi edad actual, pero a la vez coincide con el vértice de la pirámide de Maslow, de la autorrealización o actualización, que él llama también "necesidad del ser" y "motivación de crecimiento".

"Al respecto, les recuerdo que esta es la etapa de la necesidad psicológica más elevada del ser humano, por eso está en la cima de la jerarquía. Según Maslow es a través de su satisfacción que se encuentra justificación o un sentido válido a la vida mediante el desarrollo potencial de una actividad. Se llega a ella cuando todos los niveles anteriores han sido alcanzados y completados, o al menos hasta cierto punto" (Acosta Oviedo, 2018).

Abraham Maslow tenía razón, lo he comprobado fenomenológicamente y con gran satisfacción.

Hay bastantes definiciones, y aún así, no hay ninguna ampliamente aceptada de espiritualidad. Howard (Torralba Roselló, 2014) concluyó que la espiritualidad abarca la forma en que un individuo vive su sentido de interconexión con el mundo a través de la capacidad de acceder a recursos profundos. Espiritualidad son los sentimientos básicos de estar conectado por completo con uno mismo, con otros y todo el universo. La espiritualidad es una vida de experiencias, un conjunto de prácticas y una consciencia que se alinea con nosotros con un sentido de la divinidad que hay en todo ser. La palabra en sánscrito *Namasté*, es uno de los saludos que se usa en India para reconocer en el otro esta divinidad que hay en él/ella. Fue introducido por Karen Davis en el MDCO hace 27 años y, hoy día, es un saludo casi común entre los chilenos. Pregúntense, las razones.

La vida espiritual contiene necesidades innatas de trascendencia (meta-necesidades) y los últimos valores de la raza humana. Promueve la consciencia, la comprensión, el éxtasis, la experiencia mística, la actualización de sí (el *self*), el conocimiento cósmico, la sinergia individual y de toda la humanidad, la meditación y los fenómenos transcendentes. En este trascender, según Juan Manuel Mas, "se intenta buscar sentido y conocimiento del propio yo y de su existencia, es una persona que intenta superar los límites que le pone la vida, y enseña su verdadera esencia y verdad" (Mas, 2018).

"La espiritualidad es una experiencia profunda, es personal, es vivir con el corazón no con lo superficial, ni con vanidad y ego" (Sutich, 1969).

Cuando el medio ambiente cambia radicalmente las antiguas formas, no sólo nuestros hábitos sino la forma de hacer negocios, de relacionarse, de educar, de hacer política, tienen que transformarse porque ya no son apropiadas ni posibles.

Nuevas formas llegan a ser esenciales. La alternativa es la extinción. Creemos firmemente que este espíritu se aprende, se desarrolla y se extiende si lo consideramos en nuestras intervenciones con esta nueva mirada.

Ligado a este pilar están los valores humanos de respeto, confidencialidad, justicia social, equidad, honestidad con uno mismo, energía, y propósito positivo con los demás. Muchos de estos valores se encuentran desde el inicio de la disciplina del DO.

En el caso de una organización, el espíritu estará dado por su visión, su vitalidad, su energía, su propósito y en coherencia con los valores explicitados.

4.2.- Arte

Es el sentido estético, intuitivo y virtuoso con que enfrentamos las distintas problemáticas de la organización para que éstas sean oportunas, poderosas, positivas y eficaces.

Nos hemos olvidado de la importancia que tiene el arte en cualquier actividad humana. La pintura, por ejemplo, es una de las expresiones artísticas humanas más antiguas. Y seguramente es la expresión que podríamos considerar más identificativa del concepto humano, junto con el cocinar.

Cada cultura, cada artista, ha desarrollado a lo largo del tiempo distintos conceptos para plasmar la imagen que recibe del mundo circundante. Y, al observar una organización por primera vez, ¿nos fijamos en la estética de ellas? Su disposición y organización física nos aporta mucho al diagnóstico y a las intervenciones posibles, conseguidas a través de diferentes formas y ensayos de capacitación artísticas como pintar los mandalas, hacer dibujos sobre su propia organización y el rol que desempeña en ellas y su coherencia de significado para sí mismo. Lo mismo sucede con los diseños de arquitectura para la organización; nos permite ver la conectividad existente, la colaboración posible, las diferencias de *status*, si hay o no salas de descanso, áreas verdes… Todo nos dice acerca de los rasgos psicosociales dentro de ella, de liderazgo, del bienestar de los trabajadores y más.

La música es mucho más que una entretención o *hobby*. La neurociencia, hoy en día, constata cuáles son las posibilidades de la música a nivel fisiológico, emocional, mental, social y espiritual.

La música es una herramienta que, bien utilizada, puede favorecer estados y cambios importantes en las personas, mejorando su bienestar y calidad de vida. Es evidente que estos cambios, a nivel individual, repercutirán e influenciarán en todos aquellos ámbitos en los que nos desarrollamos día a día, como son el familiar y el laboral. Disponer de mecanismos que ayuden a encontrarnos mejor, como puede ser simplemente escuchar música, puede favorecer la motivación, el rendimiento y, en definitiva, conseguir ser más felices, con repercusiones positivas en nuestras relaciones sociales. Lo mismo sucede con los beneficios de los "círculos de percusión" para aumentar la cohesión y trabajo en equipo.

"La música es un estímulo multimodal que transmite al cerebro información auditiva, motora y visual, e induce emociones. Dispone de redes específicas para su procesamiento, no exclusivas, sino compartidas con numerosas funciones que implican a todo el encéfalo. El resultado de este complejo proceso, es capaz de modificar nuestros ritmos fisiológicos, alterar nuestro estado emocional, cambiar nuestra actitud mental e incluso de aportar paz y armonía a nuestro espíritu" (Jauset Berrocal, 2017).

4.3.- Ciencia

Nuestras acciones frente a las organizaciones tienen su base en principios y conocimientos que rigen el comportamiento del ser humano y sus interrelaciones con otros; la familia, los grupos, las organizaciones, el país, la sociedad, el planeta.

La comprensión cada vez más completa sobre la complejidad del comportamiento humano nos lleva, obligadamente, con sus evidencias o interconexiones y aplicaciones que antes veíamos como verdaderas y únicas, a una visión diferente. Además de los avances del conocimiento sobre el universo, que hoy se conoce como finito, y como ello, influye aun remotamente, en nuestros cotidianos hábitos.

Al conocer, estudiar y reflexionar más sobre los descubrimientos de todas las ciencias corroboro algo que intuía hace años; que las diferentes disciplinas están relacionadas entre sí. Conociendo la Teoría General de Sistemas (TGS), pienso en el ser humano y el estado del conocimiento alcanzado sobre él, para lo cual hemos dividido a la persona humana, así como el entorno ambiental, y han surgido las ciencias, las profesiones y oficios, única forma de aprehenderlos hasta ahora.

4.4.- Tecnología

El bagaje de investigaciones crecientes, métodos y técnicas nos sorprende y forman ya parte de nuestra vida cotidiana, lo cual, alcanza a todas las ciencias, personas, procesos, sistemas, procedimientos, inteligencia colectiva... Estamos entrando en la 4ª Revolución Industrial Digital y, con esos cambios, tendremos que buscar nuevas formas de adaptación a esta nueva era digital y, posiblemente, transformar nuestra vida en el trabajo. Tendremos nuevas técnicas y tecnologías y no sabemos cómo su uso, nos afectará o facilitará la vida y las relaciones.

La tecnología llegó a nuestra área. Algunos psicólogos han creado desde hace años tests *on-line* verdaderamente muy completos sobre competencias tanto cognitivas como emocionales, resistencias y adaptabilidad a los cambios, para pronosticar tipos de cultura organizacional en las que se adaptará mejor una persona, motivaciones que la mueven y su congruencia con el talento que posee para un buen desempeño y mucho más, obteniendo un diagnóstico acertado en ¡24 horas! Esto que se acerca a la modalidad *Agile*, que no debiera confundirnos porque la transformación de las personas es bastante más larga, pero con estas herramientas, se obtiene una muestra del comportamiento a partir de la cual se puedes iniciar un plan de cambio.

Las organizaciones nos están enseñando -a las personas- a través de políticas sobre el medio ambiente, a cambiar nuestros hábitos. Ya no regalan, en el comercio bolsas plásticas, las tenemos de género y la mayoría de las veces nos olvidamos de ellas en casa; hasta que vayamos aprendiendo (nuevamente el aprendizaje...) y cambiemos nuestros hábitos sobre tratamiento de la basura y de lo que es reciclable o no. Lo mismo con la actitud de cuidado y hábitos relacionados con la contaminación. Esto lleva a crear nuevas tecnologías para reemplazar el plástico por otros materiales menos agresivos con el ambiente y a investigar cada día más como a través de la nanotecnología se reducen grandes piezas ya sea para la aviación o para el reemplazo de partes de los huesos con nuevos materiales, más resistentes y menos invasivos.

5.- Dos culturas separadas: Oriente y Occidente

Casi no hemos considerado, en nuestro aprendizaje, otras culturas y todo lo que ellas conllevan para tener una aproximación holística. Estamos occidentalizados en casi todas las culturas. Incluso ignoramos nuestras propias y diversas culturas indígenas.

Poco y pocos o nada, sabemos de las culturales orientales, sus filosofías, prácticas, espiritualidad, métodos, o corrientes, las cuales son muy antiguas. No hemos tomado consciencia de la relevancia que, para entender el mundo globalizado e interconectado, tiene el aporte de la información, casi instantánea, que nos rodea. Esto nos da otra perspectiva, hasta hace poco ignoradas o despreciadas. Observamos, claramente, la poca gente que conoce la existencia de las ciencias noéticas, definidas como "una disciplina científica que investiga la naturaleza y potenciales de la consciencia, empleando para ello múltiples métodos del conocimiento, incluyendo la intuición, el sentimiento, la razón y los sentidos" (Wikipedia, 2018). ¿Qué sabemos de las sincronías, del chamanismo, u otras prácticas de origen oriental como el yoga? Sólo desde la época de los 90 el occidente comenzó a interesarse levemente, desde distintas perspectivas, por el estudio de estos fenómenos.

¿Por qué no incorporar filosofías y prácticas que vienen desde el Oriente, como la meditación, cuyo bienestar producido en las personas se reconoce., hasta por nuestro gran científico, Francisco Varela, quien la practicara y, junto a su amigo el Dalai Lama, y nos abrieran la puerta a estos caminos desconocidos, y además de el escaso avance de la epistemología del comportamiento humano considerado como una totalidad?

Juana Anguita G.

6.- *Algunas sincronías testimoniales mientras escribo*

Quiero compartir con el lector uno de los fenómenos que me han acompañado durante largo tiempo sobre este tema.

Ya he descrito las sincronías, término introducido por Carl G. Jung (Reyes, 1993), al referirse a aquellas cosas que nos ocurren como "casualidades" pero que no son tales, sino acausales, es decir sin ninguna relación ni causa aparente.

Llego a escribir este capítulo luego de haberlo hecho muchas veces. Esto y lo que sigue, amerita el breve análisis de este proceso en mí que me llegara, consciente o inconscientemente, en este camino.

Hace más de 10 años vino a mi casa una consultora norteamericana, Mila Baker, quien fuera gerente de RRHH de Pfizer para todo el mundo, y con quien me unió una amistad hasta 2017, fecha en que falleciera inesperadamente. En aquella oportunidad ella, mirando mi biblioteca, le llamó la atención que tuviese un libro de Ken Wilber, escrito por Miguel Grinberg llamado "Ken Wilber y la psicología integral" (Grinberg, 2005).

Había leído algunos artículos de él y me llamó la atención siempre su pensamiento. Sólo recuerdo haber comprado el libro en Buenos Aires varios años atrás. Nunca lo leí, hasta ayer, que decidí hacerlo luego de 13 años.

La gran sorpresa está en que comienzo a leerlo y encuentro casi textual algunas de las mismas ideas que he descrito en este texto, excepto que no está dirigido a las organizaciones, sino que a personas. Pero eso ya lo habíamos palpado en el DO cuando decimos que "las organizaciones cambian cuando cambian las personas dentro de ellas", lo que es aún más interesante.

Además de lo ya dicho por Carl G. Jung sobre este fenómeno de la sincronía, que todos hemos vivido, he encontrado una definición de lo que me ha sucedido que me hace sentido… Esta definición no está hecha por un psicólogo o psiquiatra sino por una intuitiva mujer que sabe mirar en su interior. Me refiero a la escritora chilena Carla Guefelbein en su libro "La mujer de mi vida" (Guelfenbein, 2006, pág. 24). Allí pone en boca de uno de sus protagonistas el siguiente párrafo: "Estoy seguro que cada momento contiene los momentos futuros, sólo que no podemos descifrarlos. Es al mirar atrás cuando la composición oculta de las cosas se hace patente y en ese instante nos decimos que todo ha ocurrido de la forma que tenía que ocurrir". Una prueba más de como el Arte de la literatura nos enseña algo importante y no percibido por la mayoría.

En la misma línea de sincronicidad, al estar construyendo actualmente un syllabus para un postgrado de DO, basado en esta nueva visión de la disciplina, decido revisar los libros de mi biblioteca (que son muchos) y me encuentro con libros que nunca leí antes, pero quien sabe por qué motivo los compré yo misma. La razón se hace evidente y de manera concreta hoy, cuando lean lo que viene a continuación.

Otra experiencia. En mi época de profesora de la carrera de psicología en la universidad, algunos alumnos fueron al Instituto Arica a formarse con Oscar Ichazo. Fue la primera vez que escuché hablar de la Psicología Transpersonal. Desde ese entonces y hasta hace pocos años atrás una transformación ha sucedido en mí. Ya no me parece extraño, ni "esotérico" el tema de lo transpersonal, por el contrario, me parece asombroso y desconcertante, que no lo haya considerado válido antes. Por ejemplo, veo en mi biblioteca, un libro como el de Jack Hawley del año 1993 *"Reawakening The Spirit at Work"* (Hawley, 1995). O este otro, de Antonia Nemth Baumgartner llamado "Metanoia" (Baumgartner, 1994), del mismo año y que tiene como subtítulo "Un Nuevo Orden. Una Nueva Civilización". Igualmente, encuentro el libro de Deepak Chopra "Conocer a Dios" (Chopra, 2000) donde el Dalai Lama felicita al autor por "poner al alcance de muchos lectores el tema de la espiritualidad con una visión científica". Y lo alaban otros ilustres como Ken Wilber, un famoso sabio filósofo de la India o M. Gorbachov por nombrar unos pocos.

Otro testimonio… en esta misma búsqueda encuentro el libro de Angeles Arrien, *"The Four-Folds Way"* (Arrien, 1993) de la cual conocía, como muchos, "La Lección de los Gansos" (Arrien, *Lessons from Geese*, 1991), para ilustrar el trabajo **en** equipo, no "**de** equipo" como suele confundirse… Ella nos muestra el puente entre la antropología cultural, psicología y religiones comparativas. En ese libro, nos muestra la sabiduría indígena como relevante para nuestras familias, vida profesional y nuestra relación con la Tierra.

Uno se pregunta, ¿cómo pueden haber pasado 25 años y más, donde la espiritualidad y la integración de cada uno con el Todo no la hayamos percibido primero y aprendido y actuado en consecuencia? ¿Qué ha pasado, que hemos entrado en un mundo egótico, sórdido, poco humano donde nos dañamos nosotros mismos?

Mientras escribía esto, me tomé un descanso y voy a ver la televisión, prendo el primer canal y escucho una entrevista a Fritjof Capra quien vino a Chile al Congreso del Futuro, llevado a cabo a principios de este año 2018. Lo escucho con atención sobre La

Juana Anguita G.

Visión Sistémica de la Vida, y hay una coincidencia total con lo que trato de expresar como visión para el DO, y por qué no decirlo, para muchas ciencias.

Son muchos los libros escritos por él que desconocía y al preguntar la periodista, ¿cómo hacer extensivo esta visión a más personas? Capra responde que él "está hace años en esto pero que cada día las personas se acercan más a ver esta interconexión global y entienden la ecología necesaria para la sustentabilidad". De hecho, ya se habla y se investiga en DO en muchos países estos temas, aunque lo llamen de otra manera y no Desarrollo Organizacional. Si bien, aún no integran lo que a mí me ha sucedido.

Aunque no integran aún lo que a mí me atrajera y que tanta falta hace; basar nuestras acciones con los demás en valores humanistas.

Capra piensa que la actual corrupción, libertinaje, delincuencia en lo económico y político, se debe a que la gente se orienta a los negocios y a acumular riqueza sin considerar el medio ambiente, incluida la sociedad toda, y agrega, "el ser humano no se ha dado cuenta aún que el universo es finito y que al no cambiar nuestros comportamientos en general, la amenaza será muy grande e imposible de detener".

Como podemos apreciar con estos pocos ejemplos, los desafíos del DO están siempre presente y en todo tipo de organizaciones. Sin embargo, no hay consciencia en ellas, de que estas transformaciones no se logran por azar, sino que requerimos del conocimiento de tantas disciplinas y equipos de profesionales para comprenderlos. Los especialistas no estudian o investigan lo suficiente y hacen más de lo mismo o siguen una moda sin saber si la talla de la intervención le quedará grande o chica a la organización y a sus propósitos de innovación. Valga como ejemplo un caso reciente donde se contrata a una persona por sus rasgos innovadores por ser una necesidad de la organización. Pasados seis meses la persona contratada reporta que está disconforme porque lo que él buscaba era aportar y, ante cualquier idea o acción nueva, que sugiere a los superiores éstos no se atrevían siquiera a probarla.

En cualquier cambio o transformación donde habite o participe el ser humano, siempre éste tendrá que ser considerado o tomado en cuenta, de lo contrario es fácil caer en respuestas azarosas que no conducen a nada y fácilmente esta persona o varias, pueden llegar a ser un freno, o un acelerador de un cambio no deseado o lentificarlo, en el mejor de los casos.

La mentalidad de los seres humanos, en general, ha ido cambiando a través de los años ya sea por una evolución natural del mundo o por el avance del conocimiento y de las ciencias en especial. Como lo reconocen muchos fisicomatemáticos y no de la física clásica, sino de la física cuántica, así como otros megacambios como la globalización, las migraciones e intercambios de información al segundo de producido un evento en cualquier parte del mundo colaboran notoriamente en estos cambios de comportamiento, sin embargo, muchos de nosotros nos seguimos comportando como si el tiempo no hubiese pasado, algunos añorándolos e incluso queriendo volver atrás.

En el DO, más que una sola teoría, debiéramos buscar integrar aquellas que se han comprobado y han dado resultado hasta ahora, no importando el cuerpo teórico al que pertenezcan y que tienen relación con la interacción entre el ser humano y las organizaciones. Al menos hasta que se logre alcanzar una Teoría General.

Quisiera resaltar algunos enfoques, propios del DO del presente que, coinciden, en parte, con lo que pienso. Me referiré, brevemente, a tres de ellos.

Ninguno parte de cero, sino que se apoya en conocimientos que ya están validados con resultados correctos en las transformaciones, pero los aportes siguen siendo en silos.

Estos enfoques del DO me parecen sustantivos en lo contemporáneo y en parte concuerdan con lo expresado en esta invitación. Nos señalan algunas sendas hacia el camino a seguir. No es mi intención compararlos sino presentarlos sólo en lo esencial para que Ud. decida y se atreva continuar caminando también por pedregosas vías como lo es la complejidad del mundo.

Pienso: si trabajáramos muchos profesionales, de distintas disciplinas con esta visión… y me surge, repetidamente y con sentido y resonancia, en la conversación con un colega, el concepto de transdisciplinariedad, y el Manifiesto del mismo nombre de Basarab Nicolescu (Nicolescu, 1996). Y concluyo que es uno de los ingredientes fundamentales para enfrentar la complejidad y para adoptar una nueva mentalidad en la formación universitaria de las distintas profesiones. Sin embargo, no dejo fuera que esta noción del mundo interconectado debiera darse desde la formación del párvulo, lo cual requiere una preparación diferente de la profesión hoy día de los educadores de parvuarios.

7.- Primer enfoque

Como señalara al inicio de esta lectura, ante nuevos desafíos debemos volver la mirada atrás incluso yendo a las raíces. No sólo del conocimiento y su trayectoria sino también volver a leer y escuchar a quienes han descollado en el campo y en materias afines que ya sabemos.

Me refiero al Desarrollo Organizacional Dialógico, *"Dialogic Organization Development. The Theory and Practices of Transformational Change"* (Bushe & Marshak, 2015) revitalizado el 2015 por estos autores.

No significa dejar atrás tantos esfuerzos de creación del DO Tradicional o Diagnóstico como lo llaman, sino sólo quedarnos con aquellas tecnologías y enseñanzas que sí han dado buen resultado.

Al leer y encontrarnos con coincidencias de pensamiento con muchos autores, es señal que estamos más cerca de la realidad. Reitero, no se trata de "copiar y pegar" sino de reconocer y transcribir lo que alguien expresa mejor de lo que lo haríamos nosotros mismos, respetando siempre, la fuente y el autor. Con esta práctica, avanzaríamos significativamente en el conocimiento.

Como quiero darle el peso que se merece a este enfoque que me parece de sumo interés para el crecimiento y riqueza de nuestras prácticas del DO cual he integrado a mi quehacer profesional, académico y, por qué no decirlo, de vida. Transcribo para lo siguiente esto, de uno de los fundadores del DO en Norteamérica; el Prefacio del libro señalado más arriba, escrito por Edgard Schein:

"Dialogic Organization Development (DOD) no podría haber llegado en mejor momento. Los supuestos que le subyacen y algunos de los objetivos del cambio social y los motivos de mejora que no solo articula, sino que construye sobre un importante legado histórico, también refuerza aquellos aspectos del DO que serán más necesarios en el futuro" (Bushe & Marshak, 2015).

Hacia el final de su escrito agrega: "Como he tratado de mostrar, el DO Dialógico, en una forma o en otra, ha estado presente por alrededor de 50 años. Pero, con el crecimiento de la orientación hacia herramientas del DO Diagnóstico, la corriente dialógica aún no ha encontrado su voz plena. Este libro ayudará", Edgard Schein (Bushe & Marshak, 2015).

8.- Segundo enfoque

El segundo enfoque es el de Frédéric Laloux, "*Reinventing the organizations. A Guide to Creating Organizations inspired by the Next Stage of Human Consciousness*" (Laloux, 2014).

Este libro nos aporta un enfoque integral, del cual participo absolutamente, pues creo es lo que ha faltado hasta el momento. Aunque su lectura no es fácil, se debe estar familiarizado con otros teóricos como Ken Wilber, quien escribe en el libro de Laloux el prefacio. Don Beck y Christopher C. Cowan, los creadores del modelo transdisciplinario *Spiral Dynamic* (bio-psico-socio-cultural) diseñado para la transformación cultural y la gestión integral basada en valores abordan desde las llamadas "teorías" de la complejidad del desarrollo de la humanidad, analizándolo a través de diferentes sistemas de valores, en tanto emergentes de configuraciones básicas (atractores) repetidas a lo largo de la historia, así como "las visiones del mundo" (*Zeitgeist*) asociadas a cada una de las etapas de desarrollo de los países" (Beck & Cowan, 2005).

Si bien esta es una mirada de la evolución de la Humanidad, da cuenta de los cambios paradigmáticos que se han sucedido y en el que estaríamos hoy día, aspecto que ya fuera considerado en nuestro escrito.

Frédéric Laloux es un joven belga, a quien tuve la ocasión de escuchar, en la Universidad de Chile, hace dos años, hablando sobre su libro.

Al leer el libro me pareció que, como chilenos, estamos lejos de convertir a nuestras organizaciones en *Teal* (o turquesa) como él las denomina. Las nuestras tienen hoy una realidad que debe pasar aún por otras etapas para alcanzar a ser *Teal*. ¿Por qué? Porque creo que culturalmente, estamos aún en otro estadio de la espiral. De acuerdo a Laloux estaríamos en el color naranja, nomenclatura de los colores de la *Spiral Dynamic* de Don Beck y Christopher C. Cowan que él también considera (Beck & Cowan, 2005).

¿Usted se imagina en el Chile actual a una organización como la siguiente? Sin jefes, sin área de RRHH, sin mandos medios (aunque vaya que despotricamos el día de hoy con ese estamento), sin funciones de *staff* o con el mínimo indispensable. Donde, no hay departamentos de auditoría interna, o control medio ambiental, o control de calidad, gestión del conocimiento, sin evaluación del desempeño, ni relaciones con los inversionistas, ni capacitación excepto algunas específicas como "Métodos de interacción orientados a encontrar soluciones que profundizan los conocimientos más básicos de la colaboración humana". Nadie tiene autoridad para tomar decisiones. Esta función y muchas otras son propias de los equipos de trabajo o grupos integrados por 10-13 personas.

La organización a la que se refiere Laloux, y que fuera parte de las muchas de su investigación, es Buurtzorg, empresa holandesa que tiene 10.000 trabajadores de la salud de atención médica y de enfermería en hogares.

En esta corta e intencionada reseña quiero destacar dos comportamientos en que se fundamentan estas organizaciones *Teal*: la autogestión y el autogobierno. Pienso que ambas debieran ser prácticas para desarrollar para comenzar el ascenso a otra etapa de la espiral.

La autogestión, entendida como señalara Peter Drucker: "Estamos en la economía del conocimiento y, en este contexto sólo tienen éxito los que se conocen y gestionan a sí mismos, sus puntos fuertes, la forma en que logran sus mejores resultados y sus valores" (Drucker, 2001).

Los conceptos que ya están en nuestro modelo nos parecen vitales en las situaciones de cambio: conocerse a sí mismo y conocer a los demás, tener valores y vivirlos en el trabajo y en la vida cotidiana.

En su sentido más amplio, la autogestión implica la desaparición de toda autoridad impuesta a las unidades sociales, libremente constituidas y coordinadas, y la desaparición de toda jerarquía en el seno de dichas unidades. Para lograr esto pienso que el conocimiento de sí mismo o la gestión personal son previos a obtener, antes de la desaparición de la autoridad, en personas que no están maduras en este sentido. Aquí nos encontramos con un gran desafío; hacer crecer a las personas en nuestras organizaciones chilenas, pero, como lo señalara repetidamente, esta forma de manejarse a sí mismo debiera comenzar en la educación temprana tanto en los parvularios como en la propia familia.

9.- Tercer enfoque

El tercer modelo al que me referiré data de largo tiempo, específicamente de 1994. Es una compañía independiente de investigación en el campo de *Change Management* (CM). Prosci´s Change Management tiene su metodología basada en la gestión de las personas y en los cambios de las personas en corporaciones y gobiernos.

Para esta compañía, *Change Management* (traducido al español por ellos, como Gestión del Cambio) se define como "La aplicación de procesos estructurados y herramientas para capacitar a los individuos o grupos para hacer la transición entre un actual estado hacia un estado futuro, para lograr un resultado deseado" (Prosci Inc., 2018). Son herramientas tecnológicas que nos ayudan a comprender a las personas y a decidir el cómo formarlas en aquellos que justamente carecen.

La diferencia entre *Change Management* y el DO se acerca a lo siguiente:

Primeramente, transcribo parte de lo que dicen algunos clientes de Prosci en su *brochure*:

- Basándose en investigaciones se obtiene múltiples lecciones aprendidas realizadas alrededor de 3.400 organizaciones alrededor del mundo desde 1998.

- Es holístico, incluyendo tanto modelos individuales como organizacionales, que llevan a resultados a todos los niveles de una organización.

- Fácil de usar, provee herramientas, diapositivas y *checklist* que son integrados dentro de un marco fácil de usar para gestionar los cambios en todo nivel.

En la última década Prosci ha emergido como el líder en los productos de *Change Management*. Agregan que la metodología Prosci ha llegado a ser uno de las más usadas para gestionar el lado de las personas, del cambio en los negocios y en los gobiernos.

Sin embargo, hemos dicho desde el comienzo, que no podemos seguir utilizando "paquetes" de intervenciones sin considerar la realidad organizacional en que estamos trabajando y sin las competencias del sujeto que observa la organización. Son demasiadas las condiciones que están en juego; la cultura, no sólo organizacional, sino también del país, el perfil de todas las personas de la organización cliente, la etapa de vida que vive la organización, sus valores y sus proyectos de cambio. Los científicos cognitivos han descubierto que los mapas mentales, las teorías personales, las expectativas y las actitudes, juegan un papel mucho más medular en la percepción humana de lo que se pensaba. En este sentido, las expectativas mentales que se tienen sobre un evento (en este caso el proyecto de cambio) impactan la percepción propia y particular de ese evento, como resultado de la experiencia, la atención y el foco centrado sobre lo que se espera experimentar. De ahí que los "paquetes" nos ayudan, pero lo fácil no es necesariamente, lo verdadero. Es cierto que "es muy difícil aprender a hablar en fácil" como lo aprendiera en mis primeros años de psicología, de un profesor y me esforzara toda mi vida por hacerlo. Reconozco que esto implica tener sólidos conocimientos sobre una materia para poder explicarlos en un lenguaje accesible para todos. Por otra parte, los procesos por muy estructurados que sean, no están exentos de *serendipity*, ni de originalidad.

Hecha esta salvedad, quiero destacar lo siguiente.

Un día de junio de 2013 me he encontrado con uno de los modelos de Prosci. Es la única vez que encuentro una referencia concreta donde el trabajo de cambio en una organización parte por el individuo. Hallazgo al que llegué sola a través de mis propias búsquedas. Me refiero al modelo ADKAR y a su uso como marco referencial o inicial de un proceso de transformación. Dicho modelo me parece un marco de referencia interesante que ayuda a comprender el cambio a nivel individual. Las razones las explico más abajo.

Existen otros enfoques que nos ayudan a diseñar las intervenciones a nivel grupal u organizacional, pero creemos que este es un punto de partida más concreto, de acuerdo a nuestro concepto del génesis del comportamiento humano y de las primeras características para producir el cambio.

Este modelo tiene la particularidad de ser uno de los pocos que se enfoca a lo que tenemos que cambiar en cada individuo. El modelo ADKAR es un modelo de cambio en los negocios, gobierno y nuestra comunidad. Jeffrey M. Hiatt (Hiatt, 2006) considera el orden natural dentro de un grupo, organización y al núcleo de la sociedad, que es la persona. Como este es el foco, que me ha movido en lo que planteo en estos escritos, debo decir que no he encontrado, aún, todas las variables que configuran y gravitan en un comportamiento u otro, entre una persona y otra. Si bien hay cosas comunes entre las personas, hay una diferenciación y diversidad entre una y otra; mal está entonces que adoptemos medidas iguales para todas ellas, olvidándonos de la singularidad de cada persona, ya comprobada por los griegos. Con el *Change Management*, vemos cómo el uso de la tecnología nos ayuda a la gestión del cambio, dentro de un proceso inicial de

Desarrollo Organizacional para conocer, dentro de distintas variables, a cada persona. Por lo que serían antecedentes útiles, pero no suficientes.

Estos elementos son coincidentes, en parte, con algunas diferencias explicadas en la génesis del comportamiento humano y la dinámica no lineal del comportamiento motivado donde el deseo surge de una necesidad y donde es más válido preguntarse por la necesidad que tienen las personas las que a su vez despiertan el deseo y la motivación por satisfacerla; ¿nos preguntamos por las necesidades de las personas y las conllevamos al tener un objeto de cambio?

10.- Cuarto enfoque

Este enfoque es uno de los más antiguos y uno de los más conocidos en nuestro país. Prácticamente la mayoría de los consultores están familiarizados con él y así lo presentan en sus propuestas.

Me refiero al enfoque de John P. Kotter (Cohen & Kotter, 2005). Kotter habiendo escrito "*Leading Change*" (Kotter, 1996) previamente a su preocupación del por qué los esfuerzos de cambio no estaban dando frutos en las organizaciones, se ocupó de la parte racional. Posteriormente Dan S. Cohen enfatizó lo que faltaba, el corazón, lo emocional que hoy vemos es crucial en estos procesos. Ambas actividades, no pueden estar ausentes en los procesos de cambio porque son inherentes al ser humano, lo cognitivo y lo emocional, así como lo volitivo y la acción. Sin embargo, se apoya fuertemente sólo en el DO diagnóstico y no considera los últimos modelos que hemos presentado en este capítulo.

La disciplina del DO debe ir más allá de la tradición y de lo que ya se ha probado como desechable.

Hemos apreciado que el cambio no es lineal, se vuelve atrás, es iterativo, y es caótico para lograr el orden que viene a continuación; es tal como se comportan las moléculas y los atractores extraños, según la física cuántica. Lo que transforma la disciplina del DO en un concepto no lineal.

Las comunicaciones, diálogos y conversaciones, son tan importantes siempre y, aún más, en los procesos de transformación, donde la neurociencia nos dice algo que ya nuestros abuelos y tatarabuelos enseñaran: hay que repetir y repetir... para que el cerebro aprenda. Debemos considerar las pausas porque el cansancio y las risas porque el *stress* que producen los cambios también forma parte de la vida del ser humano.

En el aprendizaje y reaprendizaje, que tienen como sinónimos al cambio, hay que invadir con los mensajes todo el aparato perceptivo y sensorial del aprendiz. Atender a las recompensas que son tan importantes para las personas porque cambian su energía, se generan endorfinas que, al activarlas ponen a las personas en una posición positiva, donde puede adoptar los cambios con mejor disposición y compromiso.

Podemos buscar formas donde mantener la atención, tocar el corazón con las emociones para la adhesión. Hacer sentir los valores y su importancia al "vivirlos a diario", tomar consciencia de las contradicciones entre lo que digo y lo que hago. Cada líder debe ser responsable en transmitir valores y conductas a través de su propio comportamiento. Volver a la consideración del otro, al respeto a los demás en el decir y en el hacer, y demostrar amor al otro. Escuchar, conversar, dialogar sin imponer, dar estímulos positivos, ser empático y simpático, usar el humor y reírse más, para generar endorfinas. Jugar en las capacitaciones, pero siempre con el sentido de entender que los juegos físicos tienen que ver con su propia vida organizacional, reflexionando sobre los efectos que produce en sí mismo, en los demás y en su empresa. Dar espacios en las organizaciones para que cada generación que trabaje en ella, tenga la actividad recreativa que satisface a cada uno de los X, Y, *Baby Boomer*, *Millenium*, Z... y que, son diversas para cada tramo de edad, sabiendo que esto no resta, sino que aumenta, la productividad, el agrado y compromiso de la gente consigo mismo y su organización.

Pero, sobre todo, las personas de RRHH o Gestión de Personas sepan que no sólo es un mero cambio de nombre en su gestión que antes fueran "técnicas para el personal como remuneraciones o beneficios o negociación colectiva". Es necesario que todos aprendan, homogéneamente, a pensar y actuar sistémicamente en las organizaciones. Como en el mundo, donde de una manera u otra, estamos interconectados, lo que nos hace responsables de cada acto nuestro por las consecuencias que siempre trae nuestros actuar. Las personas de esa área organizacional debieran ser un buen aliado operativo, alineado con el espíritu y con las estrategias del DO, sabiendo que las relaciones positivas son fundamentales en el desarrollo tanto de las personas como de la organización en las cuales ambas aportan con su especialidad.

11.- Desarrollo Organizacional Emergente y Transdisciplinario

Los profesionales del Desarrollo Organizacional, con mayúsculas, no pueden seguir haciendo más de lo mismo, (lo repito conscientemente) ni compartir funciones con RRHH puesto que cada uno tiene su campo propio pero interconectado. El DO se relaciona con lo estratégico; ¿cómo desarrollar estrategias para crecimiento de las personas, no sólo para lograr los objetivos de la organización sino para su propio beneficio y su entorno, como forma de preservar la sustentabilidad? Los valores en que sustentamos nuestro quehacer y el convencimiento que nos lleva a actuar en consecuencia producirán la sustentabilidad necesaria para no destruirnos a nosotros mismos. Los deoistas tenemos y debemos desarrollar pensamientos, conocimientos, técnicas, métodos, tecnología, innovaciones y acciones, que sean estratégicas para lograr lo que las organizaciones y las sociedades, buscan alcanzar, pero, sin apartarnos de nuestra principal función: lograr un mejor desarrollo integral en las personas, ya que son ellas las únicas que pueden cambiar el mundo al conocer esta realidad holística. El camino de la colaboración entre DO, RRHH y Gestión del Cambio (CM) es el más cercano para enfrentar la complejidad del mundo del trabajo. Sólo las conversaciones entre las disciplinas, lo lograrán.

Reducir las diferencias, disminuir los prejuicios y estereotipos es parte de nuestra misión compartida. Confiar en que, como dice Laloux, "la gente reaccione libremente de manera creativa momento a momento con el ecosistema", "que la gente se sienta libre de actuar de acuerdo a lo que sientan necesario; que no se les castigue por ello sino que conversemos sobre sus razones para comprenderlos y/o regirnos" (Laloux, 2014), dejar de lado las descripciones de cargo estáticas que hoy restringen la voluntad de apoyar a un compañero porque "eso no está en mi descripción de cargo", aumentando el egoísmo y el autocentrismo y alejándose cada vez más de la colaboración y de la solidaridad en el área laboral, entre otras muchas cosas que ameritarían un nuevo libro.

No puedo dejar de referirme a una de las características de nuestro mundo actual, a través de la Física Cuántica. Ilya Prigogine, Premio Nobel de Química 1977, a quien tuve el honor de conocer donde unos amigos cuando vino a Chile en mayo de 1997, dice "Vamos de un mundo de certidumbres a un mundo de probabilidades" (Prigogine, 1996). Me recuerda la posibilidad de tantas probabilidades que se abren. No nos equivoquemos al elegir.

Agrega Ilya Prigogine: "Estamos avanzando hacia nuevas síntesis, hacia un nuevo naturalismo, que combina la tradición occidental, con su énfasis en las formulaciones experimental y cuantitativa, con la tradición china dirigida hacia una imagen de mundo auto organizándose espontáneamente" (Prigogine, 1996).

Por otra parte, cada día más se buscan los derechos por la diversidad, en el más amplio sentido, diversidad de capacidades generales o específicas, de razas, de físico corporal, de género u orientación sexual o transgéneros, de clases (que las hay). Frente a esta diversidad, ¿vamos a tratar a todos por igual cuando los capacitemos para un proyecto organizacional, como lo hemos hecho hasta ahora?

Incluimos en esta diversidad, a personas de diferentes culturas. Cada día hay más facilidad o interés por emigrar por diferentes razones, los medios de transporte lo permiten. La gente busca trabajo en un país del que no conoce su cultura, ni siquiera el idioma, sus valores, costumbres, hábitos, ni los ajustes de aprendizajes que requieren la adaptación al nuevo medio.

Tarea importantísima a diseñar para profesores, capacitadores, jefes y directivos. Estos deberán asesorarse o aprender cómo afecta en su cerebro la forma en que los capacitamos, ¿será a través del arte? ¿De la música? ¿Del juego con sentido de aprendizaje ligado a su trabajo? ¿Cómo hacerlo grato, generando endorfinas y serotoninas, y, por lo tanto, más productivo y sin temores ante un ambiente extraño?

O la formación de equipos intergeneracionales o transnacionales, sean virtuales o presenciales. ¿Cómo formar equipos transdisciplinarios de acuerdo al proyecto que se desea realizar?

En años anteriores, cuando trabajaba con ejecutivos de diferentes países e idiomas, apreciaba las dificultades de comunicación y, por ende, de integración y colaboración entre ellos. Hoy se verá aumentada por la diversidad. ¿Cuál debería ser el perfil de un líder global en este caso?

La modernización tiene dos caras. El avance digital, la robótica que nos llevará a comportamientos y hábitos diferentes a los habituales, nuevas tecnologías que nos ayudan a conocer al ser humano en sus motivaciones, talentos, competencias y habilidades provenientes de ambos hemisferios cerebrales, a través de diferentes estímulos que los evidencian. También evolucionan en sus aspectos psicológicos como la personalidad y su capacidad de adaptarse y tener éxito en diferentes culturas organizacionales. Otros no podrán adaptarse y, surgirán, con la tecnología, nuevas enfermedades, una de las cuales ya está instalada en nuestros jóvenes: la nomofobia. ¿Cómo nos defenderemos de estas nuevas enfermedades que están atentando al espíritu?

Cada día estos conocimientos junto a decretos, leyes, nuevos hábitos exigidos, entre otras muchas cosas, nos están llevando a comportarnos de manera diferente que hace 70 años atrás, fecha en que se inicia el DO, lo cual nos obliga a renovarnos y cambiar nuestros modelos mentales, expandiendo nuestra consciencia.

Como consecuencia de todo lo anterior y más, esto sitúa a la disciplina del Desarrollo Organizacional con una nueva visualización y práctica, con un nivel más alto al que estaba acostumbrado y a nutrirse profesionalmente, más allá de las fronteras que hoy la limitan su visión a un limitado desarrollo de la organización y no se amplía a la sociedad, ni al país, ni al mundo, en circunstancias que todos ellos están conectados, desde el individuo, como persona integral que entrega y recibe influencia de los demás y viceversa, así como los otros elementos señalados más arriba.

El DO, en la actualidad, por ser estratégico, conductor de transformaciones sustantivas en las personas y a veces disruptivas, disciplina la cual considera otras múltiples disciplinas incluso de campo no imaginados hasta hoy, que no eran consideradas antes para las transformaciones. Esto se lograría al integrar multidisciplinas que aporten al logro de los cambios disminuyendo el *stress* que se genera, sufrimientos e incapacidad para desenvolverse en este mundo caótico.

De esta manera, nuevas miradas desde cada especialidad aportarán para lograr una visión diferente e ignorada hasta ahora.

12.- ¿Cómo lo haremos?

12.1.- Aumentando y focalizando nuestras conversaciones

Analizando el período fundacional del Desarrollo Organizacional (1950-1970) y quedándonos con aquellos enfoques y técnicas que, a través de la literatura y de la práctica de connotados consultores, han sido evidentemente exitosos, ayudando a las organizaciones a conocer más a las personas con que se trabaja, en sus aspectos biopsicosociales, no superficialmente, sino de manera más amplia tal como está concebido el mundo en que vivimos. Pero no sólo apoyarse en un par de disciplinas, sino tener una mirada amplia, práctica y holística de ellas de lo que se busca obtener aumentando el conocimiento y la eficiencia desde las distintas perspectivas que tienen nuestros objetos de estudio.

Según proponen Bushe y Marshak (Bushe & Marshak, 2009) se requiere cambiar las conversaciones. Agregaría, de acuerdo con todo lo dicho a través de este texto, no sólo cambiar la conversación sino ampliar el rango con quienes tenemos que conversar en el trabajo: la conversación con colegas, otros miembros de la organización, aunque no estén en su área, con sus jefes directos e indirectos. Si bien el DO Dialógico nos muestra 40 técnicas en este sentido, pocos son los que las aplican adecuadamente y, menos aún, los que las enseñan o se interesan por aprenderlas.

A modo de ejemplo quisiera resaltar una tecnología utilizada, pero no lo suficiente, en todo tipo de organizaciones; es la Tecnología del Espacio Abierto (OST por su sigla en inglés de *Open Space Technology*). A menudo las reuniones en las organizaciones se hacen alrededor de una mesa o en una sala distribuida con asientos en formato de escuela, unas personas detrás de otras. Sin embargo, como señala Harrison Owen (Owen, 1997), él aprendió en una reunión en África que la gente se disponía en círculos, para conversar, para comer, para estar en familia, para hablar de trabajo, o tomar decisiones. ¿No podríamos cambiar nuestros hábitos y las reuniones hacerlas en esa disposición espacial?

Desde las teorías y prácticas comunicacionales sabemos que los artefactos, como mesas u otros objetos dificultan la comunicación, por lo que el ideal es un círculo, despejado y las personas mirándose cara a cara. Owen observó que entre 10 personas hasta 1.500, sentadas en círculo, en un mismo cuarto, pueden tratar una enorme diversidad de temas. Agrega Owen: "Hay un poder en el círculo, que en breve tiempo (15 minutos), el grupo es capaz de moverse desde una disparidad caótica y focalizarse en una actividad productiva" (Owen, 1997). El *Open Space* es una muestra de cómo la teoría del caos se manifiesta en actividades humanas a semejanza de como lo hacen las partículas en la materia.

Una de las prácticas que logramos instalar en una organización que, durante 5 años acompañamos para su conversión desde, ser una organización piramidal, paternalista a una democrática y colaborativa, donde pudimos avanzar en esa transición y que quedó por largo tiempo, como hábito, es el reunirse y conversar en círculos, como una forma de ir cambiando la cultura organizacional.

Al construir la invitación para asistir a un Espacio Abierto (OST), que se les envía a los posibles participantes, el autor sugiere que la gente que acuda al OST, venga con Pasión y Responsabilidad.

Al preguntarme el por qué estos dos sentimientos debieran estar presentes decidí investiga más. ¿Cuáles serían los centros neurológicos que se activan con esos sentimientos? En un estudio en sujetos normales, se encontró las siguientes reacciones neuronales, al experimentar estos dos sentimientos, Pasión y Responsabilidad, despiertan comportamientos positivos y de bienestar.

12.2.- Pasión

En la pasión, los investigadores realizaron una Resonancia Magnética funcional (RMf) en personas normales mientras se enfrentaban a una serie de dilemas morales. Las principales áreas implicadas en estas tareas han sido la corteza prefrontal ventromedial (CPFVM) y el adyacente córtex orbitofrontal y ventrolateral (COF/VL), la amígdala y el córtex prefrontal dorsolateral (CPFDL). El CPFVM añade valor emocional y moral a los eventos sociales, anticipa sus resultados futuros y participa en la Teoría de la Mente (ToM), la empatía, la atribución de intención y tareas relacionadas.

12.3.- Responsabilidad

Este complejo sentimiento de responsabilidad, nos dice la Teoría de la Mente, implica a la CPFVM que, facilita la apreciación que los demás tienen pensamientos, sentimientos y creencias. Los aspectos cognitivos de la empatía, como tomar la perspectiva de otra persona e identificarse con ella, también tiene un sustrato neurobiológico.

Estas emociones y sentimientos positivos son algunos de los que debiéramos despertar en las personas dentro de la organización para ir formando una cultura de colaboración.

Como se ha señalado anteriormente, nos parece importante aprender cuales son las emociones que producen serotonina y endorfinas. Estas generan un agrado a los sujetos que la experimentan, igual que en el amor y el humor. Si sabemos esto, ¿por qué no buscamos forma de despertar estos sentimientos en las personas y les mostramos el bienestar que les producen de manera que adopten estos comportamientos para su propio bien y el de los demás?

Si consideramos las características de aprendizaje y reaprendizajes en la formación de nuevas intervenciones del DO, sea individual, grupal o de toda la organización, ésta debiera ser diferente a lo conocido hasta ahora, debido a que actualmente sabemos más de lo que se produce en nuestro cerebro. Daremos algunas evidencias comprobadas ya por el estudio neuronal del cerebro (Braidot, 2016). En el inicio de cada ciclo de motivación, se registra un impulso que nos lleva a concebir un plan, conocido como "actividad previa a cada acción" que es percibida como energía. También se refleja, dice el autor mencionado, cuando esa actividad se congela, es decir el plan que tenemos en mente, no la hacemos. Cuando este fenómeno se convierte en un patrón de conducta, se constituye en un problema para la persona misma como para con quienes entabla relaciones. Comportamiento conocido como procrastinación. En la actualidad se está muy cerca de encontrar una explicación neurobiológica del por qué dejamos para mañana lo que podríamos hacer hoy, así como los mecanismos inversos que ocurren en el cerebro cuando "nos ponemos las pilas". Este fenómeno ha sido estudiado en las organizaciones, y la razón ha de ser; cómo este comportamiento procastinador afecta el ciclo de trabajo diario y sus repercusiones.

Otro ejemplo, que se vive, observado y quejado, a diario, tanto en las organizaciones como en las familias, es estar conectados por wifi y teléfono celular durante demasiadas horas del día, conducta que contribuye al *stress*. Para disminuir la actividad cerebral habría varios pasos a seguir, dados por el autor antes señalado, y otras estrategias por descubrir.

La capacitación es un arma potente para la toma de consciencia, reaprendizaje y adquisición de nuevos repertorios de conocimiento y conductas. Habría que continuar investigando el proceso de aprendizaje de modo de generar una neuroplasticidad autodirigida, incluido en ello la meditación que produce bienestar.

13.- La transdisciplinariedad

Especialistas en DO debiéramos aprender, al menos comprender, seriamente, el lenguaje extraño de otras disciplinas. Buscar nuevos métodos y perspectivas en ámbitos diferentes. Crear nuevos conocimientos que no podrán emerger de la sola perspectiva de una o dos disciplinas particulares o específicas.

Se habla siempre de disciplinas diferentes y se intenta establecer relaciones entre ellas, con vistas a conseguir resultados que, en realidad, sólo son posibles mediante la mutua fertilización entre las disciplinas y se da por supuesto, que el trabajo interdisciplinario respeta las características propias de cada disciplina.

En algunos casos se llega a una "integración" de disciplinas, y el resultado será la creación de una nueva disciplina. No se trata sólo de eso en este mundo complejo donde el cambio epistemológico debe ser capaz de generar un pensamiento complejo capaz de articular los conocimientos alcanzados hasta hoy. Edgar Morin nos habla extensivamente sobre esto. Según él, estaríamos aun en el paradigma de simplificación de la ciencia clásica el que debiéramos sustituir por un paradigma de complejidad, el cual aún no puede nacer" (Morin, 2010).

Nuestro trabajo es un modesto esfuerzo para invitar a quienes practican el DO, a empezar a hacer las intervenciones desde otra perspectiva, no sólo desde algunas disciplinas utilizadas hasta ahora sino a ampliar el conocimiento con los hallazgos de otras disciplinas que nos parecen incluso, alejadas de nuestro quehacer y que, como dice Edgar Morin: "La sociedad ha perdido su horizonte como humanidad y por lo tanto hay que hacer una apuesta antropolítica que posibilita la construcción de una sociedad más civilizada y que posibilite a un mismo tiempo la apropiación del planeta como una «tierra-patria»" (Morin, 1996).

Un concepto que va dejando atrás los recientes conceptos de interdisciplinaridad, y multidisciplinaridad, pero los incluye, es el de transdisciplinariedad. Quien creara el vocablo de transdisciplinariedad inicialmente fue el epistemólogo, psicólogo y biólogo suizo Jean Piaget en 1970. Implica "aquello que está al mismo tiempo entre las disciplinas, y más allá de cada disciplina individual".

Es Basarab Nicolescu en *"La Transdisciplinariedad. Manifiesto"* (Nicolescu, 1996) quien nos habla de este nuevo concepto diciendo: "aunque no sea una nueva disciplina o superdisciplina, es alimentada por los estudios disciplinares, de hecho, el conocimiento transdisciplinar clarifica la investigación disciplinar de una manera novedosa y fértil. En este sentido, las investigaciones transdisciplinares y las disciplinares no son antagonistas sino complementarias a las investigaciones multidisciplinares e interdisciplinares. La interdisciplinariedad trata de la transferencia de métodos entre disciplinas. La transdisciplinariedad es en todo caso radicalmente diferente de la multidisciplinariedad y de la interdisciplinariedad debido a su objetivo, la comprensión del mundo actual, que no puede alcanzarse en el entramado de los estudios disciplinares. El objetivo de la multidisciplinariedad y de la interdisciplinariedad siempre permanece en el entramado de la investigación disciplinar. Si la transdisciplinariedad es a menudo confundida con la interdisciplinariedad y con la multidisciplinariedad (y en la misma línea, nótese que la interdisciplinariedad es a menudo confundida con la multidisciplinariedad) esto es explicado en gran parte por el hecho de que las tres desbordan las fronteras entre las disciplinas. Esta confusión es muy dañina, porque esconde el enorme potencial de la transdisciplinariedad. Puede dejar de lado partes del conocimiento de todo el ecosistema que rodea al ser humano".

Existe actualmente una confusión entre los vocablos anteriores. Sin embargo, van más allá de las fronteras entre las disciplinas.

¿Es éste el enfoque, entre otros propuestos, que debiera considerarse en la aplicación del nuevo DO, y de cualquier proyecto de cualquier disciplina? No me cabe duda de que seguirá habiendo otras, así como en todo el conocimiento.

Juana Anguita G.

Más aún, a estos 4 pilares los atraviesa una metodología común en su aplicación a proyectos de cualquier tipo dentro de nuestra vida. Lo mismo para las ciencias como para la política, como para la organización y las culturas.

Iniciemos nuevos equipos de trabajo conformados por diferentes disciplinas, que conversen entre sí, descubran intereses comunes y vean qué puede aportar cada uno a la solución desde su campo. Está bien que para estudiar una disciplina uno se aboque a una profesión específica, pero los directivos de organizaciones no pueden seguir ajenos a conocer la dinámica no lineal del comportamiento humano, los fundamentos que forman las creencias, las necesidades y las motivaciones. No necesita saberlo, pero sí estar abierto a hacer preguntas para comprenderlo, no sólo a psicólogos, sino que a personas de diferentes ciencias que le aportarán a la solución.

Quisiera hacer hincapié en algo fundamental. Para recrear el mundo complejo que nos rodea debemos construir equipos complejos, con profesionales que sepan comunicar "en fácil" su saber.

Tenemos que seguir conociendo las variables y mejoras del Trabajo **de** Equipo, donde la diversidad entre sus componentes es muy sinérgica y productiva.

Como conclusión podríamos señalar que el Desarrollo Organizacional para los tiempos actuales tiene que ser flexible y estar abierto para cambiar cuando haya más descubrimientos o nuevos resultados en este mundo de tan rápidos cambios. Aún estamos inmersos en el proceso de avanzar en la física y la tecnología, todavía no sabemos hacia dónde nos llevará. Pero, sin duda, se abre con los nuevos conocimientos un nuevo capítulo del diálogo entre el hombre y la naturaleza.

A mayor abundamiento, en una conferencia que diera Ilya Prigogine en Uruguay, éste dijo: "Aún estamos inmersos en el proceso de reconceptualización de la física y todavía no sabemos adónde nos llevará. Pero sin duda se abre con él un nuevo capítulo del diálogo entre el hombre y la naturaleza. En esta perspectiva, el problema de la relación entre ciencia y valores humanos, el tema central de este ciclo de Conferencias Tanner, puede contemplarse desde una nueva óptica" (Prigogine, 1996).

Un diálogo entre ciencias naturales y ciencias humanas y tecnología, y el espíritu, incluidas arte como literatura, música, puede adoptar una orientación innovadora y quizá convertirse en algo muy fructífero.

14.- Lo que esperaríamos cambiar y transformar en el DO... desde ahora...

1. Dejar de vivir en el pasado, usando, sin análisis de su adecuación a los tiempos actuales, los mismos conceptos y herramientas de siempre.

2. A) Investigar seriamente lo que ha tenido éxito (prácticas, tecnologías, conceptos, herramientas, etc.), guardarlas y perfeccionarlas de acuerdo con los tiempos.

   B) Dejar de usar conceptos repetidos a veces con distintos nombres, o que hayan mostrado su ineficiencia, incluso fracaso, en los procesos de cambio y transformación.

3. ¿Por qué si sabemos que la sigla VUCA (o VICA en español) es cierta, no actuamos en consecuencia en la mayoría de los casos?

   Sólo para recordarlo y tenerlo presente para quienes no lo conocen.

   V = VOLATILIDAD. Incremento brutal en tipo de los cambios, en su elucidad, volumen, magnitud o tamaño. Implica presencia de turbulencias.
   U(I) = INCERTIDUMBRE. Ausencia de previsibilidad de los acontecimientos. Esto hace muy difícil anticipar acontecimientos futuros basándose en hechos pasados, lo que dificulta elaborar modelos y tomar decisiones.
   C = COMPLEJIDAD. Confusión generalizada en aumento por ausencia de conexión clara entre causas y efectos en cualquier ámbito empresarial. La complejidad + turbulencias + ausencia de predictores, impacta negativamente la toma de decisiones.
   A = AMBIGÜEDAD. Ausencia de claridad sobre el significado de cada evento. Incapacidad para conceptualizar con precisión amenazas y oportunidades antes de que sea demasiado tarde.

4. Aprehender la realidad de las organizaciones teniendo un enfoque transdisciplinario que contenga todas las ciencias posibles que, de alguna manera puedan tener incidencia en un proyecto o acción como la nanotecnología se relaciona con la ingeniería de materiales por ejemplo para beneficio del ser humano, algo que no vislumbráramos algunos años atrás. Sin descartar la existencia de los otros pilares.

5. Llegar a ser, por su aporte a un mejor a un mejor mundo a través de acciones basadas en los avances del conocimiento universal una visión sistémica y la expansión de la consciencia.

6. Preguntarse entre los deoistas antiguos, y los no tanto, ¿cómo es que siendo nuestro centro de atención el cambio, transformación o mejora hacia proyectos u organizaciones sustentables, estemos avanzando tan lentamente en nuestro propio cambio de la disciplina?

7. ¿Por qué no revisamos, a la luz de cientos de años del mundo, los hallazgos de las ciencias en general, la tecnología, y otras dimensiones ignoradas hasta hoy? Hablamos, estudiamos o escribimos sobre lo holístico, la interconexión, influencia, e interdependencia, y seguimos mirando el mundo en silos, tanto en las organizaciones como en los estudios o en la formación de las profesiones.

8. ¿Qué ha pasado con lo transpersonal, de lo cual sabemos hace casi doscientos años que no es esoterismo? ¿Por qué no hemos incorporado las ciencias noéticas, la física cuántica, la neurociencia, la inteligencia artificial y la revolución digital que se aproxima, para determinar sus efectos en las organizaciones y las personas? Recién, algunos pocos conocen y practican el budismo y otras prácticas del espíritu como la meditación, para soslayar el stress dentro de las organizaciones o la vida misma que llevamos. ¿Hemos disfrutado, con deleite, del arte en todas sus formas, y si es así, por qué no lo hemos considerado para analizar o mejorar las organizaciones y su ambiente? ¿Por qué seguimos utilizando las definiciones del DO que han quedado obsoletas, cuando ya no se ajustan a los tiempos en que fueran enunciadas?

9. ¿Por qué hemos mirado sólo el occidente y no la sabiduría milenaria en su filosofía y practica del oriente y que nos hacen sentido hoy?

10. Si hace tantos años hablamos, estudiamos, escribimos sobre lo holístico, lo transpersonal, las ciencias noéticas, miramos con deleite el arte en todas sus formas, sin embargo, ¿no los integramos para analizar y mejorar las organizaciones y nos hemos alejado tanto de la espiritualidad en el sentido descrito?

Como lo señalara Basarab Nicolescu en su Manifiesto: "la disciplinariedad, la pluridisciplinareidad, la interdisciplinariedad y la transdisciplinariedad son las cuatro flechas de un solo y mismo arco: el conocimiento" (Nicolescu, 1996).

Como ya lo señalara al inicio, en los próximos capítulos haremos una relación de los porque no podemos hacer más de lo mismo. Para lo cual expresaremos nuestra experiencia y razones que, a través de años, trabajando en Desarrollo Organizacional en el país y en el extranjero, hoy tenemos la necesidad absoluta de cambiar nuestro enfoque. Algunos de los cuales se incorporan, sin pretensión alguna, pero con gran esperanza.

Capítulo III

Fuerzas impulsoras — Externas e Internas

1.- *Lo que nos está pasando, no sólo en el mundo de las organizaciones chilenas, sino en el mundo en general*

Sabemos que las organizaciones son el reflejo de lo que pasa en el mundo. También conocemos de la interdependencia entre personas, y la cultura del país en que vivimos o lo aprendido en la familia o la educación. Así también, las organizaciones y los grupos a que pertenecemos nos tiñen con sus estilos, creencias, aspiraciones y todo el abanico de eventos que influyen en nuestro repertorio conductual a medida que nos desarrollamos como seres humanos.

Se habla en el presente de los cambios de paradigma que estarían ocurriendo como si fuera un golpe y un contragolpe donde estamos viviendo comportamientos opuestos a los acostumbrados; al odio se le contrapone el amor a la paz, la violencia, al egoísmo la solidaridad y así sucesivamente. Según Claudio Naranjo, "nos hemos enamorado del cerebro racional, y el cerebro materno, amoroso está eclipsado desde hace años, es una vuelta de espalda a la naturaleza" (Naranjo, 2015).

Muchas son las inteligencias que posee el hombre, pero hemos dejado atrás la inteligencia organísmica que está en los pueblos primitivos, continua este autor y, esta inteligencia organísmica quiere decir "vivir sanamente" y no se refiere a la alimentación del cuerpo sino también a la del alma.

Dice Naranjo que, "la Educación debiera apuntar a formar seres humanos completos. La Educación ha desconsiderado el desarrollo de lo humano. Se educa para habilitar para el mercado del trabajo, necesitándose una educación del ser. Lo mismo pasa con la Economía que es una pseudociencia que no considera al ser humano. Importa tener en alza las cifras macroeconómicas, aunque haya gente que duerme en la calle, que se roban unos a otros, que se violan, que se maltratan. ¿Dónde y cuándo lo aprendieron?" (Naranjo, 2015).

Prosigue Naranjo: "La Educación debiera abocarse a lo afectivo, la gente llega cada vez más dañada a las escuelas, a las universidades, y a las organizaciones. En estas últimas más que nada se busca la competitividad, la ganancia, el aumento de productividad (lograr más con menos recursos), la rentabilidad a cualquier precio. La generación Y está dando muestras de que los jóvenes van en busca de otros valores más humanistas" (Naranjo, 2015).

Siguiendo la misma línea de pensamiento de Naranjo y que comparto absolutamente transcribo parte de la conferencia de Suzy Stroke, que refleja el estado emocional en que nos encontramos en el mundo de hoy.

"Nosotros no fuimos educados ni estamos educando para saber relacionarnos de una forma constructiva, no fuimos educados para relacionarnos de ninguna manera, es algo que no pasó en la educación" (Stroke, 2002). Es uno de los temas que Claudio Naranjo aborda con mucho énfasis últimamente: "la educación no educa". "Tenemos que aprender a mirar, no desde nuestras proyecciones y expectativas, sino desde lo que soy, y lo que es el otro, el yo y el tu individuales, que juntos pueden realmente formar - yo-tu-un nosotros que funcione, que sea constructivo" (Naranjo, 2015).

Suzy, en otra parte agrega: "Te puedo decir palabras, llegar a trasformar esas palabras en vida y experiencia, depende de cada uno. Yo siento que cosas básicas en las relaciones en general es: la honestidad, la verdad, es poder realmente establecer, invertir en la comunicación. Tener muy presente que la comunicación es fundamental en cualquier relación, la expresión, saber expresar y también ser adecuado" (Stroke, 2002).

"A veces hay personas que tienen dificultad y aprenden de pronto algunas cosas, y entonces creen que todas las personas tienen que parar, el mundo tiene que parar porque ahora yo voy a expresarme, ahora es mi momento y no es así, hay que ser adecuado. Saber escuchar y ponerte en el lugar del otro. Mantener un diálogo de verdad, donde yo no estoy únicamente queriendo imponer mi punto de vista, son factores importantes en toda relación. Pero lo principal es saber abrir el corazón. En el momento en que uno abre el corazón al otro, es cuando tú empiezas a ver al otro también, ya no estoy tan lleno de mis cosas y eso establece un vínculo. Y no dejar que la vida nos coma, de tal forma que no haya tiempo para relacionarse" (Stroke, 2002).

¿No les parece bella y simple la forma que expresan Naranjo y Stroke sobre qué piensan de la educación y sus relaciones?

A mi modo de ver, para lograr lo que ambos expresan son dos los pilares para cualquier transformación que emprendamos: conocernos nosotros mismos y conocer a los demás, de esto hablaremos específicamente en un capítulo posterior.

En la actualidad, sin embargo, y así lo expresa en el siguiente párrafo Susan Stroke "desde hace 10 años estamos en un punto de desinterés por el otro y de desconocimiento del significado de nuestra vida".

"El mundo está pasando por un momento histórico muy crítico, la sociedad es una sociedad injusta, funciona caóticamente, o simplemente no funciona, y cuanto peor está más nos alienamos. «Es muy complicado, no nos interesa, no podemos cambiar nada». Realmente no podemos cambiar nada. El alienarnos impide que cualquier cosa nueva surja y al final estamos en manos de alguien que nosotros elegimos, entonces el problema es suyo. Que haga con el mundo lo que quiera, a mí no me interesa, lo que me interesa es mi familia, mi entorno. Si eso funciona, si estamos todos bien, lo demás no me interesa" (Stroke, 2002).

Se nos estrecha el mundo personal.

"Nos acostumbramos a que las desgracias sean tantas que mejor protegerme para que no me ocurra a mí, no me interesa todo lo demás. Esa es la manera en que más o menos, nos «relacionamos» a nivel social" (Stroke, 2002).

La gente no conversa, no escucha al otro. Hace como si le interesara el otro pero sólo en la medida que lo que ese otro pueda contribuir a un mejor bienestar de uno mismo. Para ahondar en este panorama desolador, se ha incorporado la tecnología que con cantos de sirena nos conduce al aislamiento, la distracción, el desinterés en el otro.

Otro hallazgo de la sociología, fundado en Piaget, sobre las características de la naturaleza humana, señala que toda estructura social, está cimentada en las interacciones de los individuos, los que están insertos en la sociedad de manera tal, que un análisis organizacional, en la visión del estructuralismo, tiene como factor central el concepto de interacción y de interdependencia. Allí se construye y modifica la estructura organizacional y el conjunto de relaciones son las que generan el dinamismo de la organización.

Esta es una breve demostración de las bases de nuestra propuesta. El nuevo foco que debiéramos tener en nuestras intervenciones de DO.

2.- Todo fluye

La primera observación consciente que se revela a todo filósofo es: ¿Soy yo y es el mundo en el cual vivo un inapelable fluir o puedo buscar una relativa seguridad en algo permanente? Este ha sido el punto de partida indispensable para la metafísica y la búsqueda de lo permanente en el hombre. Esta búsqueda de lo permanente la veía Heráclito en el individuo y en la raza humana y se desprende del siguiente texto: "Una vez nacidos, desean vivir y dan con su destino -o mejor descansar- y dejan atrás de sí niños para que engendren otros destinos" (Éfeso, *fragmentum* B 20, Circa 500 a. C.). La vida humana genéricamente es una cadena sin fin; el eslabón individual quisiera evadirse y encontrar su descanso y antes de entregarse en él, la mente deja en el mundo otros seres que cumplirán también sus destinos.

En mi vida profesional he visto como esta motivación de la trascendencia está detrás de muchos comportamientos. En los distintos ámbitos organizacionales; empresas, partidos políticos, iglesias, hay muchos líderes que la buscan a través de sus herederos legítimos o sus idearios organizacionales.

Un gerente, a quien acompañamos durante diez años, con una consultoría integral de DO y para toda la organización, me decía como a los cinco años de transcurrido el proceso, que "se había dado cuenta" que el DO era un proceso continuo de desarrollo. Me lo transmitió así, personalmente diciendo; "constantemente hay que revitalizar la adhesión al proceso y explicitar el mayor grado de consciencia sobre lo que, en definitiva, se está haciendo, y no llegas nunca a un *statu quo* sino a un cambio permanente. Hay que generar eso en la gente, una actitud de cambio permanente". Esta definición sentida y aprendida sin saber conceptualmente lo que era la disciplina del DO, viniendo de un ingeniero químico, creo es la correcta.

En éste devenir del proceso nos parece de relevante importancia la generación de actitudes, palabra que etimológicamente significa, predisposición, y es la antesala de los comportamientos que se necesitan para la transformación buscada.

En este mismo sentido, cuando le preguntara a Richard (Dick) Beckhard dónde creía él que el DO había fracasado respondió: "ha fracasado cuando llega a ser un estado final. O, cuando la construcción de equipos es todo lo que trata el DO, o sólo mejorar las relaciones. La primera palabra en DO es organización y el cambio la abarca. Cuando ha fallado ha sido cuando las actividades finales son, el establecimiento de metas, construcción de equipos o actividades grupales, en forma aislada, siendo que cualesquiera de estos procesos están influidos por muchas variables provenientes incluso de otras disciplinas y de sus conocimientos. De aquí que visualizamos una formación de un equipo transdisciplinario en el DO, y por qué no decirlo, en todos los proyectos que considere o afecte a personas. Especialmente hoy, cuando la ciencia y la tecnología han avanzado tanto. Estamos conscientes de las resistencias a los cambios, en todos los ámbitos donde existen personas ya sea por miedo a perder *status* o antiguas rutinas y tradiciones, o por verse afectada en lo personal o grupal, o simplemente de manera instintiva, no sabe realmente cómo lo afectará. Hoy, a pesar de que se ha comprendido que los cambios llevan a un mejor desarrollo persiste el temor a adoptarlos, sin antes sopesar la parte negativa que producirán.

Hablamos hasta la saciedad del cambio de un estado a otro y cuando cada vez es más generalizada la consciencia que todo cambia, (aunque sea mínimamente), que nada permanece igual, seguimos resistentes a cambiar. La física teórica actual también da cuenta de lo mismo cuando expresa, "cuando dos o más sistemas entran en desequilibrio, estos buscan cambiar de estado, el sistema responde al *stress* anterior que se produce, adaptándose a la nueva situación" (Tirapegui). Lo mismo en la teoría del caos que señala que "el comportamiento caótico muestra que es impredecible el futuro ya que las cosas cambian en el tiempo, se amplifican exponencialmente". Y así vemos que luego del caos viene el orden tanto en las moléculas como en los grupos humanos. La solución está en dejar fluir el aparente y transitorio estado del caos puesto que sólo comenzará a ordenarse a menos que trates de poner control, el caos persistirá.

El cambio en las organizaciones surge cuando el estado actual no es satisfactorio y entra en desequilibrio, mostrando diversos síntomas de *stress* organizacional, mientras alcanza el estado deseado. El paso entre ambos puntos es de gran complejidad y se denomina transición, donde estamos aun siendo y preparándonos para ser de otra manera.

Es en esta etapa, donde los estudiosos de las organizaciones debemos focalizarnos y gestionar para que el paso a otra etapa sea con menos sufrimiento. Son las personas y no las máquinas o estructuras quienes hacen los cambios y buscan estar en armonía con lo que les depara un nuevo estado.

Juana Anguita G.

3.- *Todo cambia y... permanentemente; ¿cuándo nos convenceremos?*

Todo fluye... Debemos recordar que la idea contenida en la frase "lo único permanente es el cambio" no pertenece al contemporáneo Tom Peters como, con sorpresa, he escuchado decir a académicos y hombres de negocios. Heráclito de Éfeso fue quien señaló que "todas las cosas fluyen y nada permanece". "Se supone que Heráclito enseñó que todas las cosas están en movimiento y que nada reposa; las compara a la corriente de un río, y dice que no se puede descender en las mismas aguas dos veces". Como las aguas, dice Heráclito, "entramos y no entramos en «los mismos ríos»: somos y no somos" (Éfeso, *fragmentum* B 49a, Circa 500 a. C.).

El hombre es en lo particular similar a la naturaleza: un ser que de continuo está integrándose y desintegrándose. A la luz de esta reflexión podemos entender el dolor que los cambios producen en las personas.

A Heráclito se lo ha considerado como el filósofo de la inconstancia del ser y su presencia es fundamental e imprescindible en la evolución del pensamiento filosófico, especialmente en occidente. Innegablemente, el fluir de lo concreto, el cambio incesante, es una condición de la experiencia humana. Hasta nos inclinamos a pensar que, sin mutación incesante, no habría experiencia. El ser humano existe siempre en tránsito, modelado a cada instante por el espacio y el tiempo que jamás, mientras se viva, finalizan su tarea. Esta búsqueda de lo permanente la veía Heráclito en el individuo y en la raza humana y se desprende del siguiente texto: "Una vez nacidos, desean vivir y dar con su destino" (Éfeso, *fragmentum* B 20, Circa 500 a. C.).

Los grandes cambios en el mundo no son sólo físicos; terremotos, inundaciones, sequías, el cambio climático, avances de los desiertos, glaciares que disminuyen minuto a minuto amenazándonos de quedarnos sin el elemento vital para el ser humano, el agua. Agreguemos a estos los cambios producidos por el hombre mismo a través de todas las ciencias, la política, el conocimiento, la tecnología y en los avances materiales invocando que contribuyen al desarrollo del mundo y al bienestar de la gente. Las formas de vida, las construcciones y creaciones para satisfacer nuevas necesidades que se van creando, como, por ejemplo, los lugares especialmente diseñados para "dormir la siesta" de las personas estresadas en Japón, los masajes de relajación en las mismas oficinas de trabajo, la capacitación lúdica, incluso sin sentido y que sólo se explica por la necesidad de jugar por jugar, propio de los niños y que los adultos hemos perdido.

Las formas de vida, el consumismo, sin compromiso con un trabajo que les parece sin sentido excepto, por el dinero que les reporte y que nunca es suficiente y menos, ser responsables consigo mismo y con su organización. Por lo tanto, no es casualidad que comenzó la preocupación, en varios países, por el tema de la Felicidad y la búsqueda de lo positivo ante tanto negativismo en el ser.

¿Por qué existiendo tantas "herramientas" para facilitar el cambio organizacional, éste no se está produciendo como se espera?

¿Por qué se busca el efectismo antes del real desafío de reaprender nuevos comportamientos o encontrar la manera de *elicitarlos*?

¿Por qué seguimos aplicando los últimos aportes, con la esperanza que ¡ahora sí! nos dará resultado y, seguimos actuando como, lo que yo llamo esas "empresas rosaditas" (psicológicamente, se asocia este color con la inocencia, la entrega, la generosidad) y las empresas aplican todas las últimas tendencias y herramientas sin preguntarse si es lo adecuado en ese momento de su historia, pero hay que seguir la moda. ¿Pero, la organización por eso no cambia y vuelven a empezar y probar con lo que los norteamericanos llaman "el sabor del mes?" sin tener claridad si es lo más conveniente para cada una de ellas y sus proyectos.

Es ejemplar lo escrito por Margaret Wheathley en 1998, sobre el tema y donde nos propone algunos principios de alineamiento para hacer los cambios y, aún así y habiendo puesto en práctica esos principios, a mi modo de ver, seguimos obviando el desafío, ¿por qué estamos reaccionando tan tarde?

Todo me decía que el Desarrollo de Organizaciones ameritaba una nueva mirada para ir a la par con estos avances y no lo estábamos sacando provecho a la experiencia de tantos, ni observando a la naturaleza para aprender de sus mensajes mudos, ni ayudando a las organizaciones a alinearse con ellos, y seguíamos practicando conductas organizacionales o sociales obsoletas ante nuevas realidades, aún sin saber cómo enfrentarlas y lograr una vida mejor. Muy por el contrario, me parecía que las personas estaban cada día más insensibles y cansadas.

Con estos sentimientos, reflexiones y vivencias se despertó mi interés en revisar lo que estaba pasando en el campo del cambio personal, organizacional y de la sociedad.

Como creo firmemente que las cosas que pasan son las que tienen que pasar, al no publicarse una obra colectiva, que se haría entre varios autores, lo consideré una oportunidad para transformarlo en mi propio libro.

4.- ¿Cambio o transformación?

Recordemos a continuación algunas diferencias entre Cambio y Transformación que en algún momento fueran sinónimos. Cambio, es el reemplazo o modificación de un elemento del sistema... un proceso mecánico. Transformación, es la modificación de la relación entre elementos... un proceso orgánico. El Cambio puede lograrse con una estrategia de comandar y controlar. La Transformación requiere procesos de colaboración y sinergia. El Cambio se puede realizar con estrategias diseñadas para producir resultados predecibles. La Transformación requiere la aceptación de la incertidumbre. Analice Ud. los sentimientos que le surgen al comprender ambos significados.

Distintas son las orientaciones que se emplean con el fin de encontrar resultados positivos en los cambios o las transformaciones. Como veremos aún hay una confusión entre lo que corresponde a ambos vocablos, especialmente en las organizaciones. Se trate de cambios de cultura, reorganizaciones, adquisición de nuevas tecnologías, fusiones, integrar nuevas personas pertenecientes a otra cultura organizacional o bien iniciativas inteligentes para su implementación en nuevos sistemas sean estos de información, *marketing*, o gestión de personas, se asimilan todas en una misma e indistinta formas, y mientras no se aclare el concepto, es una obligación hoy incorporarlas. Un cambio también es requerido frente al mercado, cuando se quiere elevar la popularidad, se inicia un nuevo proyecto, cualquiera sea su naturaleza, cuando la competencia ha crecido, se trata de cambios operacionales de un proceso y/o modelo de negocios.

Actualmente, debido al cambio climático, se está requiriendo un planeta más sustentable, lo que algunos llaman "florecimiento" o "*flourish*". Esto nos lleva a realizar un mejor manejo de las energías y suministros, así como a cambiar nuestros hábitos, para evitar eventos tales como falta de agua, derretimiento de glaciares, temperaturas extremas y prevenir catástrofes mayores para la humanidad.

Se requiere formar nuevos equipos de trabajo con personas complementarias y afines ante un nuevo desafío, ¿y cómo hacerlo cuando no las conocemos, ni se conocen entre sí, ni los roles que jugarán los que los integran y, menos aún sus competencias y motivaciones. Agreguemos a estas consideraciones que las personas no tienen consciencia o no han leído lo suficiente para entender que todo está interconectado en este mundo. A causa de esto, hemos observado un despilfarro de dinero al actuar en proyectos que terminan, muchas veces, con pérdidas difíciles de recuperar y gran desgaste del propio equipo. Esto y más, es parte del camino a recorrer para lograrlo con éxito cualquier proyecto.

Un caso reciente donde se contrata a una persona por sus rasgos innovadores, porque como está de moda la innovación, (muchos no saben el por qué)... y pasados seis meses el recién contratado reporta que está disconforme porque lo que él buscaba, no se lo estaban dando y ante cualquier idea o acción nueva, los superiores no se atrevían ni siquiera a probarla.

5.- Disquisiciones sobre el DO en nuestra experiencia y en Chile

Sentados estos precedentes, debemos pensar qué es lo que el mundo necesita hoy, ¿cuáles son las tendencias económicas, tecnológicas o culturales del entorno y cuál el avance del conocimiento en las ciencias de la conducta y la gestión de la empresa? Pero debemos ir más allá aún, y encontrarnos con los aportes de otras ciencias e innovar nuevas fórmulas a todo nivel.

Por otra parte, hay recursos que escasean, como el tiempo. Los estudios realizados en la Knowledge W. P. Carey, Business School de la ASU Arizona State University han detectado tres tendencias claves que están haciendo cambiar el paisaje empresarial y está aumentando la demanda de interacciones más ricas dentro de las organizaciones:

1. **Tecnológico**: Convergencia de video, voz y datos sobre los protocolos de Internet. Tal vez sea esta tendencia la más explosiva de todas, donde van quedando obsoletas las prácticas, el *software*, los *hardware*, los *groupware*, la telefonía IP, llevándonos a la web 3.0 o, incluso se habla del 4.0. Hemos entrado, sin duda, en la robótica y la 4ª Revolución Industrial Digital.

   Mientras hacía clases de DO (año 2001) a mis alumnos de la universidad y contando la historia del DO desde sus inicios con Richard (Dick) Beckhard hasta nuestros días los sorprendí al mencionar, por primera vez, la Nueva Era del DO, donde tendríamos que incorporar nuevos conocimientos, refiriéndome a los sistemas complejos, la teoría del caos, la neurociencia, la cultura de la colaboración, la inteligencia colectiva, el trabajo en redes, la gestión del conocimiento, la BI o inteligencia empresarial y facilitados estos con la tecnología de Facebook, Twitter, Wikipedia. La Gestión y Retención de Talentos, por la Innovación la Globalización... En ese año, ni siquiera se lo habían planteado...

2. **Económico**: Cada vez más se están estableciendo redes para traer y atraer talentos de otros países, lo cual nos lleva conocer más de nuestra cultura y de las demás, así como cuáles serán los obstáculos de las personas a enfrentar para lo cual, tenemos que prepararnos para adaptarnos o "soportar" una cultura distinta a la suya y abandonen la empresa, con la consiguiente pérdida de recursos de todo tipo y desgaste personal de los involucrados y los que los rodean.

3. **Cultural**: El deseo de una respuesta inmediata en la comunicación. En este contexto cobran un gran valor estos activos intangibles; el conocimiento de las personas. Siempre me ha preocupado el desconocimiento que tienen sus superiores de sus empleados, más aún cuando la compañía declara que éstos son "su activo más preciado".

He percibido que, al momento de la selección de personas, les hacen algunos tests de personalidad e inteligencia, y competencias, los que jamás vuelven a ver, ni siquiera los jefes directos, a menos que surja algún conflicto y siempre desde lo negativo, de lo que está mal, del problema… sin buscar conocer lo mejor de la persona. ¡Cuántas veces se manda a capacitar en competencias sin siquiera conocer las brechas de cada uno y si lo necesita realmente para su proyecto empresa o no, o estas están en línea con la cultura que se pretende alcanzar!

Si Ud. pregunta a un gerente general simplemente, ¿cómo es la gente que trabaja aquí?, ¿cuáles son los rasgos que las distinguen? y ¿cuáles de ellos predominan en su empresa? o, ¿cuán ajustados están los perfiles al logro de su Misión o simplemente de su área de trabajo, ¿imagina ya la respuesta?

Sí, estamos en esta crisis. ¿Por qué no habríamos de estarlo en la disciplina del DO?

6.- Crisis en la disciplina del DO y en las organizaciones en Chile; la encrucijada

Muchas de las siguientes afirmaciones son recopilación de algunas frases más comunes escuchadas, a través de años de profesión, y explican las razones por la cuales no se hicieron las acciones requeridas o sólo se hicieron parcialmente afectando así un diagnostico que pudo ser mejorado.

Revisemos algunas de ellas que le resultaran familiares, especialmente a los consultores.

"Hay demasiado trabajo y poco rendimiento de los trabajadores".

¿Cuándo se ha trabajado la productividad en serio y hasta obtener resultados?

"Los presupuestos son cada vez más limitados".

Razón que se esgrime para iniciar un proyecto de cambio o para interrumpirlo no llegando casi nunca al final de lo presupuestado, generalmente por tiempo de los propios interesados en solucionar un tema o bien se alude a la falta de fondos...

"Han surgido más y más problemas de comunicación en esta empresa".

Al ser las comunicaciones uno de los más habituales y urgentes problemas a solucionar, siempre he encontrado resistencia a trabajar seriamente en lo propuesto por los consultores. Generalmente por una de las razones anteriores. Esto es un clásico en la literatura sobre Gestión o DO. Se ha repetido por años, y aún no sale del vocablo organizacional, ¿disculpa, evasión o resistencia?

"Los resultados planeados y esperados no se dan".

¿Hay seguimiento de las acciones y corrección de ellas durante el proceso? Habitualmente no, porque esto encarece el proceso, y no hay consciencia que, sin refuerzo y seguimiento de las acciones, las nuevas conductas aprendidas se extinguen. Es necesario estar vigilante al *feedback* del proceso, que debe ser continuo.

La mayoría de los procesos son interrumpidos, sin seguimiento de los avances, ni correcciones de las desviaciones, ni reflexiones sobre los por qué de los no avances. Por lo tanto, no se enmienda nada, no se corrige y se abandona, con la consiguiente pérdida de recursos económicos y desencanto de las personas que pierden credibilidad en su organización.

"La tecnología evoluciona más rápido de lo que puede ser incorporada".

¿Se consideran los cambios, seriamente, en la planificación estratégica de acciones? No. Por lo demás, hace bastantes años la planificación estratégica se hacía para muchos años, 10 o más. Hoy en día la tasa y la velocidad de los cambios es tan grande que, con suerte, se alcanza a planificar un año. Por esta razón surgen nuevas formas de enfrentar la incertidumbre de lo que vendrá.

Juana Anguita G.

Un ejemplo reciente de esto lo encontré en una asesoría millonaria para cambiar las carreras de ingeniería y reducirlas en un año menos para luego hacerlo extensivo a dos años. Todo el planteamiento estaba bien excepto que se destinaban fondos y tiempo muy precarios para la gestión del cambio. ¡Una semana! y sin seguimiento de acciones o apoyo en el proceso! dentro de un proyecto que duraría más de tres años. Los que conocemos el tema nos preguntamos, ¿cómo se lograría esto?, vaticinando la cantidad de dificultades que amenazaban este proceso. Ni quienes hicieron la propuesta, ni quienes otorgaron los fondos millonarios tomaron en consideración esto ni cómo afectaría a todos los *stakeholders*, en este caso la comunidad, los alumnos que ya estaban. Los que ingresarían, deberían estarse preguntando, ¿saldremos tan preparados como los que estudiaron más? También los futuros clientes, y a los profesores, ¿cómo los afectaría? No se consideraba una campaña comunicacional a la comunidad de la región, ni menos incorporarlas, al menos, en conocer sus opiniones. Luego hay quejas por la no participación... entre otras.

Se enseñaron principios y acciones básicas y claves para esta transformación, pero conociendo la cultura del chileno seguramente lo encontrarían interesantes, guardarían sus notas, no conversarían más sobre ello ni de cómo ayudarse unos a otros frente a las dificultades y de las resistencias que irían apareciendo en los distintos estamentos así como tantas otras que podríamos predecir, pero nunca encauzar positivamente hacia el fin buscado.

Veamos otra actitud común: *"Los cambios externos son imposibles de predecir"*. Entonces mejor no hagamos nada...

"Hay ansiedad y stress producidos, por la competencia desleal, la corrupción, el temor a los cambios de origen político. El temor al desempleo y a no encontrar trabajo oportunamente". Es *"el destino de Chile y hay que conformarse. Somos así, no hay nada que hacer"*. Rasgo cultural chileno donde es más cómodo aceptar que tratar de modificar.

En las organizaciones chilenas no se distingue, ni en sus objetivos, estructura y funciones, la diferencia entre Gestión de Personas (o de RRHH) y Desarrollo Organizacional, con mayúsculas, lo que significa confusión en conceptos, en tareas, propósitos, herramientas, acciones y aportes efectivos.

7.- Algunas razones del no éxito

Muchas de las intervenciones de mejora hoy no hacen sentido dado que varias de estas intervenciones como solemos llamarlas, no se llevan a cabo o sólo lo hacen parcialmente o, son desconocidas por muchos de los que se dedican a este campo, solucionando todo con la técnica que mejor manejan o conocen. Pienso que la palabra **intervención** es algo que debiera ser cambiada (al menos en nuestra cultura donde es proveniente de la política) porque evoca algo así como una transgresión, como una búsqueda de transformación no voluntaria. Es la primera resistencia que surge. ¿Tal vez sólo debiéramos llamarlas acciones simplemente? Recordemos que la palabra intervención es sinónimo de "entremetimiento, injerencia, control, fiscalización, u operación" y la heredamos del modelo médico con que se inició el DO. En el inconsciente colectivo de Chile, se asocia a prácticas políticas dolorosas.

7.1.- Roles del consultor

Los roles que asumen los consultores son muy amplios. Revisemos las siguientes afirmaciones sobre algunos de ellos:

Rol 1. Facilitar el mejoramiento de la calidad de vida integral de los recursos humanos en las organizaciones, a través de los procesos y el diseño de acciones estratégicas.

¿Dónde está la visión de integralidad en quienes practican el DO y en quienes dirigen las organizaciones? ¿Se analizan y hay seguimiento sistemático de las acciones estratégicas y su corrección si fuera del caso? Muy pocos son los que realizan este *follow up* o analizan el resultado del seguimiento de las acciones. Cuando uno sugiere un seguimiento o acompañamiento en el proceso se piensa que lo que nos mueve es sólo lo económico y obligadamente, los abandonamos a su suerte. Nuevamente está el rasgo de nuestra cultura presente; la desconfianza expresada en pensamientos como "este quiere encontrar la gallina de los huevos de oro conmigo" o "aquí estamos para hacer negocios y ganar plata, estas cosas son de sentido común". ¡Cómo van a ser de sentido común cuando es una disciplina que no deja nunca de avanzar y por ende estudiarse, que ha demostrado resultados muy positivos en tantas organizaciones! Muchos de esos ejemplos están en libros, se estudian en los postgrados, pero… ¿qué queda en quienes los leen y en cuanto cambian su accionar, al volver a su organización, donde nadie más está abierto a esa idea, no se acoge y viene la frustración de los empleados enviados y pagados, sus estudios, por la propia compañía? Posteriormente esa persona abandona la organización que invirtió en su formación y busca otra "donde pueda aplicar lo aprendido".

Rol 2. Lograr que las organizaciones alcancen propósitos comunes con un pensamiento globalizante.

¿Seremos miopes ante nuestra propia realidad organizacional que no la vemos conectada dentro de un sistema mayor? Lejos estamos de tener una visión global y si se tiene, finalmente se reduce a lo más cercano, al entorno inmediato que nos rodea.

Rol 3. Visualizar necesidades de transformación y anticipar sus formas de satisfacción.

Estas necesidades, ¿van más allá que la del negocio? y, ¿se busca explícitamente satisfacer una mejor calidad de vida de la gente que trabaja en ellas? ¿Estará presente en el pensamiento de la mayoría de los gerentes, el concepto de sustentabilidad?

Rol 4. Tener como meta principal el fortalecimiento de la efectividad del sistema total, con valores organizacionales compartidos.

Los valores, en su mayoría se "decretan" en la alta gerencia y, para que los cumplan los demás, sin embargo, se le ha preguntado a la gente si, ¿les hace sentido estos valores impuestos a las personas al no sentirlos como propios, o no saber cómo vivirlos en el día a día en su trabajo y en sus relaciones con los otros? y juegan el repetido juego psicológico organizacional de "hacer «como si» estuvieran de acuerdo".

Rol 5. Construir estrategias para promover la renovación personal y organizacional con una perspectiva global y sistémica.

¿Están la mayoría de los consultores preparados para esto? ¿Cuántos son los directivos que se orientan en este sentido y saben cómo hacerlo? Una prueba de que no es así es encontrar tantos compartimentos estancos o silos, entre áreas y departamentos en las empresas. Si se hiciera un estudio de cuanto afecta esta actitud disociadora a los objetivos generales de la organización, nos encontraríamos con una gran sorpresa en términos de rentabilidad, ahorro, errores cometidos, problemas de comunicación y fluidez del proceso productivo o servicio.

Rol 6. Ocuparse de sí mismo como principal recurso de cambio, enriqueciendo sistemáticamente su vida personal y profesional.

¿Cuántos consultores y ejecutivos "se baten" con lo aprendido en su carrera o MBA o diploma, sabiendo que el conocimiento avanza cada día, y nuevos aportes de la ciencia y la técnica, así como el arte y el espíritu podrían hacer nuestras acciones más efectivas, si partimos con mayor conocimiento y autoconsciencia sobre nuestra conexión con el Todo y como nos afecta? Hoy, me encuentro que muchos están descubriendo recién lo que los griegos decían algo que se repite por siglos: conócete a ti mismo.

Rol 7. Impulsar la calidad total considerando que los cambios se logran con resultados humanos y financieros.

¿Acaso hay un divorcio en ambos aspectos? ¿O los gerentes no logran verlos interdependientes?

Rol 8. Tener habilidades específicas para moverse entre la teoría y la práctica.

¿Qué hay de aquellos que repiten la misma técnica para cualquiera sea el desafío que enfrenta, ya sea porque está de moda o porque es lo único que sabe o se siente cómodo o menos amenazante?

Rol 9. Es hábil para diagnosticar, elaborar, coordinar y realizar programas de cambio planificado, detectando los líderes que llevarán a cabo el proceso.

Aquí la responsabilidad es compartida entre cliente y consultor. Recién se está buscando los talentos, ¿pero los líderes son otra cosa y piensan que son ellos los que tienen "la verdad verdadera"? Por lo que buscan los talentos para que ellos hagan lo que ellos piensan que tienen que hacer. ¿Liderazgo no colaborativo?

Rol 10. Acrecentar las habilidades de resolución de problemas de las personas que trabajan en una organización, para ayudarlas a lograr ser un grupo más eficiente o efectivo.

¿Cuántos están dispuestos a conocerlas y adoptarlas?, ¿cuántos egos se oponen porque sienten que "todo lo saben"?

7.2.- *Actitud y comportamiento de líderes y directivos chilenos*

Actitud casi permanente y generalizada de los directivos de empresas y organizaciones, públicas y privadas, de ese discurso repetitivo de "que las personas son el recurso más importante de esta empresa", es una frase vacía sin el apoyo de una creencia firme en lo que se dice, la han transformado en una frase sin sentido ni se conjugan comportamientos consecuentes con ello.

Si así fuera, ¿no habría en el Directorio de cada organización un representante del conocimiento sobre gestión de personas? Hay directores con experiencia en finanzas y negocios, o estrategia, pero los grandes ausentes son los expertos en personas, aún sabiendo que: "las organizaciones funcionan si… las personas funcionan".

¿Cuándo internalizaremos esto? ¿Cuándo lo transformaremos en acciones concretas e incorporaremos a la mujer que es más sensible a las formas de relaciones interpersonales?

¿Por qué se le asigna tan poca importancia al conocimiento de las personas en el trabajo, en cuanto a conocer su singularidad, al ser único, podemos ser parecidos, pero no iguales, tampoco las necesidades y motivaciones de cada uno son las mismas ni las historias de vida tampoco?

Líderes y Directivos no conocen a las personas con quienes trabajan. No saben siquiera su nombre, excepto los más cercanos. Menos cuáles son sus competencias, motivaciones y talentos, sus aspiraciones personales y familiares. Cuando hacen una inversión financiera o de capital están muy preocupados por las variables que pueden afectar esa inversión. Al tratarse del capital humano esa preocupación no existe con la misma acuciosidad.

Esta frase: "Los buenos jefes son los que me tratan como persona", escuchada textual y recientemente, ¿no le da una idea de lo inhumano del trato actual?

¿Por qué se cree que para lograr el éxito basta con ocuparse de la parte visible del iceberg organizacional (Krüger, 1981) como Costo, Calidad y Tiempo, Procesos e Información cuando sin desmerecer estas variables, la parte oculta de él es clave, donde las percepciones, las actitudes, los comportamientos, las creencias, el poder, las políticas que se declaran, las fuerzas opositoras ocultas, ¿la sombra organizacional ejerce una potente influencia?

Pero alegrémonos, tal vez sea esto posible si los ejecutivos se comportaran cómo en la situación que les relato a continuación.

Una primera experiencia muy positiva en cuanto a la importancia del factor humano fue cuando un grupo económico destacado norteamericano, Bunker Trust, llegó a nuestra Consultora por estar interesados en la compra de un banco chileno. Al principio pensamos que se habían equivocado porque nosotros no nos dedicábamos a la compra de empresas. Cuál no sería nuestro asombro al decirnos que no estaban equivocados, que si querían comprar el banco, pero no les interesaban, ni la instalaciones ni los flujos del negocio, ni las ganancias, ni el tremendo edificio que el banco tenía, sino que, dado que lo comprarían con todo el personal adentro necesitaban saber la calidad de ellos en términos de educación, formación, capacidades generales, niveles de edad, motivación, entre otros. Lo hicimos. Eran otros tiempos... no tan tecnológicos. Nunca, nuestras oficinas habían acumulado tantos papeles entre, cuestionarios, test, resultados de entrevistas, producto de la auscultación de más de 1.500 empleados.

Entregamos los resultados, para su análisis y decisión, a los interesados en la compra. Posteriormente supimos que dada la calidad de los "recursos humanos" del banco, su gestión fundamentalmente paternalista y el nivel cognitivo y de personalidad de la gente, decidieron no comprarlo y se embarcaron en otro negocio, una AFP donde continuamos asesorándolos.

¿Cuántos son los líderes que están dispuestos a llegar hasta el fin de los programas y asumir los riesgos?

Otras de las causas de porqué fracasan los proyectos en las organizaciones, según mi experiencia, son las siguientes:

7.2.1.- *El efecto Pinocho*

He comprobado más a menudo de lo que quisiera, el Efecto Pinocho que encontrara Warren Bennis en su estudio de 90 Directivos (Bennis & Nanus, 2008). Él decía: "Cuando fui rector universitario, un grupo de administradores y yo fraguábamos lo que creíamos era una gran idea. Luego hacíamos lo correcto: delegábamos, delegábamos y delegábamos. Pero cuando el producto o la política finalmente aparecía, se parecía muy poco a nuestra idea original. El proceso se repetía tan frecuentemente que lo bauticé: El Efecto Pinocho (estoy seguro de que Geppetto no tenía la menor idea de cómo luciría Pinocho al terminar de construirlo). El Efecto Pinocho no dejaba de sorprendernos.

Juana Anguita G.

Debido a una inadecuada comunicación, los resultados rara vez se asemejaban a nuestras expectativas".

Aparte de este rasgo que dice Bennis pienso que hay otras razones más por las que se produce este efecto.

En nuestra experiencia, por ejemplo, se presenta un proyecto realizado por consultores expertos y con trayectoria en el tema, se corrige y se comunica una y otra vez a la contraparte sobre el significado de cada acápite, para luego encontrarnos que "como estaba tan largo sacamos algunos párrafos" con la nefasta consecuencia que la política entregada deja de tener sentido, al suprimir párrafos textuales de los empleados en esta construcción que se pidió fuese **participativa**. En una próxima vez los empleados se cuidarán de enmendar o participar en nada. O, como la nariz de Pinocho, se agregan cosas fuera de contexto porque ya lo están haciendo simplemente o, se reemplazan conceptos que en ese momento ya están obsoletos por haber sido adecuados en otra edad de la vida de la organización.

La gente quiere leer propuestas y proyectos cortos. La tecnología, con sus Power Point, ha contribuido a esto y como ya señalara, el tiempo es hoy, el recurso más escaso, la gente desea leer resúmenes. Esto está obligando a los consultores a aumentar su capacidad de síntesis, lo que es positivo, pero ¿qué cultura estamos fomentando con este comportamiento en los directivos? La gente, se aduce, "ya no lee, les da lata, hay que acortarlo". Si como consultores, insistimos que se pierde el sentido al hacerlo, se nos acusa de intransigentes, poco flexibles, etc. Naturalmente esto se obviaría si se hiciera una presentación, conversada, personal donde las dudas se aclararán y se fijaran claramente los objetivos y las expectativas mutuas de ayuda y disposición a aceptarla. Pero, esto se dejó de hacer desde hace rato. El Contrato Psicológico de cualquier negocio que, incorporaba principios, deberes y derechos y que es una forma de establecer la relación, se ha perdido en la práctica diaria.

Muchas veces, por desconocimiento de la contraparte sobre algunos conceptos (o por la vergüenza de reconocerlo) se deja de lado el verdadero "corazón" de la intervención propuesta. El consultor peca por omisión para no poner en apuro al cliente y, ¿quién sabe?, perder el negocio. ¿Es eso ético en un consultor? ¡Cuando es uno de los valores que sustentan el DO!

¿No debería ser esta una de las cláusulas del contrato inicial de la consultoría?

7.2.2.- Los clientes y los estudios de clima organizacional

Considero por su importancia, revisar cual es la actitud particular que he observado en los directivos frente a esta poderosa herramienta diagnóstica y de mejora en la gestión de DO.

Para muestra, una breve historia.

Una de las primeras veces en que apliqué mi modelo de medición de clima, plenamente validado por organismos de investigación de una prestigiosa universidad, me encontré con un cliente que mis tripas no pueden olvidar porque estuvimos casi 4 horas analizando el minucioso informe evacuado por nosotros, los consultores. Era la hora de almuerzo. No me invitó ni a un café. Ya desfalleciente al final de la reunión le pregunté cuando le daríamos los resultados generales a la gente que estaban expectantes dado que estaban muy ilusionados de lo que de ese estudio podría salir en beneficio para ellos. Mi sorpresa y desilusión fue grande cuando tomó el voluminoso texto y lo guardó en la gaveta de su escritorio a la vez que decía: "no creo que sea bueno mostrarlo, lo guardaré para mí y veré lo que hago, ni siquiera lo compartiré con mis colegas gerentes".

Le señalé que esto traería incredulidad y disminuiría la confianza de la gente, además de frustración por las expectativas no cumplidas y que entrarían en aquella faceta conocida en la psicología, como la "desesperanza aprendida" y la próxima vez ya no habría credibilidad ante ninguna nueva iniciativa u otro diagnostico que se deseara hacer.

Desde ese día me propuse no hacer ningún estudio de este tipo si la gerencia no estaba dispuesta a la retroalimentación posterior de los resultados y a comprometerse en algún plan de mejoría, por pequeño que fuese. Sin embargo, aún, en varias ocasiones me encuentro con Gerentes Generales que aceptan el proceso completo, yo creo en ellos pero luego, ante los resultados deciden no proseguir o guardar el informe para sí o dar resultados parciales. O, el último caso que el 2012 me sucedió fue que aun habiéndole señalado al cliente que había que dar señales de cambio o un plan de acción, dentro de los tres meses siguientes, nunca contestó, ni él ni el gerente de RR.HH. quien no tenía autonomía para decidir y ni siquiera influir en él. Éste es más o menos el *e-mail* enviado sobre la decisión al cabo de 6 meses que acabé recibiendo:

"Agradecemos su interés en las conclusiones de nuestro Clima y el diagnóstico organizacional. Durante el segundo semestre se han producido cambios en nuestros equipos de trabajo y en sus gerentes. Conversado el tema con el Gerente General, expongo a usted que la conclusión es la de no realizar el/los seguimientos propuestos por su Consultora. Una vez más hay que reiterar que han sido valiosos sus diagnósticos y resultados entregados".

Uno se pregunta a qué se puede deber este comportamiento; ¿Miedo? ¿Temor a ser juzgado por su gestión? ¿En búsqueda del camino fácil donde mejor es despedir a los que no lo están haciendo bien en su liderazgo y contratar a otros? ¿No querer invertir en desarrollar a la gente? ¿Sentido como atentado a su autoestima? ¿No exponerse ante el Directorio? ¿Dónde está lo asertivo que nos dicen los expertos, debe tener el líder máximo? O, ¿simplemente utilización del consultor para reasegurar que su percepción de la empresa estaba en lo correcto?

Juzgue Ud.

Sin embargo, para ser consecuente con el flujo positivo, justo me llega la otra cara de la medalla corporizada en un *e-mail* de otro cliente, un Gerente General a quien escribiera por un proyecto ya postergado por diferentes razones, lo que como Uds. saben repercute negativamente en los colaboradores. Cuál sería mi sorpresa al contestarme, latamente, desde una conferencia internacional del grupo de empresas a la que pertenece, desde Lituania, en el otro extremo del mundo. Allí me expresa que está totalmente de acuerdo y que "más que antes" necesita del apoyo nuestro dado que "su organización tiene nuevos desafíos de negocios, han incorporado a nuevos colaboradores y necesito" dice "configurar un equipo de trabajo efectivo, comprometido y entretenido". Esto último, reafirmando dos cosas. Una, la importancia del líder, sus convicciones, comportamiento y personalidad en la dirección de las organizaciones y en los procesos siempre presentes en ellas, de cambio y transformación. La segunda, el ambiente grato que busca tener, como reafirma uno de los capítulos de este libro que habla de la importancia del humor y positivismo en los procesos de cambio como ingrediente importante para alcanzar resultados.

Podría asegurar que ese 70% de los resultados no alcanzados en las intervenciones, en la mayoría de las organizaciones nacionales como internacionales, es debido al liderazgo, así como en el 30% de éxito, son ellos los principales protagonistas.

Entonces, ¿cómo hacemos para aumentar ese 30%? Gran tarea aún pendiente. Una alumna me decía en un curso de postgrado "entonces enfoquémonos en el 30% de los que tienen éxito", y recordé "Las Mejores Prácticas", tan en boga hoy en día, como receta mágica para mejorar la organización, sin considerar la cultura particular de cada empresa donde para algunos puede ser importante, pero para otras, disfuncional a su cultura.

Sigamos razonando y sintiendo, cualquiera sea el sentimiento que esto le despierta. Es tiempo de reflexión.

La gente hace como si entendieran el significado y trascendencia que un Clima Organizacional tóxico incide tanto, en las formas de relacionamiento, en la productividad como en la efectividad organizacional o bienestar de los colaboradores.

Que las intervenciones no son sólo por cumplir con lo políticamente correcto o por imitar a la competencia que lo está sobrepasando en su rentabilidad, o por aparecer en los *rankings* de empresas como una de las mejores para trabajar en ellas, más que nada como efecto de *marketing*, sin importarles realmente lo que piensan o sienten sus colaboradores. O introduciendo prácticas forzadas para todo el mundo tales como tener felicidad en el trabajo, para lo cual "se establece" por ejemplo que la persona se acerque al otro y lo salude con un abrazo o, "inesperadamente" le pregunte cómo está, cómo se siente (de manera automática, sin sentirlo realmente)... Me reportaba un gerente de trayectoria exitosa mundial que esto le parecía una aberración, que no lo dejaban trabajar tranquilo y que no consideraban su personalidad introvertida para nada y todo le parecía muy forzado, hasta que decidió poner un aviso en su puerta (contrario a todos los programas que se habían establecido):

"No molestar".

Nuevamente estaríamos aplicando las mismas prácticas para todos sin considerar las individualidades porque no las conocemos.

Otros directivos se quedan en los diagnósticos sólo por curiosidad y luego, se asustan con los resultados y se paralizan, no tomando acciones correctivas o de mejoras.

Agregaría a lo anterior esa permanente conducta organizacional en las empresas, que cuando se van o despiden a los gerentes, todo queda interrumpido, detenido u olvidado. El sucesor no se interioriza de lo realizado anteriormente (estudios diagnósticos como el de clima) o lo ignora y, en el mejor de los casos, decide iniciar nuevos proyectos con nuevos consultores, poseedores de otro marco conceptual para abordar el mismo tema, pero esta vez, bajo su propia impronta. Perdiendo de esta manera, la continuidad de un proceso que fuera difícil de instalar.

Aquí se aprecia que los egos de los líderes pasan a formar parte de una de las mayores resistencias a los cambios que podamos encontrar en el Desarrollo de las Organizaciones.

7.2.3.- La organización decorticada

He querido llamar así a aquellas organizaciones donde la alta gerencia (el cerebro) parece estar separada del resto del "cuerpo" de la organización, y donde no llega la información hacia abajo, no hay comunicación con y hacia los niveles altos y viceversa. Por lo tanto, no hay compromiso, ni alineamiento entre las partes que componen la organización total por desinformación.

En los seres humanos existe una "postura de decorticación" y es un signo de daño de la ruta nerviosa entre el cerebro y la médula espinal.

Si hacemos una metáfora entre esta enfermedad y lo que pasa en una organización nos encontramos con los siguientes signos: Incapacidad para Comunicarse, Parálisis, Convulsiones y hasta puede llegar al Coma, antesala de la muerte.

Uno de los síntomas que hemos encontrado da cuenta de ese estado. La consecuencia en la pirámide organizacional es clara: el Gerente General es el último en saber lo que está pasando en niveles inferiores y se ve sorprendido cuando advierte unas pocas señales negativas que le llegan, por casualidad.

Para no llegar a ser una organización *decorticada* debemos establecer una conexión entre redes, que como el zarcillo de la uva, llegue hasta los últimos rincones y su savia se reparta por toda la organización. Para obtener este logro hay y habrá nuevas prácticas del DO que permitan el cómo veremos en el futuro de la organización.

Un ejemplo de lo anterior. En una reunión entre el Director General de una organización y el Jefe de Gestión de Personas al tratar una asesoría para esta última área, repentinamente el Director dice, "hablando de Recursos Humanos creo que ya tendríamos que cambiar el nombre de este departamento y llamarlo de Gestión de Personas..." y el Jefe de la unidad dice "si ya lo cambiamos hace mucho tiempo... hoy se llama Gestión de Personas", "Ah que bueno" dice el Director quien está en el cargo más de 9 meses...

7.2.4.- Las empresas "rosaditas"

Años atrás me di cuenta de que los ejecutivos de empresa querían estar a la moda, y copiar todo lo que viniera de otro país. Rasgo muy propio de nuestra cultura nacional, como veremos más adelante y que en nuestras organizaciones se manifiesta a través de las decisiones de sus directivos. Las denominé así como "rosaditas" cuando me di cuenta que querían ser consideradas como atractivas y "bonitas". Entonces yo llegaba a una empresa y preguntaba si habían aplicado la Calidad Total (cuando estaba de moda) o Planificación Estratégica o el *Balanced Scorecard* o el *World Café* o cualquier otra técnica o procedimiento que recién estuviera en boga desde otras latitudes. En la mayoría de los casos, contestaban que ¡sí, por supuesto lo estaban implementando! Al juntar este rasgo con el de no llegar hasta el fin y luego cambiar otra vez por lo que estuviese de moda uno tenía la sensación de que los directivos creían que "¡ahora sí!" con esta nueva técnica lograríamos el mejor servicio, mayor productividad etc. Sin esperar resultados concretos o revisar los procesos, se cambia a una nueva moda, se ajuste o no ésta a las necesidades de su organización.

Como señalara Adolfo Ibáñez, (1939) según nos reporta en su libro "Tics de los Chilenos" (García-Huidobro, 2000) de Cecilia García-Huidobro: "En Chile la moda es todo un Dios. Los criollos son sumisos a las más extrañas disposiciones de la moda y la hacen el tirano de la vida en todos sus aspectos. Aquí no hay sólo modas de trajes; hay moda de autos, de la pauta de paseos, de teatros, de reuniones: hay frases de moda, color de moda, filosofía de moda... Se habla de la enfermedad de moda, y hasta hoteles y restoranes deben preocuparse en ser «de moda», mucho más que de servir bien y dar buena comida. Lo que no está de moda es «raro», feo, no sirve, inútil y latoso". Le faltó decir a Ibáñez que mejorar las organizaciones con nuevos enfoques y técnicas para su mejor adaptación y sustentabilidad lo podemos ensayar mientras esté de moda, pero luego no persistir en ello, que es otro de los rasgos de comportamiento que nos caracteriza. Han pasado 70 años y si nosotros debiéramos producir los cambios para actualizarse, sin embargo... seguimos igual. ¿Falta de consciencia?, ¿de interés?, ¿de no saber cómo hacerlo?, o ¿no querer preocuparse por comodidad?

Esto de volver a empezar una y otra vez me recuerda lo observado por Ortega y Gasset, en el año 1935 a raíz de una visita que hiciera a Chile y que escribiera en la Revista de Occidente (Ortega y Gasset, 1935), de la época. Chile, decía, tiene como argumento de su cultura, la leyenda de Sísifo.

Sísifo, dentro de la mitología griega, como Prometeo, hizo enfadar a los dioses por su extraordinaria astucia. Como castigo, fue condenado a perder la vista y a empujar perpetuamente un peñasco gigante montaña arriba hasta la cima, sólo para que volviese a caer rodando hasta el valle, desde donde debía recogerlo y empujarlo nuevamente hasta la cumbre y así indefinidamente.

Ése es el momento verdaderamente trágico, cuando el héroe se vuelve consciente de su condición miserable. No tiene esperanza, pero "no hay destino que no se venza con el desprecio". Reconocer la verdad la conquistará; Sísifo, igual que el hombre absurdo, continúa empujando. Camus asegura que cuando Sísifo reconoce la futilidad de su tarea y la certeza de su destino, es liberado para darse cuenta de lo absurdo de su situación y para llegar a un estado de aceptación. Con un guiño al héroe griego condenado de forma similar, Prometeo, Camus concluye que "todo está bien", y que "debemos imaginarnos a Sísifo feliz" (Camus, 1942). A mayor abundamiento...

"...Porque tiene este Chile florido algo de Sísifo, ya que como él vive en una alta serranía y, como él parece condenado a que se le venga abajo cien veces lo que con su esfuerzo, cien veces creo", dijo Ortega y Gasset (Valenzuela, 1984).

7.3.- *Luz y sombra en las organizaciones*

Hoy día asistimos a una fuerte influencia del pensamiento positivo. Me parece interesante y útil, sin embargo, hemos descuidado preocuparnos de la parte oculta del iceberg, que tiene gran ascendencia en nuestros procesos de vida.

Si bien la felicidad –el eudemonismo- es un bien al que todos aspiramos, el alcanzarla en su totalidad y permanentemente es una utopía. Además, es tan personal como la historia de vida de cada uno.

El concepto de eudemonismo forma parte de la filosofía y más concretamente de una de sus disciplinas, la ética. Eudemonismo es un término griego que viene de la palabra *eudaimonia*, que quiere decir felicidad o bienestar.

El eudemonismo como teoría o concepción ética defiende la tesis de que el hombre anhela la felicidad como bien supremo.

Hacer el bien es para Aristóteles la manera de ser correcto desde un punto de vista ético. Seremos justos y virtuosos, es decir, realizaremos el bien si con nuestra inteligencia sabemos encontrar el equilibrio entre lo correcto y lo incorrecto. Veámoslo con un ejemplo. Hay dos valores opuestos: la generosidad y el egoísmo. ¿Cuándo estaremos actuando de una forma auténticamente generosa? Según Aristóteles, utilizando el término medio adecuado (el *mesotés*) entre una actitud desprendida y altruista hacia los demás y el extremo opuesto, el egoísmo contemporáneamente. Esta idea difiere notoriamente con la idea de la Gestalt que no concuerda que con este "justo medio" si se resuelven las diferencias u opuestos.

Si estos dos polos coexisten como lo señala Aristóteles y 20 siglos más tarde, lo afirma un destacado representante de la teoría de la Gestalt, pero no hay acuerdo en cómo se abordan, quedémonos, por el momento, con el decir de Zinker: "La llave del conocimiento, felicidad y existencia del hombre, se encuentra en la idea de la reconciliación de las diferencias" (Zinker, 2006).

¿Cómo estamos resolviendo las diferencias en nuestras intervenciones?, ¿no nos estaremos orientando preferentemente a lo positivo, así como antes nos orientamos a los problemas?, ¿no será el momento de integrarlos?

Lo anterior nos debiera llevar a estudiar las polaridades.

7.3.1.- Las polaridades

En cualquier aspecto de la naturaleza y en nuestro organismo, TODO tiene su opuesto como: noche-día, ying-yang, bueno-malo, claro-oscuro, fuerte-débil... Cada parte de nosotros mismos también tiene su opuesto, denominadas polaridades, es más, todo individuo tiene múltiples polaridades.

Todas las formas polares, son parte de nuestra naturaleza, y en sí mismas no son incompatibles, somos nosotros quienes a través del juicio previo limitamos nuestra consciencia considerando adecuada una de las partes.

Perls dice que los opuestos existen por diferenciación de "algo no diferenciado" y que el punto 0 es el punto donde comienza la diferenciación (Perls, 1965). En psicoterapia esta diferenciación es muy importante y se le llama polarización, es decir, que los opuestos se definan con claridad, que extremen sus posiciones para poder reconocer estos contendientes, para así poder establecer un diálogo entre ambos, donde se reconozcan, se escuchen, se entiendan y puedan llegar a algún tipo de acuerdo. Es decir, incorporar a cada uno de nuestros rasgos, su opuesto con el fin de llegar a la integración entre ellos. Este fenómeno de la integración está ausente tanto a nivel individual como social.

¿Cuál es la importancia de integrar nuestras polaridades?, el trabajo de polaridades permite el contacto con diferentes partes de uno mismo, y ayuda a la persona a ampliar la visión y el concepto que se tiene de sí e integrar las diferencias del conflicto y así con una toma de consciencia de los opuestos, permite que la persona maneje sus propios recursos.

Esta integración es súper importante para lograr ser una persona sana. ¿No lo será también para lograr una organización sana?, ¿y qué estamos haciendo para lograrlo?

Juana Anguita G.

Las polaridades son características del comportamiento humano (amor-odio, agresividad-ternura, raciocinio-intuición, confianza–miedo) cuya integración armónica es uno de los objetivos de la Escuela de la Gestalt. No se busca la eliminación de una en provecho de la otra, ni el encuentro de un "justo medio" (ambos ilusorios y empobrecedores) sino en la complementación. La filosofía básica de la Terapia Gestalt es la diferenciación e integración de la naturaleza. ¿Cómo podemos integrar y actuar en consecuencia, sobre lo que está oculto y que influye, subterránea o inconscientemente en la vida de las personas y las organizaciones si es algo sobre lo que nadie habla y que se desconoce por evitar la consecuencia?

¿Cómo hacerlo sin transgredir las normas sociales?

¿Cómo hacemos la diferenciación y posterior integración, cuando sólo poseemos una muy leve información sobre la génesis del comportamiento humano de una persona?

¿Y, socialmente, cómo abordaremos los *cliques*, verdaderas sectas, o las díadas, las cábalas de protección mutua entre personas, las relaciones sexuales sostenidas entre compañeros o un alto jefe y una empleada o ejecutiva y que nadie se explica cómo llegó a ocupar un puesto una persona que, a ojos vistas, no tiene las competencias, produciendo malestar y frustración en quienes, por esas mismas circunstancias de poder, no pueden acceder a los ascensos que le corresponden por capacidad y desempeño?

Aunque nadie me puede acusar de discriminadora en ningún ámbito, no puedo dejar de mencionar lo constatado en mi ejercicio profesional; las redes dentro de las organizaciones y sus códigos. Las parejas con diversidad en su orientación sexual, que allí se instalan, protegiéndose mutuamente, sólo por solidaridad de orientación, con o sin razón. Esto es comprensible por haber sido discriminados toda su vida, habiendo buscado siempre aliados que los comprendan como si unidos fueran a la guerra con el enemigo. Uno comprende y la sociedad recién está cambiando a través de la inclusión, la que aún no llega como parte de una normalidad aceptada por la mayoría. Hasta ahí se puede entender, pero, ¿qué pasa cuando inciden estos comportamientos en el impedimento de un real desarrollo de la organización al dejar de considerar; competencias, valores o compromiso con la empresa, de otras personas? ¿Será esto una amenaza o un freno para el desarrollo de la organización si no avanzamos en el tema? ¿Cómo enfrentar todo esto en un proceso de transformación no ajeno a la ética del objetivo principal organizacional? ¿Cómo aislarlo o integrarlos para que no interfiera u obstaculicen, inconscientemente, los procesos de cambio?

Todos somos al mismo tiempo listos y torpes, débiles y fuertes, buenos y malos, cariñosos y agresivos, y la salud consiste en poder emplear una u otra características en función de la situación. Los sentimientos negativos suelen coincidir con el opuesto que no logra emerger como figura y desequilibra la percepción de la polaridad positiva.

Nos identificamos con una forma de ser concreta y rechazamos todo lo que no cuadre con esa imagen. Si no tomamos consciencia de esta dialéctica de los opuestos nos estancamos. La toma de consciencia de los opuestos y su integración hace que la persona maneje sus propios recursos de manera más eficaz.

Nos identificamos con una forma de ser concreta y rechazamos todo lo que no cuadre con esa imagen. Si no tomamos consciencia de esta dialéctica de los opuestos nos estancamos. La toma de consciencia de los opuestos y su integración hace que la persona maneje sus propios recursos de manera más eficaz. Muchas ramas de la psicología clínica hacen esto. ¿Por qué no incorporarlas en las organizaciones? ¿Por qué persistimos en mantener en silos separados no sólo entre las diferentes disciplinas sino en cada una de ellas tenemos divisiones internas de "especialidades" cuando todas tienen alguna relación?

7.3.2.- El fracaso de la consultoría, no atribuible a ella

Revisaremos algunas de las variables que intervienen en el llamado "fracaso de la consultoría" en DO. Son temas que debieran conversarse al inicio porque aportan al fracaso de los esfuerzos de la gestión del cambio y que no tienen que ver con la consultoría propiamente tal. Estas interrupciones han hecho gran daño a la consultoría en todas partes.

❖ Una de las variables es el despido repentino, del impulsador del cambio (el Gerente General), o la del campeón del cambio. Es una de las situaciones más frecuente, que hemos encontrado en este campo. Aquí la resistencia no viene de los empleados sino del Directorio o de alguna persona que pertenece a él y quien no siente simpatía por el gerente general, o por lo que está haciendo o por cualquier otra oculta razón que obedece a las emociones negativas que se presentan en la parte baja del iceberg organizacional, que son "las sombras" que gravitan en la organización y que la mayoría desconoce. Los consultores no se enteran o no consideran al Directorio como resistencia posible. Al preguntar si el proyecto cuenta con el apoyo del Directorio el Gerente General dice que sí, pero siempre habrá alguien que será contrario por cualquiera sea la causa, y la resistencia espera el mejor momento para presentarse. Allí hay un trabajo inicial a realizar y es preferible esperar la ocasión para que éste se produzca, sin embargo, siempre el Directorio está muy ocupado y las reuniones son una sola vez al mes. En esas reuniones, ¿cómo nos aseguraremos de que el Gerente General transmitirá claramente el proyecto y sus avances y manejará las objeciones adecuadamente?, ¿no sería importante estar allí presente?

El despido de quien nos contratara causa un enorme daño a la organización y a las personas que allí trabajan: los recursos económicos y de tiempo pasan a ser pérdidas y no ganancias y repercute en toda la organización. El gerente general no tiene clara la razón del despido o si la tiene, por diferentes razones prefiere guardarse su opinión, la gente comienza a hacerse mil conjeturas. Dado que la imaginación es libre (suelo decir) la gente puede decir cualquier cosa, y así nacen los rumores, "el pelambre" o chisme que forma parte de nuestra cultura chilena. Desconcierta a todos, limita la credibilidad en la alta gerencia y en la empresa, las expectativas de mucha gente se ven frustradas, y quedan listas para jugar en la próxima iniciativa el juego psicológico de "hacer como que creo y que participo" que impedirá al nuevo proyecto alcanzar exitosamente su meta. No hay nada tan difícil como recuperar la confianza, como todos sabemos, así como el trabajo enorme y con resultados inciertos, en restaurar la credibilidad.

De esta situación recién señalada, no tienen consciencia ni conocimiento los actores que juegan en este escenario.

❖ Otra causa de detención de un proyecto es la falta de recursos económicos a medio camino.

Desde el nacimiento del DO se ha sabido que los proyectos cuestan dinero. Está escrito en todos los libros sobre el tema, desde la experiencia de magníficos estudiosos. Ninguno de ellos pertenece a la elite de los millonarios de este mundo. Son otros los intereses que nos mueven. ¿La razón de esta percepción? El desconocimiento del tiempo que demora una transformación organizacional. No es como meterse al quirófano de un esteticista y salir transformado, rejuvenecido y con otra cara y cuerpo.

Esto requiere no una operación de 5-6 horas, ni siquiera de un día, puede que la recuperación sea larga, la sufre el paciente, la operación está pagada y muy caramente.

En un proceso de consultoría las horas, los meses y años que se necesitan para una transformación fundamental requieren de tiempo y recursos económicos. Es complejo y debe tratarse complejamente.

Una consultoría ya señalada duró diez años. Acompañamos a la compañía en su crecimiento tanto de colaboradores, testimoniado esto de las propias personas y en el crecimiento en todas las regiones del país, y en un ahorro sustantivo de la empresa frente a las otras cinco compañías de su competencia.

Volviendo a lo que significan estos procesos en términos de, no sólo de tiempo sino dinero para costear el desarrollo de cada persona que allí se desempeña; aplicar todas las técnicas conocidas para su alineamiento al proyecto y que los diagnósticos exigen para mejorar. O, acaso, ¿Ud. se hace una serie de exámenes médicos, le diagnostican una enfermedad grave y luego se va a su casa con radiografías, *scanner*, recetas de inyecciones, píldoras, tratamientos específicos, rehabilitación, psicólogos, psiquiatras y otras especialidades. Y, posteriormente, luego de todo eso, Ud. decide, mejorarse sólo por obra de magia o de Dios sin reconocer que hay especialistas que lo ayudaran a una mejor calidad de vida. Ese es nuestro rol: ayudar a las Organizaciones a tener una mejor calidad de vida. Recientemente Edgard Schein ha publicado un libro con el nombre de *"Helping: How to Offer, Give, and Receive Help"* (Schein, 2009) para referirse a nuestra profesión. El ofrecer o pedir ayuda es un acto muy complejo y puede ser incomodo tanto para el que la pide como para el que la ofrece. Otra dinámica relacional a investigar.

7.4.- *Algunas vivencias en relación con la práctica del DO en Chile*

7.4.1.- *Desconocimiento insuficiente de la cultura país y de la organización cliente*

Pensaba en Richard (Dick) Beckhard mientras esperaba el ascensor que me conduciría a una de las plenarias en el salón de conferencia del XV Congreso de DO en Monterrey en mayo de 1996. Sentía, con malestar conmigo misma, que cuando el "maestro" estuvo respondiendo preguntas del auditorio no había hecho la pregunta que ahora surgía en mi mente. Repentinamente se abrió la puerta del ascensor y veo que allí estaba Beckhard quien descendía al mismo lugar que yo.

Con la espontaneidad que me permitía el conocimiento previo que tenía de él -habíamos tenido un grato almuerzo con nuestra común amiga Karen Davis, hacía un año atrás en Nueva York y una amable y encantadora conversación en su casa- le lancé la pregunta que ya estaba en mi mente: "Dick, si Ud. tuviera que definir hoy día el Desarrollo Organizacional, ¿cómo lo definiría?, ¿qué agregaría?, ¿qué cambiaría?" Con la humildad de los grandes, me contestó que había habido muchas otras definiciones posteriores y tal vez mejores a la suya. Insistí que me interesaba la de él, más aún cuando es la más extendida de todas y la que más he compartido hasta el momento, además de la de Warren Bennis.

La siguiente fue su respuesta, la cual me apresuré en registrar: "Persisto en que es un cambio planificado, que debe hacerse desde la cúpula. Incorporaría que, además de las ciencias del comportamiento, los sistemas de información juegan un gran papel. También agregaría que el cambio a que me refiero es a un cambio de cultura, aspecto que entonces no tuve claro. Desde luego, lo que se busca es la efectividad de la organización".

Richard (Dick) Beckhard es considerado uno de los padres del Desarrollo Organizacional (DO). Fue él, junto a Douglas McGregor, en Minneapolis, Herb Sheppard y Robert Blake, en Nueva Jersey, quienes denominaron Desarrollo Organizacional a las actividades que realizaban de desarrollo gerencial, capacitación en liderazgo y de hacer diferente la organización en los años 60, porque según Beckhard; "no podíamos llamarlo «mejora organizacional» porque no se podía escribir un buen artículo sobre eso".

Esto refuerza lo que pienso, en parte, 30 años más tarde. El DO nunca debe desconsiderar los cambios de su entorno ni el avance del conocimiento en todas las otras disciplinas.

Con gran excitación de mi parte atesoré ese diálogo hasta hoy haciéndome nítido eco de sus palabras en ese momento, por cuanto mis reflexiones habían derivado hacia lo mismo, con excepción para ser honesta, de la claridad sobre la importancia y alcance de los sistemas de información en el sentido más amplio que él le da y que hoy gracias a la tecnología adquieren tanta importancia.

Efectivamente, con posterioridad otro prohombre del DO, Warner Burke en su definición ya considera el cambio de la cultura como el sello del DO cuando dice "(…) el Desarrollo Organizacional es un proceso de cambio fundamental en la cultura de una organización" (Burke, 2017). Efectivamente, la cultura influye posteriormente en el comportamiento de los individuos y los grupos. Hoy día ya no se pone en duda que la transformacional organizacional pasa por transformar su cultura, ¿pero cuáles aspectos de la cultura serán los más efectivos de intervenir para producir los cambios deseados?, ¿y cuántos son los directivos que osan medir la cultura e intervenirla como sustrato seguro para el éxito de los proyectos que inician? Muy pocos. Por alguna razón que desconozco, le temen conocerla y/o la confunden con los estudios de clima que tienen otro propósito para la gestión de personas, es más inmediato y fácil de escribir.

Numerosas son las definiciones de cultura y todas ellas apuntan a considerar los valores -aspecto nuclear de la cultura– y que son las hipótesis y creencias que tienen en común los miembros de una organización y que modelan la forma en que perciben, actúan y piensan. Es esta cultura la que se debe alterar si queremos que ocurra un cambio más profundo y que permanezca.

Como veremos en la segunda parte del libro se busca cambiar el comportamiento de las personas: la percepción, los modelos mentales y como resultante, adoptarlos conscientemente y tener una visión de la realidad distinta a la actual.

Fue en el mismo congreso a que aludí sobre mi encuentro con Richard (Dick) Beckhard, que llegué a tener una especie de crisis de identidad profesional. Ruego al lector que retenga este párrafo porque sólo hoy voy camino a resolver esta crisis del conocimiento visualizado en el primer capítulo.

Con esta percepción y sentimientos asociados, me daba cuenta que, cada vez más, eran los especialistas provenientes de otras disciplinas que se arrogaban el campo; la reingeniería, la calidad, la tecnología partían de lo que se pretendía cambiar; ordenamiento de procesos, de estructuras, mejorar calidad de productos y servicios, procedimientos para, con el pasar del tiempo y habiendo fracasado en los intentos, darse cuenta que lo importante era entrar al proceso de cambio en sí mismo, en las personas y en el desarrollo de ellas. En todo caso, parecía que "todos los caminos conducen a Roma" siendo la Roma, para todos en este caso, la transformación. Me pareció que en ése entonces, habían redescubierto nuestro enfoque, nuestras técnicas y apoderado de ellas sin siquiera reconocer de dónde provenía este saber y el saber hacer y decidí escribir mis propias reflexiones surgidas de mi camino profesional y contar algunas experiencias para comenzar a reivindicar a todos aquellos que estaban luchando por cambiar las culturas que no son funcionales para el estado futuro que personas, organizaciones y países buscan y necesitan alcanzar.

Este "apoderamiento" que apreciaba por el enfoque de DO y después de 30 años, de los avances de las ciencias, los fracasos, éxitos y profundas reflexiones han cambiado mi visión, y muchos aspectos han cobrado sentido a la luz de estos cambios.

Esta inquietud de que haya tantas profesiones interesadas en el campo del DO, aunque no lo llamen así, junto a estudios de otras disciplinas, me ha llevado a conceptualizar que la realidad que nos rodea está interconectada entre sus partes y sólo así podremos comprenderla o mejorarla. Una sola disciplina, separadamente para su estudio de otras, no nos permitirá aprehender la realidad en que estamos sumergidos y sin consciencia de ello no podremos transformarla en beneficio de la humanidad.

Por esta razón nuestro enfoque o nueva visión debe ser transdisciplinaria.

En esta búsqueda de qué es lo que debemos transformar pensaba, ¿cuál es la relación entre Desarrollo y Organización? La palabra Desarrollo implica no solamente crecimiento económico, sino en el más amplio sentido de la palabra y es aplicable universalmente a los seres vivos. En el caso de las organizaciones, es aplicable a las personas en sí mismas que allí trabajan, a las relaciones que establece con otras, al desarrollo de sus líderes y de los ambientes de trabajo y ambiente psicosociales que estos generan. Es desarrollo de productos y de procesos, según el rubro.

Cuando me propuse reflexionar y plasmarlo, decidí incorporar, además de la historia de mi propio proceso y las intervenciones utilizadas, todas esas "otras cosas" que suceden en la realidad profesional que, si bien se sufren o se piensan, no se registran y si no se registran o se divulgan, no se pueden solucionar.

Esta es una propuesta que señala algunos elementos que conforman la cultura y analiza algunos de ellos, con el fin de comprender mejor una cultura organizacional cualquiera, para de ahí pasar a una más avanzada y funcional para el tiempo presente.

Creo, debiéramos preguntarnos lo que la gente necesita hoy para vivir una vida más plena y satisfactoria, con resultados de bienestar para todos. Que se alinee a la gente en un trabajo, con sentido tanto personal como grupal, organizacional y de país.

Hagamos un breve paseo por la cultura chilena. Es lo que debiera hacer cada organización y nación; conocer su cultura país si desea desarrollar o transformarla.

Esta es una propuesta que señala sólo algunos elementos que conforman la cultura encontrada por años en las organizaciones chilenas. Analiza algunos de ellos, con el fin de comprenderlas mejor y ver lo que tenemos que transformar para, de ahí, pasar a una cultura-país más avanzada y funcional para el tiempo presente y objetivos futuros. Sin embargo, ¡hay tantos autores chilenos que nos aportan a ese conocimiento!

Por espacio y tiempo no los considero a todos ellos, pero dejo abierto el camino a quienes quieran recorrerlo.

7.4.2.- *Algunos rasgos de la cultura chilena encontrados en las organizaciones*

Está en el discurso cotidiano, referirse a la cultura del chileno cuando hay algo que no se puede explicar o no se conoce. Muchos actos los explicamos cómo debido a estos rasgos. Sin embargo, en un amplio rango de medidas que tomamos, sean políticas, económicas, educacionales, judiciales, sólo nos referimos a estos rasgos como algo folclórico y explicativo de nuestras conductas, incluso nos reímos de ellos, pero no nos adentramos en su comprensión, significado real e implicancias y no hacemos un esfuerzo serio por encontrar la forma de cambiarlos si estos obstaculizan o retardan nuestro viaje hacia un objetivo. Cuando más, nos apoyamos, sin análisis, en uno de nuestros sellos culturales; buscamos copiar en el extranjero algo que sin duda fracasará en nuestro país por no adaptarse a nuestras raíces culturales.

Hay tan buenos autores como textos sobre el tema y nos encanta aludirlos en sus contenidos según el caso. Sin embargo, el estudio comparativo, cuantitativo y cualitativo lo hizo un holandés Geert Hofstede que nos dio luz certera sobre algunas características del chileno.

Para una muestra de lo encontrado por Hofstede (Hofstede, 1984) y lo que nos piden o buscan a los consultores en DO y a modo de resumen, presentamos el siguiente cuadro (Figura 1) que, nos ha parecido de interés para comprender los comportamientos y actitudes en las organizaciones y frente a las cuales tendremos que enfrentar las transformaciones. Podrían ser argumentos válidos para empezar a trabajar en la toma de consciencia, junto a otras intervenciones.

Evitación de la incertidumbre (Hofstede) y relación con el DO en la cultura chilena

Rasgos culturales

▶ Demasiadas leyes y necesidad emocional de tener reglas.

▶ Represión a la gente que protesta.

▶ Sólo una verdad y "nosotros" la tenemos.

▶ Necesidad emocional de estar ocupado y trabajar duro.

▶ Autoestima baja y motivación por seguridad y no motivación de logro.

Herramientas del DO

▶ Prefieren los estudios Cuantitativos (Encuesta de Clima, Evaluación de Desempeño).

▶ ¿Qué pasa con la comunicación abierta y el proceso mismo?

▶ ¿Transparencia? ¿Empoderamiento?

▶ ¿Estilos de liderazgo? ¿Administración del tiempo? ¿Enfrentar el *stress*?

▶ Desconfianza: Temor a lo desconocido. ¿Calidad en resultados?

Figura 1: Evitación de la incertidumbre y relación con el DO en la cultura chilena (J. Anguita 2005)

Cuando hablamos de DO, lo que estamos queriendo decir es que tenemos que cambiar algunos rasgos disfuncionales para lograr los propósitos y objetivos de una organización o de un país. Por lo tanto, es la cultura organizacional la que debemos estudiar. Pero, obviamente cada organización está inmersa en una cultura país, que la tiñe y contamina, para bien o para mal, además de la cultura propia de la organización iniciada por los fundadores.

Mucho de lo dicho hasta ahora tiene que ver con la cultura primaria de Chile, ya referida de los pocos datos objetivos de estudios hechos sobre nuestra cultura chilena.

Como señalara anteriormente, una de las más importantes investigaciones sobre Culturas Globales es la investigación realizada por Geert Hofstede, ingeniero y psicólogo, que entre 1967 y 1973 realizó un estudio muy completo sobre dimensiones culturales en 56 países, entre de los cuales se encuentra Chile. Continúa siendo este estudio, replicado dos veces, una herramienta de análisis muy utilizada como referente.

Expondré algunas características de país que subyacen y tal vez explican en mi opinión y sólo en parte, los rasgos de las culturas organizacionales de nuestro país.

Son pocos los *deoistas* (nombre que escuchara por primera vez a los mexicanos que compartían esta disciplina y que he hecho mío) que parten por estudiar la cultura país frente a un proyecto de cambio y muchos de ellos proponen intervenciones sin consideración de ella. Pero la falla no sólo está allí, sino en los directivos que no saben cuan gravitante para el desempeño organizacional es conocerla. Ni hablar de la ausencia de estudios de la cultura de cada organización. Son contados con los dedos de las manos y, además, no todos los consultores conocen los pocos instrumentos para medirla y, como si fuera poco, no se hacen las relaciones pertinentes con el tipo de cultura necesaria para alcanzar los objetivos generales y las brechas entre la cultura existente y la deseada. Por lo tanto, se ignora, ¿cuáles van a ser los rasgos de la cultura que ameritan la atención para ser transformados para lograr un país mejor?

Entonces nos encontramos, por ejemplo, que se capacita, en todas las organizaciones en Trabajo de Equipo, con el apellido que esté de moda, o Liderazgo, así a secas, sin apellido, ¿será el tipo o estilo que necesitan?; ¿mejorar su liderazgo transformacional o el transaccional?, o ¿el de Servicio, o el espiritual?, o ¿el Conversacional?, o ¿tal vez el Colaborativo?, o ¿el Andrógino? En circunstancias que existen múltiples necesidades organizacionales necesarias a desarrollar a través de las personas para lograr lo que se proponen y el liderazgo contiene varias de esas características para ser efectivo. Cada día continúan apareciendo liderazgos "con apellido adjetivado" y nos seguimos preguntando, ¿cuál será el que necesitamos? ¿Y cuál será la que cubra lo que necesitamos, de los cientos de definiciones propuestas? ¿No será que necesitamos varios líderes que tengan los rasgos necesarios para cada situación?

Expondré algunas características de país que subyacen y tal vez explican en parte, las culturas organizacionales.

7.4.3.- *Cómo la cultura chilena influencia nuestras culturas organizacionales: diversas perspectivas*

No hay como los artistas y escritores para mostrar crudamente las características culturales de un país. Veamos lo que dicen algunos:

Según Joaquín Edwards Bello:

"Ningún Presidente se libró de una fatalidad nacional inherente al origen: el espíritu de destrucción" (Edwards Bello, 1969). Si hasta el más popular al ser elegido sufre este síndrome descalificatorio y como prueba las estadísticas dan cuenta de ello. "Este espíritu", dice Edwards, "se manifiesta incesantemente en el niño que arroja un guijarro al automóvil, en el resentido que destroza el sillón del trolley-bus, en el miserable que pone fuego a la correspondencia del buzón y finalmente, en el ataque permanente y masivo a todo cuanto se eleva o se asoma por sobre la loma". Al decir esto J. Edwards Bello en 1946, se está refiriendo a lo mismo que observamos en Santiago, hasta el presente; gente protestando en las calles y destruyendo todo a su paso; descerrajando locales comerciales, destruyendo el mobiliario de las salas de clases en escuelas y universidades, donde ellos mismos estudian. La energía es tal que se arranca de cuajo faroles, postes, semáforos de la vía pública. Nada ha cambiado. Nada hemos hecho por cambiar esos comportamientos.

Si bien esto está referido a los presidentes, no es menos cierto que es una costumbre nacional que se ve a diario en todas las áreas en que nos movemos. En las organizaciones no hay ninguna consciencia de cuidar los materiales con que se trabaja, ni otros insumos que cuestan dinero como la luz, ya que "los trabajadores se van y queda la luz prendida en toda la fábrica" me contaba un gerente de una planta. He aprendido que estas conductas pueden ser también un signo de frustración en los empleados, cuando esta aumenta por diversas razones en las empresas. Pero los líderes no saben hacer la lectura, sólo se quejan de esos comportamientos.

Volvamos a J. Edwards Bello: "Pedir, pedir, pedir, es el fondo mismo de la vida chilena. A nadie le van a dar lo que merece ni a conceder lo que ganó si no lo pide, si no lo trabaja o «brujulea», en lenguaje vulgar". ¿Ha visto Ud. las últimas manifestaciones de todo tipo que se dan en las huelgas, movilizaciones masivas pidiendo y pidiendo? ¿Y cómo las asociaciones gremiales buscan las subidas de grados o mejores sueldos, aunque este sea de mercado o a la empresa no le esté yendo bien?

Dice Joaquín Edwards Bello (1983) en su libro *Homo Chilensis*: "Me contaban de un caballero que recorrió el sur de Chile en compañía de algunos extranjeros. Extasiándose frente al paisaje maravilloso, exclamó de repente: Esto es Suiza. Sí, dijo el otro. Falta solamente el suizo" (Edwards Bello, 1983).

En el presente, cuando alguien comete una fechoría o robo o algo fuera de lo común exclamamos; "¡chileno tenía que ser!"

Cecilia García-Huidobro nos señala lo que nos genera inseguridad, lo que podríamos extrapolar a la resiliencia. Dice ella que para los chilenos "nada es durable ni definitivo" y esto debido a la mentalidad generada por los movimientos de la tierra; terremotos, erupción de volcanes, crecidas de ríos, tsunamis que todo lo destruyen y como dijera Ortega y Gasset (Ortega y Gasset, 1935); debemos volver a empezar.

Al revés de los argentinos los chilenos están lejos de ser fanfarrones (aunque este rasgo me parece, está en proceso de cambio, ¿o sustituido negativamente por su baja autoestima?). "El chileno es apequenado, descuidado, se rebaja, prefiere mostrarse menos erguido y ambicioso. Escoge pedir por abajo, ¡pero no le ofendan ni le miren a menos! Entonces ahí ruge y tiembla" dice Joaquín Edwards Bello. ¿Cómo se expresa este rasgo en la organización? Frente a alguna injusticia percibida contra su persona dice: bueno, que le vamos a hacer, así es la cosa, pero luego hace una demanda ante tribunales de miedo para su empleador quien no lo esperaba y quien reacciona con la palabra típica. "Desagradecido!" o la frase "el Pago de Chile y yo que le di pega etc. etc.". Todos quedan molestos, frustrados y enojados.

En fin, tantos autores como los ya nombrados además de Gabriela Mistral, Alone, Benjamín Subercaseaux, Eduardo Anguita, Luis Oyarzun, Vicente Huidobro, Joaquín Edwards Bello, Enrique Lafourcade y otros que desde su trinchera intelectual y de las artes nos han descrito tan bien. Pero, aparte de reconocernos, reírnos, darnos vergüenza cuando leemos sobre la psicología del chileno no profundizamos sobre aquellos rasgos culturales (de hábitos, comportamientos, creencias…) que, según el paso de los años no están siendo funcionales para nuestro desarrollo, en el más amplio sentido de la frase.

7.4.4.- Baja autoestima

Tenemos tan baja autoestima en especial frente a otros países. Esta característica psicosocial, reacciones posteriores y contrarias de; envidia, superioridad, o agresión que sólo esconde esta baja autovaloración ciudadana como mecanismo de defensa inapropiado.

"Chile es un país de ocho millones de envidiosos. Aquí no se perdona el éxito, y el regocijo por la caída de alguien es extraordinario" (Edwards Bello, 1983). Esto se daba cuando éramos ocho millones. Hoy somos 17 millones de envidiosos… Esta frase me llevó a acuñar la siguiente y pensar que en este país "hay que hacerse perdonar los éxitos", especialmente cuando eres mujer.

7.4.5.- Características de las personas con baja autoestima

¿Cuántos chilenos en su organización corresponden a estas características?

He elegido algunas que se aplican al trabajo. La tarea que dejo a las generaciones que vienen es investigar y visualizar de qué manera cambiamos este rasgo percibido en la cultura país y que está presente en muchos de nosotros. Todos ellos se contraponen a las transformaciones que se buscan lograr. Veamos a continuación, algunas palabras escritas que son reflexiones mías. Ud. puede agregar otras.

- ✓ Son indecisos, se les dificulta tomar decisiones, tienen miedo exagerado a equivocarse.
- ✓ Sólo toman una decisión cuando tienen seguridad en un 100 por ciento que obtendrán resultados.
- ✓ Piensan que no pueden, que no saben nada, sin embargo, muestran una actitud desafiante. ¿Cuántos jefes tienen esta característica que nosotros llamamos y aceptamos como "Juan Segura"? ¿Son los que permanecen en las empresas cuando la mayoría ya se ha ido, dándole razón a esta actitud? Reforzándola así para otras generaciones.
- ✓ No valoran sus propios talentos y sobredimensionan el de los otros, notándose en ellos una dificultad autoperceptiva.
- ✓ Son muy ansiosos y nerviosos, lo que los lleva a evadir situaciones que le dan angustia y temor, como los cambios o las innovaciones, que también las suscitan.
- ✓ Son muy pasivos, evitan tomar la iniciativa. Podrán ser buenos seguidores. No se puede esperar mucho de ellos, son temerosos al riesgo.
- ✓ Son personas aisladas y casi no tienen amigos. No les gusta compartir con otros. Evitan participar en las actividades que se realizan en su centro de estudio o en su trabajo. Es fácil reconocerlos cuando se le invita a compartir porque nunca van, o dan excusas.
- ✓ Manejan mucho sentimiento de culpa cuando algo sale mal. Son personas que sufren y adoptan el rol de víctimas.
- ✓ En resultados negativos buscan culpables en otros. Falta de *Accountability*.
- ✓ Creen que son ignorantes. Pero lo callan.
- ✓ Se alegran ante los errores de otros. Aunque no lo demuestren, actúan en el opuesto "por eso yo no comento errores, no me arriesgo dice Juan Segura".
- ✓ No se preocupan por su estado de salud. Es una de las maneras de compensar esta actitud minusválida, hacia sí mismo.

✓ Son pesimistas, creen que todo les saldrá mal. Muy extendida entre chilenos. De ahí que la psicología positiva haya tenido tanta acogida puesto que obedece a la necesidad de cambiar esta actitud.

✓ Cree que es una persona poco interesante y que causa mala impresión en los demás, evitando hablar con otras personas. Por eso se aísla, evita las reuniones, no tienen muchos amigos y huye del contacto cuando enfrenta a jefes y compañeros.

✓ No le gusta esforzarse, entrando en círculo vicioso, ¿para qué me esfuerzo si no saco nada?, nadie me lo va a reconocer, mejor no descollar porque te dan más pega.

✓ Siente que no controla su vida. ¿Qué puedo hacer, si es el jefe y "donde manda capitán no manda marinero"? Tengo que obedecer no más, aunque estoy convencido que no es así… "lo que llamamos locus de control externo". Factor éste que posee el chileno.

✓ Dependen mucho de otras personas para hacer sus tareas o realizar cualquier actividad. Son los que se aseguran a través de otros que lo hará bien y pregunta a diferentes compañeros. Sólo cuando se cerciora al escuchar más de una opinión realiza su tarea con lo cual atrasa el proceso en que están los demás.

✓ No conocen sus emociones, por lo que no pueden expresarlas. El trabajo de las emociones en situaciones de cambio en las organizaciones es muy importante y si no las reconocen ni las expresa, se produce en él, actitudes de fuga, de frustración, de ansiedad inmanejable frente a un llamado de atención, se siente perseguido y puede decidir incluso, el abandono de su trabajo.

7.4.6.- Nuestra tradicional improvisación

"Se oye en Chile un tipo de pregunta que es la llave de la imprevisión criolla", dice Joaquín Edwards Bello, "al venir la primera lluvia, de una pieza a otra, el buscador grita: «¿Dónde quedaría el paraguas?». Es que en Chile sólo se vive al día" (Edwards Bello, 1983). Esperamos las inundaciones, las avalanchas, la limpieza de los cauces de ríos, las alcantarillas de la ciudad y otros desastres previsibles para solucionarlos, cuando ya ocurrieron.

Esto mismo sucede en las organizaciones, donde se espera el último minuto antes de un paro general de trabajadores, o accidentes del trabajo que se pudieron evitar, o baja de productividad y errores que atentan contra la eficiencia por falta de motivación nunca investigada suficientemente en los empleados.

"Existe en nuestra tierra una disposición natural para la tristeza, la desgracia y la pobreza; en una palabra, para el fracaso. Los excesivamente ricos, saludables o felices son, hasta cierto punto, traidores" (Edwards Bello, 1983). Muy en relación con el rasgo anterior, hay una queja constante y acciones contra quienes tienen fortuna.

"Por lo general, la primera etapa del espíritu crítico nacional consiste en buscar el lado ridículo; de ahí que las miradas son tan maliciosas. En Francia definen el arte de mirar de dos maneras; *regarder* y *dévisager*. Esta última, algo maligna, es la más corriente en nuestra sociedad", que podríamos traducir como "mirar de soslayo".

Miradas, actitudes, lenguaje no verbal que trasunta ese espíritu burlesco en nuestros chistes y chismes que proliferan en situaciones críticas y en todo tiempo y lugar. El lugar de trabajo o los colegios no está exento de esta maledicencia que hace sufrir a muchos y donde no hay consciencia de ello. Lo vemos aumentado hoy día a través de las redes sociales, viralizándose sin censura y aumentando el acoso escolar por imitación.

¿Cómo detendremos esto que viene de las redes sociales y de los continuos y repetitivos mensajes de los aspectos negativos del comportamiento ciudadano en todos los canales de televisión?

8.- *Del resultado al proceso: ¡Viva la pregunta!*

Una de las primeras aproximaciones para escribir este libro fueron las preguntas que empezaron a surgir en mi mente, sobre la profesión de deoistas.

Recuerdo la primera vez que tomé consciencia de la importancia de preguntar, al asistir a un taller de Juanita Brown y su marido William Isaac, fundadores del *World Café*, en uno de los Congresos de DO que cada año era organizado por los alumnos de la Maestría en DO de la UNAM que llamaran PRODO. Deben haber pasado unos quince años y sin embargo hace poco con la actualización de la técnica de *Coaching*, así como el aporte de David Cooperrider y Diana Whitney con su "Enfoque Apreciativo" ha crecido en importancia la formulación de preguntas (Cooperrider & Whitney, 2005).

De ahí que, busco principalmente plantear preguntas retadoras para encontrar respuestas, entre quienes lo lean y en los estudiosos del tema sobre el cambio y la transformación organizacional y social.

De modo que antes de seguir, nos vamos a formular algunas de ellas.

¿Cuál es el desafío que tenemos los adultos en la vida laboral, para hacer nuestros los cambios y transformaciones organizacionales buscados o propuestos por los directivos?

¿Cómo trabajar o derribar, las barreras construidas desde la infancia en cada uno de ellos y en todo el contingente de personas que trabajan en la misma organización? Especialmente, teniendo presente que cada uno de los integrantes de una organización tiene una historia vital diferente y, sin embargo, intentamos tratarlos a todos por igual, como si todos hubiesen tenido una misma infancia y adolescencia, feliz o no, como si todos comulgaran con los mismos valores, ideologías, educación, inteligencia, grados de sensibilidad, por nombrar sólo algunos de los ingredientes presentes en cada vida particular. Si ni siquiera el concepto de diversidad y lo que involucra, aún no lo hemos asimilado y dependiendo del país, éste encierra diferentes aspectos. ¿Cómo enfrentamos esta suma de singularidades y por qué sabiendo de las diferencias, orientamos a todas las personas hacia un solo y mismo objetivo? ¿Es válido homogeneizar a la gente aun sabiendo que la diversidad existe entre ellas? ¿Cómo hacer para alinear en la diversidad?

¿Qué deberíamos dejar de lado o a qué debemos acudir para lograr alinear a la gente con un real compromiso o *engagement*, con los cambios propuestos y que significa alterar los hábitos de cada uno, aprender a ver las cosas de otra manera, a llegar a amarlas aun cuando estén en contra de sus creencias?

¿Es válido capacitar a todos con las mismas herramientas, o metodologías? Sólo a manera de ejemplo, a menudo sucede que en la capacitación sabemos por Kolb (Kolb & Fry, 1975) y otros que existen diversas formas de aprender en cada uno de nosotros. Pero siempre veo que pasan la prueba de Kolb, pero nunca he visto dividir al grupo objetivo según sus estilos para enseñarles de acuerdo con cada estilo y asegurarse el aprendizaje o bien, ¿abrirse a otras formas de aprendizaje que no son las suyas y no rechazarlas? No es fácil, lo sé, pero ¿qué tal si buscamos la fórmula para ser consecuentes? ¿Hemos logrado movilizar a la gente en la dirección correcta? Podría decirse que sí. Sin embargo, como no hay seguimientos del cambio, ¿no será un espejismo donde se juega el juego psicológico: «Hagamos como si…»? Lo que evidentemente no se sustenta en el tiempo, volviendo a las mismas antiguas conductas inapropiadas que se persigue.

En este sentido no puedo dejar pasar la frase mexicana que la gente que trabaja en las empresas dice en esos lares; "Yo hago como que trabajo y tú haces como que me pagas", lo que traducido a nuestro tema sería "yo hago como que cambio y tú haces como que me crees".

¿Por qué los ejecutivos en Chile piensan que los conflictos con los trabajadores se solucionan con "un asadito" o un bono o una fiesta? ¿Cuántas veces en los servicios públicos nos piden que el *coffee break* sea abundante y muy bueno? ¡Aunque no haya presupuesto considerado para eso! Lo que la gente necesita o quiere o la emociona, es un gesto amable, o, simplemente, ser escuchados con atención en sus necesidades o cuitas. Así, hemos ido creando un sistema perverso a través del dinero como solucionador de conflictos, aun cuando sabemos, por muchos estudios, que éste mismo no es motivador ni sanador, ni conciliador en las crisis, y sólo dura su efecto por un tiempo.

¿Por qué no hemos tomado consciencia que estamos ante un mundo complejo emergente y que debemos abordarlo, no como estábamos acostumbrados porque dicha complejidad así lo requiere?

En los próximos capítulos daré información de mi experiencia a lo largo de estos años y destaco algunos temas que me parecen importantes de reforzar en los cambios y transformaciones, incluso más allá de las ciencias sociales.

Capítulo IV

La trayectoria del DO hasta hoy

1.- El DO tradicional

La disciplina del DO está llegando a sus 70 años o más. Era tiempo de revisarla a la luz de nuevas realidades ante los grandes cambios en el país y en el mundo. También reflexionar más profundamente, sobre si los procesos de enseñanza-aprendizaje estaban siendo efectivos.

Existen múltiples textos sobre Desarrollo Organizacional, en varios idiomas. No es mi interés detenerme demasiado en su historia, sino lo justo y necesario que nos permita mirar hacia adelante y visualizar las acciones a asumir, como especialistas, en organizaciones.

El campo se inicia en los finales de los 50s especialmente en EEUU y casi paralelamente en Inglaterra.

Dado que el DO es una disciplina aditiva y en evolución, donde se han ido agregando nuevas técnicas y enfoques a través de estos años no existe una definición única o "correcta" de ella, como dicen French y Bell, por lo que no quisiera dar sólo una. Pienso que, debieran ir cambiando, las definiciones, de acuerdo a los tiempos de cambio que se van viviendo.

Para efectos de aprendizaje y difusión, hemos recopilado algunas definiciones existentes. De todas ellas en especial quiero destacar la idea de congruencia en que hacen hincapié Cummings y Worley (Cummings & Worley, 2001), entre los componentes de estrategia, estructura, cultura y procesos en la organización y la idea de Porras y Robertson (Robertson, Roberts, & Porras, 1993) quienes sugieren que el DO es un conjunto de teorías, valores, estrategias y técnicas. Ambos autores exigen tener congruencia entre el conjunto de conceptos. Muchos de ellos están incorporados en las distintas definiciones basadas en la experiencia de los autores, en tanto factores de éxito de algunos de sus proyectos que nos permiten explicarnos *ex post facto* el modelo teórico que le subyace.

Una de las más conocidas y tradicionales definiciones de DO, es la de Richard (Dick) Beckhard, quien creara el nombre de la disciplina, circunstancialmente, ante un requisito de una organización para producir mejoras en ella y, como me lo manifestara personalmente en una conversación, decidieron ponerle ese nombre "porque el de mejoría les parecía poco apropiado, si bien es lo que iban a hacer".

2.- Definiciones de Desarrollo Organizacional

La definición de Richard (Dick) Beckhard tiene las siguientes consideraciones sobre el cambio, según la época.

En beneficio del avance de los que buscamos de esta importante disciplina que, si bien ha venido para quedarse, deberá considerar hoy, los cambios que el mundo ha experimentado. Asociando esto, a los avances del mundo entero y del DO como el de otras ciencias y conocimientos y para volver a las raíces de "mejorar la vida en las organizaciones" que fuera lo que primero que motivó a Richard (Dick) Beckhard en su definición y contribuyó a crear nuestro campo, de acuerdo con las necesidades de la época las que hoy -gracias al progreso del conocimiento- se amplían en relación a las personas, al país y al planeta, y nos llevan a relacionarlos con nuevos conceptos como por ejemplo, la sustentabilidad en el más amplio sentido.

Revisaremos algunas definiciones de DO y veremos cuánto es vigente hoy día, y cuánto no lo es, a la luz de nuestra propia experiencia, de los avances del conocimiento, de una amplitud de visión del restringido mundo de la cultura occidental, así como el no haber incorporado otras disciplinas, más allá de las ciencias y la tecnología, dejando el arte y el espíritu sin integrarlos para fortalecerla.

Comenzaremos por la definición de Richard (Dick) Beckhard que es la más comúnmente conocida y enseñada y haremos un breve desglose o enumeración de los conceptos incluidos en ellas, para analizarla con el presente que vivimos. Señalaremos también aquellos que han cambiado hoy día por una evolución natural.

2.1.- Definición de Richard Beckhard (1969)

> (1) Un esfuerzo, (2) planeado, (3) abarca toda la organización, (4) dirigido por la cúspide, (5) mejorar la efectividad y salud de la organización a través de (6) intervenciones planeadas en los "procesos" de la organización, (7) utilizando los conocimientos de las ciencias del comportamiento y (8) al largo plazo.

Haré una revisión de cada término utilizado por Beckhard, comparándola con los avances de la disciplina y los años transcurridos.

2.1.1.- Un esfuerzo

Efectivamente, esto no ha cambiado demasiado. Cualquier proceso de transformación organizacional es un gran esfuerzo personal y económico e inversión de energía por parte de todos los actores. Junto con esa energía también se asocian muchas emociones, generalmente desplacientes, tanto entre quienes lo inician como a quienes se desea involucrar.

Sin embargo, esta tasa de esfuerzo y sufrimiento hoy día es posible de aminorar durante el proceso, gracias a la psicología y otras ciencias, orientándose a cada una de las personas con profesionalismo y conocimiento del modelo no lineal del comportamiento humano.

2.1.2.- Planeado

Sobre todo, la planificación con atención en los primeros pasos, subrayaríamos; esto es clave para generar motivación y adhesión. Saber de las resistencias que en estos procesos se generan y considerar aquellas que pueden ser propias de cada cultura. Hacer planes adecuados para enfrentarla, generar estrategias de seducción y estar dispuestos a cambiar tanto planes como estrategias. Especialmente, si consideramos que el mundo es de alta complejidad para planificarlo de 5 a 10 años como se solía hacer.

2.1.3.- Abarca toda la organización

Dosificar las acciones y actuar en áreas de mayor impacto en resultados o urgencia en las tres bases del cambio en la organización: personas, rentabilidad y medio ambiente.

Sin embargo, en el inicio de un proyecto cualquiera de cambio o de transformación parcial o total lo más importante no necesariamente se genera en la cúpula sino escuchando a los empleados a quienes debe conocerse lo más posible tanto como persona como en sus propósitos de vida, para comparar con el propósito o sentido que la organización quiere dar a sus productos o servicios que presta a la sociedad.

2.1.4.- Dirigido desde la cúspide

Más que dirigir desde la cúspide, se hace necesaria su convicción, apoyo, presencia y otorgamiento de recursos. Un Padrino, que esté ahí cuando sea necesario y que la gente sepa que está de acuerdo en lo que se desea. La coherencia entre lo que se dice y lo que se hace, es fundamental, como fuente de credibilidad y adhesión al proyecto.

Es fundamental que quienes trabajarán en el proyecto tengan una visión sistémica del mundo y de la organización. El concepto de sistema fue agregado años más tarde de que Richard (Dick) Beckhard acuñara su definición. Hoy es clave para las intervenciones.

Un proceso de cambio se puede iniciar desde cualquier polo de la organización, de arriba a abajo, que es más fácil, o al revés, que es más lento, desde los mandos medios con sus equipos de colaboradores. Hemos probado los cambios en todas las direcciones y el éxito no depende de la geografía organizacional sino de otros aspectos que se basan en los pilares del DO.

2.1.5.- Para mejorar la efectividad y salud de la organización

Efectivamente, ambos adjetivos siguen vigentes; pero se agregan otros más: mejorar el bienestar de las personas, el relacionamiento vertical y horizontal, con énfasis en las conversaciones en la productividad, compromiso y sustentabilidad consciente de la importancia del medio ambiente, generando un buen clima organizacional y prácticas que transformen la cultura organizacional y del país, en especial cambios de conducta y sus componentes, incluido el inconsciente personal y colectivo.

2.1.6.- Intervenciones planeadas de los procesos

Las intervenciones, así como el proyecto mismo, deben tener un mínimo de planificación, pero sería aconsejable hacerlo una vez que se conozca a las personas y a la organización en su totalidad. Estas intervenciones deben ser hechas "a la carta" para las personas o los grupos y no porque lo insinúa el gerente o porque está de moda o porque hay "paquetes tecnológicos" que nos las facilitan. Se realiza a través de intervenciones en los procesos de la entidad, congruentes con el foco original.

2.1.7.- *Que aplica los conocimientos de las ciencias de comportamiento*

Orientado al cambio de comportamiento de las personas en primer lugar, a los grupos y a toda la organización teniendo siempre una visión sistémica. Pero hoy las ciencias sociales y administrativas no son suficientes.

En nuestra nueva visión del DO se involucrarán, interconectadamente, muchas más disciplinas que hoy aparecen independientes entre sí y que aportan transdisciplinariamente al cambio efectivo.

2.1.8.- *Al largo plazo*

Actualmente, se debiera tener una visión de futuro tanto inmediato como mediato considerando estrategias y celebraciones al alcanzar los hitos de corto y mediano plazo según la cultura país.

En la segunda parte del libro, aportaremos otros puntos de vista a los tradicionales, que hoy en la enseñanza y práctica del DO no han sido suficientemente consideradas en el ejercicio profesional, manteniéndose el antiguo herramental, no incorporando los escasos nuevos aportes de grandes especialistas. Tampoco, el avance en otros campos de las ciencias que nos parecían lejanas, como la neurociencia, la química, la biología, la noética... por nombrar sólo algunas e, incluidos los nuevos aportes de las del comportamiento, sociales y la tecnología que ya comenzó con la 4ª Revolución Digital.

Retomo el pensamiento de dos grandes iniciadores del DO qua ya vislumbraban esta característica de la disciplina hace 58 años: el carácter cambiante del Desarrollo Organizacional. Me refiero a Richard (Dick) Beckhard y a Reuben T. Harris (Beckhard & Harris, 1977) quienes expresaban esta característica del DO que debe ir acorde con los cambios en el mundo.

Si bien el DO disfrutó en sus comienzos "de un gran éxito y ayudó a definir lo que entonces sólo era un incipiente campo de indagación, muchas cosas han sucedido en los últimos 10 años (1960-1970)" dicen estos autores. "Hay ahora decenas de libros de texto y de lectura sobre DO; se comienzan a acumular los resultados de investigaciones sobre los efectos que producen diversos enfoques del DO; proliferan los programas educativos sobre el cambio planeado y el DO; y existen asociaciones regionales, nacionales e incluso internacionales de practicantes del cambio planeado y el DO" (Beckhard & Harris, 1977).

Más adelante Edgard H. Schein agrega en el prólogo, -aludiendo a la serie de libros de DO que luego fuera interrumpida y nunca volviera a reaparecer, con el pesar de todos los adherentes a la disciplina-, sin embargo, continua E. Schein: "La serie proseguirá solamente mientras continúen surgiendo nuevas áreas del conocimiento y práctica esenciales en el DO".

A continuación, expongo algunas definiciones que permitirán ir aclarando lo que sugiero. Por su parte, la comunidad de deoistas desea alcanzar en el presente, lo que, con seguridad, cambiará en unos años más, deseablemente pronto.

2.2.- *Definición de Edgard Schein (MIT) (1969)*

DO son todas aquellas actividades en que se involucran los gerentes, empleados y consultores (*Helpers*) dirigidas a construir y mantener la salud de la organización.

El DO es un proceso que se enfoca en la cultura, los procesos y la estructura de la organización, utilizando una perspectiva total del sistema.

El DO es un proceso sistemático planificado, en el cual se introducen los principios y las prácticas de las ciencias del comportamiento en las organizaciones con la meta de incrementar la efectividad individual y de la organización.

2.3.- *Definición de W. French (U. de Washington) (1969)*

DO es un esfuerzo de largo alcance para mejorar los procesos de renovación y solución de problemas de una organización, especialmente a través de un manejo más efectivo y colaborativo de la cultura.

2.4.- Definición de Peter Block (1981)

Una frase, que me resulto muy atractiva le escuché a Peter Block en su Conferencia Magistral del OD Network del 2009, cuando dijo lo siguiente:

> "DO es la práctica de la restauración de la humanidad en entornos que nos tienen tan deshumanizados, en la búsqueda de los procesos, los resultados y los beneficios".

2.5.- Definición de Warner Burke (U. de Columbia) (1982)

> DO es un proceso de cambio de la cultura de una organización mediante la utilización de tecnología, investigación y teoría de ciencias del comportamiento.

Burke agrega: "La mayoría de la gente de este campo coincide que el DO involucra consultores que tratan de ayudar al cliente a mejorar sus organizaciones aplicando sus conocimientos de las ciencias del comportamiento-psicología, sociología, antropología cultural, y algunas disciplinas relacionadas. La mayoría también coinciden en que el DO implica cambio, y si aceptamos eso, mejora la organización y el cambio entonces ocurre en general. DO significa cambios organizacionales" (Burke, 2017).

2.6.- Definición de L. Greiner (U. Southern California) (1988)

> Un proceso de intervención en la organización para influir en su desarrollo de largo plazo, mediante: (a) un enfoque a los procesos conductuales, (b) enfatizando un amplio rango de valores humanistas, (c) preocupándose de la habilidad para resolver problemas y explorar oportunidades de desarrollo.

Es en éste año cuando aparecen por primera vez los valores humanistas que sustentan el DO.

2.7.- Gordon Lippitt (U. G. Washington) (1975)

> DO es la aplicación de los procesos de planificación, desarrollo y solución de problemas al funcionamiento general de la organización, de modo que refuerce los recursos físicos; ayude a madurar a la organización; y responda al medio ambiente.

2.8.- Definición de J. Lorsch (Harvard) (1973)

> Mi definición de DO abarca cualquier medida tomada por los gerentes para mejorar el funcionamiento efectivo y eficiente de la organización.

Esta definición y otras, tan amplias y ambiguas, son las que han llevado a confusiones sobre el concepto de DO, al decir que este campo es: "cualquier cosa que haga más efectiva y eficiente la organización" y, en alguna medida, llevada a cabo por los gerentes. Entonces no puede ser "cualquier cosa", como aprender inglés, hacer selección de postulantes a un cargo para un cargo, compensaciones, relaciones laborales, ¿acaso esto no es propio de Recursos Humanos? Es hora de hacer la diferenciación entre ambos campos y descubrir la diferenciación y complementariedad entre ambas disciplinas.

2.9.- Definición de N. Margulies (U. California - Irvine) (1972)

> DO es un proceso (y una tecnología asociada) dirigido a perfeccionar la organización (Margulies & Raia, 1975).

Esta definición de Margulies nos hace preguntarnos, cuando habla de "perfeccionar la organización", ¿perfeccionar en qué?, ¿para qué ¿cómo?, ¿en qué plazos, ¿con qué enfoque y cuáles son las disciplinas hoy no consideradas, dados los avances del conocimiento en el presente, que pueden contribuir a ello?

2.10.- Definición de C. Lundberg (Oregon State U.) (1985)

> El DO proactivamente, facilita el diseño de la congruencia y adaptabilidad inter e intra organizacionales a través del tiempo.

De todas estas definiciones, quisiera destacar la idea de congruencia en que hacen hincapié Cummings y Worley (Cummings & Worley, 2001). Está referida, esta coherencia, a la que debe haber entre los componentes de estrategia, estructura, cultura y procesos cuando se busca la transformación. Por su parte, Porras y Robertson sugieren que el DO es un conjunto de teorías, valores, estrategias y técnicas (Robertson, Roberts, & Porras, 1993). Ambos enfoques incorporan conceptos de las definiciones tradicionales.

Uno de los últimos aportes al campo lo he encontrado en el artículo de Matt Minahan en el OD Practitioner: *"OD: Sixty Years Down, and the Future to Go"* ("Sesenta años ya vividos y un futuro por delante") quien dice, haciendo referencia a uno de los fundadores del DO, que no debemos olvidar el consiguiente consejo para tomar en cuenta, para el mundo, en los próximos 60 años (Burke, 2014) donde sugiere 3 cosas que ayudaran a mantener juntos en un solo sistema, al campo del DO y sus asociaciones y redes.

1. Hacer crecer el liderazgo en una coalición compartida más que jerárquica.
2. Focalizar la atención, superando la propensión a acoplar y juntar todos los débiles sistemas en el mismo lugar, creando un propósito común y creando productos o eventos en los cuales todos participan y
3. Compartir valores, recordándonos a nosotros mismos el por qué existimos.

Según Minahan, "tenemos el tercero. Podemos hacer el segundo y deseamos despertarnos de nuestras largas décadas de sueño y asumir la primera" (Minahan, 2016).

A modo de resumen de lo expresado hasta ahora, hemos creado este modelo circular, que resume la concepción tradicional del DO.

PROCESO DE DESARROLLO ORGANIZACIONAL TRADICIONAL (DOT)

Figura 2: Definición de Desarrollo Organizacional Tradicional (DOT) y Método Investigación-Acción

3.- Corrientes de cambio que han influenciado el concepto y sus prácticas

¿Cuáles son los movimientos sociales que han estado influyendo en la disciplina?

Los movimientos que están teniendo mayor impacto en la transformación de los valores de la sociedad han sido los movimientos de la diversidad, de género, el feminista, la inclusión y el ecologista. De estos, los movimientos feministas y el movimiento ecologista ya han cambiado nuestra forma de pensar en relación con las relaciones del género y con la relación entre producción, consumo y entorno natural. ¿Cuáles son los movimientos que están actuando ahora? Tal vez ellos provengan de las nuevas generaciones, como la *Millenials* y Generación Z, así como los avances de las ciencias y de la tecnología. Todos ellos están cambiando nuestra manera de pensar, haciendo tambalear nuestros valores tradicionales y cambiando nuestras formas de relacionarnos. Incluidos, nuestros comportamientos y costumbres como las fuentes biológicas propias del individuo hasta las de origen más social.

Por otra parte, ¿cómo ir conciliando estos avances tecnológicos, el cambio climático, las alteraciones de la naturaleza, las formas de relacionamiento a través de las redes sociales? ¿Las inmigraciones masivas en países culturalmente distintos?, ¿la corrupción creciente?, ¿cómo hacerlo sin afectar la justicia, la transparencia, el respeto y dignidad del otro?

A mi juicio una de las mayores virtudes que tiene el enfoque del Desarrollo Organizacional, es su base humanista, de consideración y respeto del ser humano, hecho expreso que fuera lo que más me atrajo de él.

Hoy día estos valores se han ido perdiendo tanto en quienes se dicen profesionales del DO como las empresas que los han perdido al no vivirlos cotidianamente. A los directivos y a los dueños de empresas poco les importa transgredirlos aun cuando lo tengan escrito a fuego en su Proyecto de Empresa o en carteles en las paredes de sus oficinas.

Los valores son estructurales y son lo más trascendentes y perdurables a lo largo del tiempo. Son los que dan identidad a nuestro quehacer. Sin embargo, si ya los estamos viviendo, también pueden cambiar a la luz de los grandes cambios valóricos positivos en el mundo.

Todo lo anterior, ¿cómo afectará a las organizaciones?, ¿qué tendremos que hacer distinto para no arriesgar nuestra sobrevivencia?

Como mencionara, no ha habido nuevos aportes llámese éstas, herramientas, metodologías o formas de intervención para lograr los cambios en las organizaciones, menos aún tener un cambio de percepciones sobre el mundo en su totalidad, que sólo existe parcializado para estudiarlo pero que hoy día estamos obligados a integrar todos sus componentes que sí son interdependientes y se influencian entre sí. Conocimiento que se comparte y se incrementa en los científicos de hoy de todas las disciplinas y creencias.

El último aporte, en el DO hace más de 14 años, lo constituyó el enfoque de *Apreciative Inquiry* o Indagación Apreciativa. Recientemente, están apareciendo otros focos y prácticas, como el DO Dialógico, *"Spiral Dynamic"* (Beck & Cowan, 2005), o el enfoque de Frédéric Laloux en "Reinventado las Organizaciones" (Laloux, 2014).

Somos muchos los que estábamos pensando que "algo tenía que cambiar en la forma y el fondo en que trabajamos y gestionamos una transformación de las organizaciones para lograr una visión más completa y más humana del mundo. He leído muchas propuestas al respecto, ¿por qué no hacer la mía después de haber tenido la suerte de tener tantas vivencias profesionales que hablaban por sí mismas del camino a seguir y haber palpado el éxito que se puede alcanzar cuando se trabaja con convicción y preparación? De ahí que puedo afirmar que hay cosas que deben perdurar, como los Valores en que se fundamenta la disciplina, y adicionar otros enfoques y formas de hacer las cosas los que deben cambiar si no han dado resultados porque también los objetivos, los avances tecnológicos y las amenazas de la sociedad y de sus organizaciones y por supuesto, el contexto biosocioambiental están cambiando.

A continuación, veremos algo de historia de nuestra disciplina en nuestro continente.

4.- El DO en Centro y Sudamérica

Los datos que presento a continuación provienen del libro "Desarrollo Organizacional en Latinoamérica", de un colega, Carlos René Lagos Ph.D., publicado en Guatemala por INCAP (Lagos, 1994).

No conozco otro estudio similar.

Si aprendí que, en Latinoamérica, el primer país que introdujo el DO fue Venezuela, en la compañía Shell en el año 1970 en adelante. En esos años Venezuela vivió "tiempos de gloria" que comenzara con el petróleo y fue en las plantas de Shell donde se originaran las primeras experiencias de DO que luego estudiáramos como casos emblemáticos.

Lo más relevante de su investigación, realizada en algunos países del Sud y Centroamérica como Guatemala, El Salvador, Costa Rica, Ecuador y Chile, y realizada por INCAE y cuyos resultados fueran tabulados por Carlos Rene Lagos, lo presentamos en el siguiente cuadro (Tabla 1).

Las cuatro preguntas del cuestionario contestadas por 200 personas fueron las siguientes:

1. ¿Qué clase de cambios necesitan en sus organizaciones?

2. ¿De dónde proviene la necesidad para realizar estos cambios?

3. ¿Cuál es la forma más común para realizar estos cambios?

4. ¿Cuáles son los obstáculos más frecuentes al tratar de hacer cambios en sus organizaciones?

Resultados de la encuesta a 200 participantes en 4 seminarios sobre Cambio. Tomado del libro: "Desarrollo Organizacional en Latinoamérica" (Lagos, 1994).

1.- Participantes por sectores:

Privado 82%   Empresas Públicas: 11%   Público: 4%   Otros: 1%

2.- Tamaño de las empresas de los participantes

Trabajadores	Porcentaje de participantes
1 – 200	8%
21 – 100	12%
101 – 1000	53%
1001 – 5000	24%
Más de 5000	3%

3.- Posición jerárquica de los participantes

Gerentes y subgerentes generales	17%
Gerentes funcionales	44%
Gerentes de recursos humanos	19%
Asesores y consultores	15%
Otros jefes	5%

4.- Opinión sobre cambios requeridos en las organizaciones

Estructura organizacional	24%
Procedimientos y sistemas	19%
Actitudes y estilos gerenciales	22%
Competitividad, productividad y mercado	22%
Cultura organizacional	7%
Comunicación y desarrollo de equipos	4%

5.- Opinión sobre fuente de presión por los cambios

Entorno y competencia	79%
Jefes, presión interna y operaciones	21%

6.- Opinión sobre la forma más común de hacer cambios

Impuesta y con poco estudio	50%
Negociada y consultada en diferentes niveles	26%
Con estudios técnicos y planificada	25%

7.- Opiniones sobre obstáculos más frecuentes para cambios

Resistencia personal a los cambios	80%
La forma de hacer los cambios	15%
Legales	2%
Costos y presupuestarios	3%

Tabla 1 Algunos resultados de estudio op. cit.

Juana Anguita G.

En el libro de Lagos (Lagos, 1994), pude apreciar, al ser entrevistada por él, en 1991, que estos países adoptaron el nombre de Desarrollo Organizacional, por la influencia de Shell Venezuela.

Se reaccionaba a las necesidades directas y de corto plazo de las empresas, proveyéndolas de los sistemas que requerían, ayudándose para ello con la metodología del Desarrollo Organizacional de Investigación - Acción de Kurt Lewin (Lewin, 1946).

"Los consultores ecuatorianos aducían que se manejaban diversas tecnologías, corrientes y enfoques y sugieren que eran metodologías de DO. Incluso durante mucho tiempo, habían evitado usar el término de Desarrollo Organizacional el cual sugiere metodologías difíciles de absorber por los empresarios ecuatorianos", señala Lagos.

En el análisis cualitativo de Lagos aprecio lo siguiente y que transcribo textual:

"En la mayoría de los casos, los trabajos llegaban por la línea de la informática, planificación estratégica y de sistemas. Al entramparse en problemas de cambio, otros departamentos o consultores demandaban la novedad de DO", continua Lagos... Un consultor en desarrollo organizacional (así minúsculas) de Price Waterhouse comentaba: "Se ha valorizado mucho la intervención de DO dentro de Price Waterhouse, especialmente por el lado de los recursos humanos, con la cual está muy mezclada, entrando en las empresas, muchas veces, por la vía de estudios de salarios". También sucedía que "los consultores usaban tecnologías variadas que estaban en decadencia en otros países". ¿No recuerda esas "empresas rosaditas" chilenas, a las que aludí en un capítulo anterior?, donde había que estar al día con lo que hacían otros países sin considerar si los programas o técnicas se ajustarían a su realidad cultural.

Hay más testimonios sobre la confusión existente alrededor del nombre de la disciplina y su eficiencia en los resultados al decir de un consultor de esa latitud: "He hecho muchas cosas, pero no ha pasado nada, ¿y qué debería hacer para que una intervención tuviera éxito?"

Otros resultados fueron: "No se ha atacado la causa principal del problema" o "Mientras no ataquemos el modo de trabajar en desarrollo organizacional, y metodologías para que la gente vea los resultados en forma más rápida, la aceptación será todavía difícil", "¿Qué podemos hacer para reducir tiempo y procesos?".

¡Tan similares a las preguntas que, 23 años más tarde seguimos haciendo hoy! ¿Tanto nos ha costado encontrar el norte aun intuyendo que podríamos llegar a él?

5.- El DO en Chile

Mi primer encuentro con la disciplina del DO fue en París. En ese instante nació mi interés (1967). Pensé: «si, haciendo clínica y viendo unos diez pacientes al año mi influencia en el bienestar y armonía en la familia se multiplicará por el promedio familiar que en la época serían cuatro personas. Si trabajo en una organización como Codelco, por ejemplo, que a la sazón tenía 25.000 empleados, la influencia posible sería exponencial». Con esa idea y de vuelta de mi doctorado, sólo estuve seis meses en la Escuela de Psicología y me trasladé a la Facultad de Relaciones del Trabajo y Desarrollo Organizacional de la Universidad de Chile (DERTO).

Fue allí donde me llevaron las circunstancias, ¿o sincronías?, y comenzó mi andar en este camino que no he abandonado más.

El año 1975 y como una sincronía más en mi vida profesional, al sentir que en la Facultad de Psicología de la misma Universidad no veía la posibilidad de aplicar los conocimientos que mi doctorado había ampliado mi horizonte y enriquecido, empecé a pensar... Como había trabajado años antes en la Escuela de Economía tanto en la Selección masiva de alumnos que entraban a la carrera como en el Sistema Tutorial mientras trabajaba en el Instituto de Psicología de la U. de Chile, decidí llamar por teléfono a quienes trabajáramos allí juntos. Con sorpresa me dicen que justo en el DERTO necesitaban un doctor para hacerse cargo de la cátedra de Psicología Social, con seis secciones, dada la cantidad de alumnos. Era justo lo que deseaba luego de mi encuentro con el DO por primera vez en París. A mi vuelta del doctorado sólo estuve seis meses en Psicología y me trasladé a la otra Facultad.

En Chile el nombre de Desarrollo Organizacional (DO) se inicia luego de una estadía en una universidad norteamericana del profesor, doctor Gunter Boroscheck quien pertenecía al Departamento de Relaciones Industriales de la Facultad de Economía de la Universidad de Chile. El profesor, Psicólogo Gunter Boroscheck comenta en el Departamento que en Estados Unidos está de moda una nueva disciplina llamada Desarrollo Organizacional y deciden bautizarlo como DERTO (Departamento de Relaciones Industriales y Desarrollo Organizacional).

Posteriormente, a través de mi propia Consultora, iniciamos un impulso serio sobre el DO al crear primero, un Diplomado en Consultoría Organizacional realizado en nuestras dependencias profesionales. Lo que me motivó a ello, fue una simple conversación sostenida con alguien que estaba desempleado y dijo que se dedicaría a la consultoría "porque era cosa de mandarse a hacer unas tarjetas de visita que dijera consultor y comprarse un maletín para trabajar como tal".

Para mí, que ser consultora en DO ha sido una segunda profesión, y aún sigo aprendiendo sobre ella, esta frase me impactó, y decidí profesionalizar la Consultoría. Hubo 20 alumnos en el Programa Internacional (venían profesores de USA y México), duraba dos años y tenía un total de 26 cursos modulares y 460 horas cronológicas de docencia y 60 horas cronológicas individuales de tutoría. Dado que la satisfacción de los alumnos fue muy buena y los resultados económicos para nosotros muy malos, decidí traspasarlo a una Universidad entre las cuales estaba la Universidad Diego Portales (UDP) que se hizo cargo, siendo el primer programa de Postgrado de esa Universidad. Esto ocurrió hace 28 años atrás y aún se mantiene en el mercado, en la Facultad de Empresa y Economía. Desde siempre pensamos que estos estudios no debieran estar asignados a profesionales de las ciencias del comportamiento, sino a un gran espectro de profesiones y en ese entonces decidimos aceptar profesionales de multidisciplinas.

Es así como recibimos en el Magister de Comportamiento y Desarrollo Organizacional (MDCO) a médicos, profesores, asistentes sociales, abogados, sacerdotes, dentistas, psiquiatras, contadores, ingenieros forestales y civiles, militares, marinos y aviadores, algunos de alto rango, además de psicólogos y sociólogos e ingenieros comerciales y mucho otros diversos. Sin embargo, debo confesar que estaban presentes multidisciplinas, pero cada una no se mezclaba con la otra, desde su propia perspectiva para solucionar un problema de la organización, cualquiera que esta fuera. Tal vez no era el tiempo, pero ahora sí lo es.

6.- No todo es desechable

El Desarrollo Organizacional ameritaba una nueva mirada para ir a la par con estos avances y no le estábamos sacando provecho a la experiencia de tantos, ni ayudando a las organizaciones a alinearse con nuevos conocimientos, y seguíamos practicando conductas organizacionales o sociales obsoletas, para nuevas realidades, aún sin comprender cómo enfrentarlas para lograr mejorar. Muy por el contrario, me parecía que las personas estaban cada día más insensibles, cansadas, consumistas, sin compromiso con un trabajo que les parecía sin sentido excepto por el dinero que les reportaba y que nunca era suficiente. Las personas están siendo, cada día, menos responsables consigo mismas y con su organización. Por lo tanto, no es casualidad que comenzara la preocupación en varios países, por el tema de la Felicidad y la búsqueda de lo positivo, ante tanto negativismo en el ser y en el quehacer.

Por otra parte, según he comprobado, muchos practicantes de esta profesión están proponiendo nuevos enfoques. Pero lo más interesante y más distintivo de este enfoque, son los valores éticos. Todos los autores son, en general, partícipes de esta revisión de hoy día que busca volver a respaldar nuestras acciones con los valores éticos del DO.

Por lo tanto, quisiera afirmar que hay cosas que deben perdurar como los valores en que se funda la disciplina y otros enfoques que deben cambiar, la forma de hacer las cosas como también los objetivos profesionales debieran asimilarse a los objetivos de sustentabilidad de la sociedad y sus organizaciones, así como propender hacia una visión holística, donde la ciencia se une con el espíritu, la tecnología y el arte y considera el medio ambiente.

Son entonces, nuestros modelos mentales los que debieran cambiar y expandirse para darnos cuenta, ser conscientes, que somos todos uno y hemos sufrido una desintegración sólo para estudiarlos, pero ha llegado el momento de integrarlos en cada realidad.

7.- Lo que debiera permanecer

Desde nuestra óptica creemos debieran permanecer, y sustentarse en los procesos de transformación, algunos conceptos ligados a la naturaleza misma de la disciplina del DO; donde la transformación de las organizaciones pasa por esa caja negra que es el comportamiento del ser humano. Otras prácticas y actitudes de quienes se forman en los postgrados deberían dejar de estar tan presentes o debiéramos implementarlas de otra forma, considerando al menos lo siguiente:

7.1.- Estudio de la cultura y sus valores

En primer lugar, el estudio de la **Cultura Organizacional** y la Nacional en que ella se inserta. ¿Qué la distingue de otras? ¿Cuál es la idea fuerza de la cultura que guía el accionar de las personas que allí trabajan? ¿Qué aspectos de la cultura chilena o del fundador están allí presentes? ¿Cuáles son los componentes de la cultura que deseamos para nuestro país?

Como veremos más adelante en la cultura, están la mayoría de las variables a considerar dentro del DO y lo que nos distingue de otras disciplinas, cuando se busca transformar, innovar o producir micro o macro cambios, estos serán siempre guiados en nuestra practica por los valores propios del DO.

La cultura en la que nacimos impregna a cada uno de nosotros y está representada, más que nada, por las personas que la iniciaron junto a otros elementos culturales como los símbolos, rituales, héroes, historias, artefactos y otros elementos que la componen.

7.2.- La Cultura y sus Valores

Como lo señaláramos, repetidamente, en la cultura, está uno de los núcleos principales que la componen: los valores.

¿Cuáles serían los valores humanistas a preservar en los procesos de cambio y los que mueven a todo buen deoistas y debieran enmarcar su accionar? Dentro del concepto de cultura una de las variables más complejas e importantes a considerar es el comportamiento de las personas, tanto el conocimiento de ellas como sus características personales para poder lograr la transformación, por lo que no hay lo segundo sin lo primero y dentro de este panorama intrapsíquico están los valores de la persona, ¿se consideran estos en la selección de quienes eligen esta profesión?, ¿se busca desarrollar estos valores? Más aún, ¿se enseñan desde el parvulario y en la vida familiar?

A mi juicio una de las mayores virtudes que tiene el enfoque de gestión del Desarrollo de Organizaciones es su base humanista, de consideración con el ser humano que la distingue de otros enfoques.

Si así lo estamos percibiendo, materialicémoslos con una base sólida sobre la que reconstruir nuestra sociedad y sus organizaciones y, reforcemos al individuo en su crecimiento y autoconsciencia de lo que debe, puede o quiere cambiar viendo su propio beneficio y el de los demás. Esto sólo lo alcanzará con un nuevo y consistente comportamiento, y comenzando consigo mismo, para luego pasar a los grupos, pequeños o grandes a los que esos individuos pertenecen. Esa es la única forma de asegurarse que el cambio no retrocederá a su punto de partida o quedará a medio camino.

Materialicemos, una base sólida sobre la cual reconstruir nuestra sociedad y sus organizaciones y a, través de ellas, sus políticas y acciones.

¿Cómo lograr que quienes dirigen las organizaciones compartan y vivan a diario los valores humanistas que preconizamos en el DO y ver que aumentan los beneficios no sólo de la organización sino de la sociedad? ¿Cuáles debieran ser nuestros argumentos o acciones, para su comprensión y adhesión a ellos? ¿Cuáles son estos valores humanistas que queremos compartir?

Peor aún, los valores humanistas de la sociedad están en retirada, no en bloque, pero sí en personas que viven en ella.

Para esto, ¿cuáles son los argumentos o técnicas de persuasión que debemos dar al cliente para que comprenda lo positivo de nuestro enfoque y la importancia de esos valores humanistas para bien de todos? ¿Y cómo demostrar que los valores son el espíritu, la fuerza y la energía que dan orientación y el entusiasmo en las personas que enfrentan a las transformaciones que generan resistencias?

Si bien los valores orientan el accionar del DO junto a las ciencias del comportamiento, a mi juicio, creo que debemos abrirnos a considerar la influencia de otras disciplinas como la biología, la neurociencia o la física teórica y cuántica ya sea para comprender el comportamiento organizacional o para producir cambios en él. Hoy ya existen algunas aperturas en ese sentido, como la teoría del caos o el neuroliderazgo.

Desde hacía cerca de veinte años que me sentía perteneciendo a una disciplina -como es el DO- que daba y acumulaba cada día más herramientas conceptuales, teóricas y prácticas para administrar los cambios en las organizaciones.

Dos sentimientos me habían acompañado todo el tiempo. Uno que éramos los profesionales que realmente sabíamos de estas cosas; cómo gestionar y orientar los cambios hacia el nuevo estado y manejar la transición. Otra, frustración por darme cuenta primero que hasta el día de hoy en las organizaciones no hay suficiente conocimiento, por parte de quienes desean, conducen o estimulan los cambios, que estos procesos deben ser orientados por expertos y que su dirección no es de improvisación. Tenía consciencia clara, además, de la necesidad de estar informados sobre la dinámica misma de los cambios y transformaciones para que uno mismo no constituya una resistencia más, dentro del gran proceso. Había observado como con una gran tozudez y arrogancia por parte de las personas que dirigen las organizaciones, estos se sentían dueños de la verdad y, con impotencia, he apreciado las enormes pérdidas de recursos económicos y humanos, así como los profundos dolores organizacionales y sociales en que se incurre por esta actitud.

Pensé que se podría contar cómo pudo ser mejor, qué nos faltó, qué errores se cometieron, qué no volvería a hacer y qué se haría de todas maneras y llegué a la siguiente conclusión: lo que sucedió, las cosas que pasaron, era lo que tenía que pasar. Por una razón muy simple queríamos hacerlo lo mejor posible, el equipo conductor y consultor nos pusimos con toda nuestra energía y conocimiento que hasta allí teníamos, en forma honesta y deseosos de alcanzar los objetivos propuestos. Fuimos capaces de resistir las increíbles y nunca bien imaginadas formas que adoptan las resistencias a los

Juana Anguita G.

cambios en las personas y aprendimos muchísimo sobre cómo éstas se manifiestan. No deseo dejar pasar la ocasión, sin embargo, de señalar brevemente los aspectos que generalmente suceden como formas de resistencia, sólo con el mero afán de que aquellos que se atrevan a sumergirse en la conducción de los cambios estén preparados y su sufrimiento sea menor que el nuestro. Las calumnias, difamaciones, descalificaciones, falta de transparencia, boicots, agresiones abiertas y encubiertas e intrigas son sólo algunas de las resistencias vividas que produjeron gran *stress* tanto en el equipo conductor interno como externo. Todas ellas asimilables a las sombras que nos habla Carl Gustav Jung (Reyes, 1993).

Consultores internos y externos deben pues, ser fuertes y persistentes para continuar a pesar de todo esto, considerando que sólo son reacciones humanas a procesos humanos pioneros.

Por estas razones no se aludirán, en forma explícita, las resistencias, sólo algunos pensamientos que se recuerdan como partes de algún proceso. Claramente en procesos de este tipo, hay experiencias que no pueden ser comunicadas. No hay palabras y los sentimientos no se explican. En definitiva, lo que se hizo ¿en el papel? era para lo cual estábamos capacitados. ¿Si hoy lo hiciera diferente? Desde luego, ya no soy la misma ayer que hoy y la situación con que me encontraría sería también diferente. ¿Qué sí aprendí algo para ser aplicado en otros procesos? Naturalmente, de otro modo no estaría contando la experiencia a través de estas páginas, no le asignaría valor a lo pasado. Por el contrario, así como yo he aprendido de la experiencia de los estudiosos de la psicología, y de otras ciencias del comportamiento y de la administración, del DO, de los recursos humanos, y de tantos pioneros empresariales, como estudiosos, filósofos, profesores, consultores… creo que también es posible que alguien aprenda -en cualquiera de las extensiones de la palabra- a cómo se conducen o qué es posible de realizar en estos procesos, cuáles las estrategias, los métodos y las técnicas y cuál es el espíritu y las actitudes necesarias.

Con estas interrogantes primarias y pretendiendo no agotarlas, sino que inspirar a otros a formular otras nuevas y a contestarlas. Con estudios, investigaciones, reflexiones, casos, experimentos, experiencias vivenciales, que nos pueden llevar a cambiar esta frustrante realidad y que, a partir de ellas, se transforme en una nueva forma de vida.

Para reforzar aún más el concepto de cultura, ya que nos parece que le da validez, a nuestra propuesta, presentamos, la siguiente definición de Conrad Phillip Kottak, en "Antropología Cultural, cap. 3", y quien señala, "que la cultura lo es todo, se aprende, es simbólica, deriva de los componentes biológicos, ambientales, psicológicos e históricos de la existencia humana. Está estructurada y pauteada y es dinámica y variable, así como presenta irregularidades..." (Kottak, 2007).

Ahora paso a referirme de manera específica para consultores y directivos, un tema que considero crucial para la vida social, me refiero una vez más a los Valores.

7.3.- Valores de los profesionales del Desarrollo Organizacional

Como profesional del DO reconozco la importancia fundamental de su existencia, como dijera el Dr. Bill Gellermann (Hultman & Gellermann, 2001) y otros, de estos valores tanto en mi misma como en la profesión y deseando que sean compartidos por un gran número de personas.

Se necesitan profesionales orientados valóricamente en su accionar con:

1) CALIDAD DE VIDA: personas estando satisfechas con su experiencia total de vida.

2) SALUD: consciente de su potencial humano para crecer con excelencia, poder compartido, haciendo lo mejor que puedan tanto individual como colectivamente.

3) LIBERTAD Y RESPONSABILIDAD: gente sintiéndose libre para elegir vivir, el cómo vivirán sus vidas.

4) JUSTICIA: personas que viven sus vidas donde los resultados son justos y correctos para cada uno.

5) DIGNIDAD, INTEGRIDAD: derechos fundamentales dignos para los individuos, organizaciones, comunidades, sociedades y otros sistemas humanos.

6) ACTITUDES GANADORAS Y DE COOPERACIÓN: personas cuidándose unas a otras, y trabajando juntas para lograr resultados que sirvan a cada uno, individual y colectivamente.

7) AUTENTICIDAD Y APERTURA EN LAS RELACIONES: personas que trabajan su autoconocimiento y se abren a las conversaciones con los demás.

8) EFECTIVIDAD, EFICIENCIA Y ALINEAMIENTO: personas que logran el máximum en los resultados deseados, al mínimo costo, de manera que coordinan sus energías individuales y propósitos, con aquellos del sistema como un todo, los subsistemas de los cuales son partes y el sistema amplio del cual forman parte.

9) HOLÍSTICO: el sistema visto con una orientación no sólo hacia los *stakeholders*; sino comprendiendo el comportamiento humano desde una perspectiva sistémica total con el planeta que influencia y es influenciado por ese comportamiento; reconociendo el interés que diferentes personas tiene en los resultados del sistema y valorando aquellos intereses de manera equitativa y justa.

10) AMPLIA PARTICIPACIÓN: en los asuntos del sistema, confrontándolos y liderándolos para resolverlos efectivamente y tomando decisiones democráticas.

8.- *La metodología de Investigación – Acción*

Original de Kurt Lewin (Lewin, 1946) esta metodología es una buena forma de confirmar el éxito de las intervenciones y/o de mejorarlas o cambiarlas a través del *feedback* obtenido y para alcanzar nuevas realidades en la organización cliente, en el pasado. Nos parece conveniente no dejarlo de lado y aprovechar el modelo ya sea con técnicas cuantitativas como cualitativas. Porque aún tenemos la mentalidad de esa frase tan conocida y atribuible a diversos autores, en especial a Lord Kelvin: "Lo que no se define, no se puede medir, lo que no se mide, no se puede mejorar. Lo que no se mejora, se degrada siempre" (Kelvin, 1883). Permanece vigente la filosofía de mejora alineada con los principios de los Seis Sigmas: "lo que no se mide no se mejora" (Pyzdek & Keller, 2018).

Sin dejar de valorar esta concepción, ya lo dijimos en el inicio, hoy tenemos un nuevo paso en la evolución de la teoría del cambio, en las organizaciones. Como organismos que se adaptan al medio ambiente, como red de conversaciones donde el individuo, grupo o acciones organizacionales resultan de una auto organización, construyendo realidades sociales, creadas y sostenidas por las narrativas, o historias y conversaciones, las cuales les hace sentido y les da un significado sobre sus propias experiencias. Es una nueva forma de tomar consciencia sobre la realidad organizacional que no está basada en diagnósticos cuantitativos y mediciones estadísticas sino en lo cualitativo y experiencial de la persona que lo relata y en la fenomenología.

9.- Las ciencias del comportamiento

Las ciencias del comportamiento tal vez sean las que contribuyan más a través de sus técnicas o enfoques a comprender el cambio por su relación con las personas pero, es hora de no sólo rendir tributo a ellas sino también a otras ciencias y abrirnos a incorporar todos los conocimientos que así lo permitan para lograr nuestros propósitos de cambio de realidades.

Estos nuevos conocimientos nos obligan a conocer y relacionar nuevos saberes y comenzar a aplicarlos en beneficio de las organizaciones. Como resultado del quiebre del paradigma empirista, dice Humberto Maturana que estamos actualmente atestiguando la convergencia interdisciplinaria desde la cual se está abriendo un espacio hacia una perspectiva completamente diferente: la de las ciencias de la complejidad (Moltedo, 2008) (Michael J., 1991). El autor del pensamiento complejo es Edgard Morin por un lado, y Humberto Maturana con la biología del conocimiento (Maturana, 2004), por el otro.

Estas son algunas de las afirmaciones que subyacen a esta nueva mirada y acción del DO hoy día.

Cualquier avance que no considere hoy estos avances del conocimiento no podría o debería ser adoptado por este enfoque de la gestión de los cambios, si queremos pertenecer y actuar desde la perspectiva deoistas.

Continuando con la fuente de inspiración que es Maturana, éste nos da luces sobre nuestro rol en el cambio organizacional. Al igual que el psicoterapeuta, el consultor frente a cualquier cambio que surja en los sistemas humanos, la intervención tiene que ser siempre entendida como una **reorganización** de la experiencia del sujeto o de la organización y no del consultor. El consultor puede sólo generar alteraciones, en tanto catalizador, que pueden gatillar la reorganización de los modelos mentales y posteriormente conductuales, pero, nunca especificarla de una sola forma. Esto viene a afianzar que uno de los roles más importantes a ejercer por el consultor de DO que es el de facilitador.

10.- Consultores internos y externos

Como una forma de asegurarnos que todo lo anterior se cristalice en acciones coherentes la permanencia de facilitadores tanto al interior como al exterior de las organizaciones es indispensable.

Los consultores internos, porque son los veladores de las propuestas y correctores de ellas por conocer la realidad organizacional y ser protagonistas de las transformaciones y, los consultores externos quienes poseen el valor de aportar la objetividad, el conocimiento de procesos y de otras realidades organizacionales de manera independiente. Es una exigencia que estén al día de los avances de las ciencias que se aplican a las transformaciones organizacionales y dentro del marco valórico que las debiera caracterizar. Como hemos propuesto, en el inicio, estos deben prepararse a trabajar en equipos formados por distintas disciplinas, lo que significa un gran cambio en la forma de abordar los proyectos; por una parte, tener una disposición de colaboración con otras disciplinas, junto a otras características diferentes al desarrollo de equipos que conocemos. Los consultores deben iniciarse en tener un Pensamiento Complejo.

11.- La participación

Uno de los conceptos fuerza del DO es la Participación y es uno de los aspectos que debe permanecer, y practicarse sin temor, especialmente si consideramos que como personas no somos silos, sino que necesitamos de los demás para nuestra sobrevivencia de todos.

La **participación** es una actitud psicológica que lleva a interesarse e involucrarse en una actitud de cooperación para el logro de objetivos comunes. Es una necesidad de toda persona. Es también un medio para desarrollarse como persona, para compartir, para trabajar solidariamente, para mejorar la efectividad del trabajo y aprovechar las fortalezas de cada uno. Es poner nuestros recursos personales al servicio de los objetivos de la organización y de ayuda a los colegas que lo necesiten. Es asumir el riesgo de enfrentarse a otros; jerarquías, colaboradores, colegas y poner en juego, sin temor, sus relaciones de poder.

Las metodologías participativas de aprendizaje son métodos y enfoques activos que animan y fomentan, que las personas se apropien del tema y contribuyan con sus experiencias.

La participación no se decreta, se aprende, y alguien educa. Por su historia la participación produce temor, desconfianza y el sentimiento de "que las cosas se pueden escapar de las manos". En circunstancias que cuando se aprende a ejercerla y abrir espacios a otros, como la autogestión (no la considerada años atrás) y la inhibición del control al que estamos acostumbrados, llega a ser una potente herramienta democrática y enriquecedora de ideas y soluciones, aprovechando la inteligencia colectiva del grupo en cuestión. Felizmente, estos últimos años han surgido técnicas participativas ya probadas en el DO que están demostrando su fuerza en la solución de problemas conflictivos: El *Open Space, World Café*, Indagación Apreciativa, *Future Search, The Large Group Intervention System*, entre otras.

Llegar a tener una Gerencia Participativa no es sólo un nombre invitador, sino que constituye parte de una nueva cultura fundamentada sobre un estado de espíritu, una actitud abierta a los otros y un cuestionamiento de nuestros propios comportamientos.

En resumen, la participación:

1. Tiene un efecto sobre la repartición del ejercicio del poder de cada uno, en la organización y en el trabajo.

2. Es un proceso de aprendizaje y de aculturación. Es largo en cuanto al cambio de actitudes y comportamiento.

3. Es una puesta en marcha de expresión y de diálogo, una forma de practicar la solidaridad en la empresa (no sólo financiera o cuantitativa).

4. Busca y da coherencia a los objetivos de los individuos, de los grupos y de la organización.

Desde hace años en nuestro país se ha temido hablar de participación, porque se asociaba a regímenes que no eran de nuestro agrado. Actualmente ya nos atrevemos a hablar del vocablo, especialmente los políticos lo usan casi compulsivamente, pero en la práctica no saben cómo hacerlo. No se han tomado el trabajo de entender profundamente su significado. No cabe duda de que es mucho más fácil decir lo que se debe hacer, que consultar a otros su punto de vista y lograr un resultado congruente y conveniente para todos.

Este temor se suscita por las siguientes razones: Se cree, prejuiciosamente, que no cambiará nada sobre el modo de influenciar realmente. Se teme sobre la participación del poder en los distintos niveles de la organización.

La participación se ve limitada por el temor de asumir una responsabilidad, sin estar seguros de disponer los medios de control necesarios, a los que estamos acostumbrados.

Por otra parte, cuando se habla de participación se teme que despierten expectativas difíciles de satisfacer. Ven un medio de obtener mejor información. Se ven como un

Juana Anguita G.

medio de lograr una mejor aceptación de las decisiones y como una forma de favorecer un mayor compromiso en el trabajo. El equilibrio entre estas fuerzas contrarias aún no está resuelto en nuestras organizaciones, si bien algunos primeros pasos estos últimos años hemos logrado poner parcialmente en práctica.

La participación, a mi juicio se adelantó a los tiempos por los próceres del DO, habiendo sido creada en un momento en que en el mundo de las organizaciones reinaba el control y la dirección unipersonal, y autocrática. ¿Será uno de los motivos de resistencia de los directivos de empresas para aceptarla en intervenciones de cambio? Creemos que ahora es el momento que estaría ofreciendo menos temor y mayor aceptación, si es bien comprendida y conducida, desde luego.

La participación es uno de los comportamientos claves en nuestra proposición para crear una Cultura de Colaboración no sólo para las organizaciones sino también para la sociedad, que contribuirá al reforzamiento del cambio de paradigma cuyo nacimiento vislumbramos.

Debemos considerar, no obstante, que, en el trayecto hacia el objetivo de una mejor sociedad y las organizaciones dentro de ella, han estado las ideologías que han sido una verdadera pared para no avanzar en desarrollar este comportamiento entre nosotros.

Sin embargo, como especialistas y conocedores de la realidad organizacional pública y privada de Chile, debemos decir, que estimamos que aún el concepto de participación no se comprende y menos se practica, ignorando sus beneficios tanto para el individuo como para el colectivo.

Estimamos que esto se basa en las siguientes afirmaciones investigadas por Haiman el Troudi, Martha Harnecker y Luis Bonilla en "Herramientas para la Participación" (Bonilla, Harnecker, & el Troudi, 2005) y a quienes, por influencia de las ideologías, en nuestro comportamiento no han sido tomadas en cuenta. Hoy nuestra experiencia en las organizaciones, avalan lo que antes no fuera aceptado.

A modo de apoyo a nuestra propuesta para mejorar la participación, señalamos las barreras que han impedido a las organizaciones adoptar esta conducta, según el trabajo recién citado, y la que posiblemente encontrarán en cualquier iniciativa de transformación.

Muchas de estas barreras, cualquiera sea la ideología imperante, las hemos encontrado en nuestras intervenciones.

BARRERAS A LA PARTICIPACIÓN según el Troudi, Harnecker y Bonilla

1. Escepticismo y Apatía
2. Vencer la cultura clientelar y de otorgamiento de favores
3. Burocratismo
4. Verticalismo y Autoritarismo
5. Escasez de tiempo
6. Incapacidad de escuchar
7. Intolerancia
8. Desconfianza en la gente
9. Improvisación de los funcionarios del gobierno
10. Dirigentes sabelotodo
11. El espontaneásemos de las comunidades
12. Asambleísmo
13. Formalismo declarativo
14. Perfeccionismo
15. Sectarismo
16. Dogmatismo
17. Uso de calificativos peyorativos
18. Exceso de pragmatismo

Juana Anguita G.

Si examinamos estos obstáculos a la participación, veremos que muchos de ellos pertenecen a nuestra cultura país. Como se puede deducir, si iniciamos un cambio en las organizaciones, incluyendo conceptos como la participación y otros, podríamos, poco a poco, cambiar nuestra cultura país que a veces se hace tan disfuncional para las aspiraciones de los ciudadanos.

Como forma de ver la relación que existe entre diversos conceptos quisiéramos mostrar la relación de algunos autores entre la colaboración como una necesidad de todo ser humano y la motivación, y la voluntad para lograrla.

12.- Colaboración vs conceptos afines

Diferencia entre Trabajo Cooperativo y Trabajo Colaborativo

Ambos tipos de trabajos permiten la interacción de dos o más individuos para propiciar el intercambio de ideas que culminen en un conocimiento común. Si bien la diferencia entre ambos términos aún se mantiene hasta el presente, tal vez dado más por su significado que por el origen de ambas palabras: el concepto de cooperación proviene de Europa, especialmente anglosajón y el concepto de colaboración de EEUU. Ambos conceptos se aplican a la educación, la ciencia, el arte y los negocios. Está muy relacionado con la cooperación y la coordinación.

La diferencia, a nuestro entender, radica en que en el Trabajo Colaborativo existe una responsabilidad mayor por parte del estudiante o individuo que interviene en el mismo proceso a diferencia del Trabajo Cooperativo donde el profesor o jefe, por ejemplo, estructura y emite los lineamientos para obtener y construir los conocimientos.

La colaboración se refiere abstractamente a todo proceso en donde se involucre el trabajo de varias personas en conjunto. La cooperación consiste en el trabajo en común llevado a cabo por parte de un grupo de personas o entidades mayores hacia un objetivo compartido, generalmente usando métodos también comunes, en lugar de trabajar de forma separada.

En un trabajo colaborativo, cada uno de los participantes se reparten la tarea y trabajan por separado, para luego juntar sus trabajos y formar uno solo.

En un trabajo cooperativo cada uno de los participantes interactúa con los demás para llegar a un fin común donde todos participan más activamente y se produce una comunicación y un acuerdo entre todos los miembros del grupo.

Para hacerlo aún más complejo el concepto, los siguientes son sinónimos de colaboración en español: asistencia, socorro, ayuda, auxilio, protección, cooperación, apoyo, amparo, defensa, refuerzo.

Se aprecia la diferencia en inglés en los siguientes sinónimos de colaboración:

Contribución – acción conjunta - *partnership* - cooperación - participación - coautor - colaborativo – supervisión conjunta - ayudar a otro - en asociación con - en colaboración con – en conjunción - en cooperación con - en pareja – trabajo de equipo.

Últimamente la palabra Conectividad, proveniente de las nuevas tecnologías, nos está también indicando la capacidad que tienen los distintos dispositivos electrónicos de poder interactuar con otros, justamente a través de los conectores. Lo cual se asemeja al intercambio de información entre personas con un fin común a construir, desde antes que se iniciara la revolución digital. Sólo que esta será más ágil y democrática, pero habrá que tener cuidado con los sentimientos y emociones de las personas al escribir, ya que hoy día la interpretación de mayúsculas, por ejemplo, se relaciona con enojo y agresividad.

Habrá un largo camino por recorrer en esta época tan disruptiva.

Capítulo V

Lo que debiera cambiar en el DO

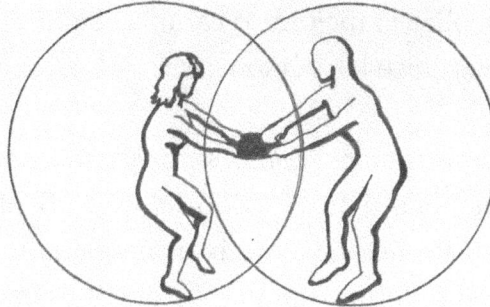

1.- Premisas para un cambio de mirada en el DO

Como hemos podido apreciar, el DO es una disciplina en evolución por lo que no existe una definición única o permanente o incluso "correcta" de ella como señalaremos en el capítulo anterior, que sea inamovible con el paso del tiempo dado los cambios de todo tipo en el entorno.

¿Cuántos de nosotros hemos estado repitiendo lo mismo que una vez, (¡tal vez!) tuvo sentido y ahora ya no más? Porque todas esas definiciones y prácticas nos han estado influyendo sin darnos cuenta y nos han obligado a aceptarlas como "las tablas de la ley". Ahora es el tiempo de los cuestionamientos frente al todo lo que involucra el DO.

¿Cuáles serán las teclas que debemos tocar en las personas y las organizaciones, para lograr éxito en las transformaciones deseadas?

2.- Aproximaciones de respuestas a esta incógnita

Existen muchos acercamientos de respuestas a esta pregunta. Muchos son los autores que señalan distintas fuentes efectivas a abordar para producir los cambios. Sin embargo, no hay consenso. Un breve análisis nos mostrara la diversidad de enfoques existentes.

La más poderosa hasta hoy, es el cambio de cultura cuando se afirma; si las organizaciones quieren sobrevivir, desarrollarse, revitalizarse y renovarse, es obligatorio que cambien su cultura organizacional. La cultura la construyen las personas, a través de sus comportamientos. Esas conductas y lo que ellas van creando en su entorno proviene de distintas fuerzas, algunas de la propia persona o su herencia biopsicosocial -las que llamaremos internas o de su contexto personal - y otras del ambiente en que se desarrolla y desenvuelve en la vida, que denominaremos contexto socioambiental y planetario.

Entonces, ¿cuáles y cuántos eventos que den como resultado comportamientos específicos habría que desarrollar, o mejorar o cambiar en diferentes grados en cada uno, y considerando las diferencias entre las personas?

Para esto tendríamos que saber, ¿cómo se originaron y si fueron cambiando los comportamientos de una persona a través del tiempo? Si desde el nacimiento y por influencias genéticas, existen hechos que originan necesidades que a su vez despiertan motivaciones que dan origen a comportamientos que se buscan satisfacer inmediata o posteriormente o nunca. Esta es una dimensión personal y única que da lugar a la personalidad que llegamos a tener donde lo más primitivo de su surgimiento, son los instintos para poco a poco, a medida que crecemos, ir haciéndose más social y más amplia, agregándose a esta influencia del ADN, la herencia biológica y psicosocial proveniente de la familia como valores, creencias, hábitos… así como influyen situaciones a lo largo de la vida y también del repertorio de comportamientos de otras personas significativas para cada uno.

De modo que: si queremos cambiar el comportamiento de las personas para que cambie, por ejemplo, una cultura organizacional, tenemos que conocer a la persona y su historia de vida lo más posible. ¿Qué tipo de motivaciones las mueven en la vida y que las originan? Algunos sostienen que es imposible conocerlas, pero ¿no será que algunos aspectos claves individuales son los que debemos gatillar luego de conocerlos?, ¿qué desea?, ¿cuáles son sus aspiraciones?, ¿cuánto conoce y está dispuesto al nuevo desafío que se le plantea en la organización donde se desempeña?, ¿qué busca en la vida, y cuál es el sentido profundo buscado por la persona?

El portal mexicano Alto Nivel publicó una nota bajo el título "Gerencia y Cambio de la Cultura Organizacional" (Ruiz P. R., 2009), que vale la pena leer. Se repasan allí lo que los autores llaman las dos principales tendencias en la consideración de los procesos de cambio en las culturas organizacionales y el rol de la gerencia frente al mismo. Estos breves párrafos nos ubican en el tema:

"Por una parte, están expertos como Peter Drucker quien propone centrar la atención de los cambios en el hacer, asumiendo que, aun cuando esas conductas están sustentadas en creencias, valores y paradigmas, es poco lo que podemos hacer en este sentido porque algunos de estos paradigmas y valores están anclados en cada persona desde su niñez y de acuerdo con la historia personal y la cultura nacional en la cual estamos insertos".

"(...) Es decir, la «cultura nacional» es anterior y más poderosa que la «cultura organizacional». La conducta es, además, lo único observable y por tanto posibilita la intervención gerencial. Investigaciones reportan que la actitud de los trabajadores son más el reflejo de un estilo gerencial que de limitaciones o disposiciones personales. Es así como se generalizan paradigmas prescriptivos y normativos".

Por su parte "...Humberto Maturana, nos invita a considerar a cada persona como un observador distinto, con una manera particular de interpretar lo que le pasa, lo que conoce y lo que aprende. Cada persona es un ser «único» que percibe y actúa desde una determinada coherencia entre su cuerpo, emoción, lenguaje e intuición, en permanente transformación gracias a su historia de experiencias. Sin embargo, Maturana nos señala que el ser humano tiene la posibilidad de transformarse en la relación recurrente con otros individuos y con el medio ambiente inmediato, a través del proceso que denomina «acoplamiento estructural»".

Maturana sostiene que "una cultura es una red cerrada de conversaciones, y que un cambio cultural toma lugar en una comunidad humana cuando la red de conversaciones que la define como tal, cambia. Una cultura considerada como una red de conversaciones (coordinaciones de lenguajear y emocionar) es conservada cuando los miembros de la cultura se hacen miembros de ella y la realizan al vivirla. Como tal, la identidad de los miembros de una cultura surge continuamente de nuevo cuando ellos viven la cultura que ellos integran. Tal identidad puede cambiar si las personas cambian la red de conversaciones en las que ellos participan. Su identidad (emocional y conductual) no preexiste como un rasgo de la cultura, sino que surge momento a momento cuando ellos generan con su conducta, la cultura a la cual pertenecen".

Entonces el generar redes conversacionales significativas para cada uno de los individuos para la nueva visión organizacional, ¿sería una de las claves a desarrollar, previas o posteriores a las transformaciones deseadas?

¿No le ha pasado a Ud. que, al conversar con alguien, que le caía mal, cambia su percepción de esa persona después de conversar con ella? ¿Mejora la imagen de ella e incluso la de Ud. mismo, a la vez que cambian sus sentimientos hacia ella y entra en un estado emocional diferente? Como diría un gestaltista: se completa la Gestalt, la configuración total de la persona y se da pie a suposiciones falsas sobre las ideas o sentimientos o realidad del otro que nos hacen actuar en consecuencia y en base a percepciones erradas e incompletas del otro.

Maturana dice que las conversaciones deben estar sumergidas en un ambiente o atmósfera de bienestar amoroso para todos. Investigaciones transversales en la vida de miles de personas muestran que no es el dinero, ni el trabajo lo que les produce bienestar y les permite mayor longevidad, sino que es el tipo de relaciones cálidas que se establecen con la familia, la pareja, los amigos, los compañeros de trabajo, los jefes, la gente con que nos topamos en la calle incluso. Surge en esto último en mi mente, la forma en que nos relacionamos los chilenos en la vía pública; no nos miramos a los ojos, menos nos saludamos, ni siquiera en el ascensor que compartimos. Hablamos largo rato con un vendedor, nos atiende bien, nos vamos y ni siquiera le hemos preguntado su nombre. ¿Qué sensación de anonimato, de robot sentirá ese vendedor? Nombre a alguien por su nombre, (¡es algo que le es tan propio!) y verá el cambio que produce en él y en la relación que se establece.

Todo esto me hace recordar uno de mis primeros aprendizajes en la psicología cuando se decía: "No hay Relaciones Humanas sin Comunicación". ¿Lo habíamos olvidado o teníamos que revivir esa realidad con otros vocablos para reactivar nuestra comprensión y memoria? Ahora lo reemplazamos por conversaciones o dialógica o diálogos y ya no hablamos de relaciones humanas debido a un movimiento antiguo que cayó en desgracia.

Se hace necesario mirar atrás para avanzar hacia adelante con más seguridad.

3.- Cambiar los comportamientos para cambiar la cultura

Una propuesta desde la psicología y más.

Haremos nuestro análisis del comportamiento para entender la complejidad del tema que tenemos por delante para luego hacer una propuesta que, desde luego, no será completa. Pero es el tiempo de contribuir a repensar las organizaciones y su devenir para que nos preparemos al nuevo paradigma.

Dada la complejidad para comprender estos aspectos en los que no sean psicólogos, me permitiré extenderme más latamente en este capítulo.

Iniciaremos este camino desde su génesis con aquello que despierta nuestros comportamientos: la motivación y los contextos que despiertan necesidades junto a su correlato psicológico que es el deseo, energía que despierta la motivación cuya raíz latina (*movere*) significa "aquello que pone en movimiento "que gatilla las acciones o comportamientos visible. Esto que ya había descubierto hace 40 años atrás cuando escribía mi tesis y que hoy me permite completar el modelo no lineal que presento a continuación y en aquella época me recordara, brevemente a Kurt Lewin y su fórmula del comportamiento humano me inspiró semiconscientemente, en sus resultados. Hoy, su fórmula sobre el comportamiento me permite afirmar su aplicabilidad. B = f(P,E) donde B (*Behaviour*) es Comportamiento es función de la Personalidad y del Medio Ambiente (*Environment*). Como verán en la figura 3, he diseñado un modelo no lineal del comportamiento motivado. Hice una distinción entre los factores propios de la persona y que Kurt Lewin llamara la personalidad. En el otro extremo, la influencia del medio ambiente que definí como Contexto Socio Ambiental para mostrar la influencia que ambos tienen -a través de los elementos que los componen- sobre nuestro comportamiento. En el contexto socioambiental vemos como la última influencia del ambiente es el planeta. Una prueba de esto se da hoy día en algo que hemos hecho por años, ir al supermercado o a la farmacia donde ya no dan bolsas plásticas porque es basura que afecta los mares y a los seres vivos que viven en ellos. Es un nuevo hábito que tenemos que aprender, al llevar bolsas biodegradables a nuestras compras. Muchas veces esas bolsas se olvidan en casa, a veces en el automóvil pero, ya estoy comenzando a tener consciencia y adquirir, el nuevo hábito para no dañar el planeta y a nosotros mismos.

4.- *La multidimensionalidad del comportamiento humano*

Cada vez más se comprueba que los aspectos que intervienen en el comportamiento se caracterizan por su dinamismo y complejidad. Por estar regidos por principios de efecto y causalidad relativa; una reacción no es el resultado de un solo estímulo, sino de diferentes combinaciones provenientes del individuo mismo o de su ambiente.

Dado esto paso a tener un vocablo más científico-psicológico y menos coloquial, que el anterior.

Los cambios que se produzcan en cualquiera de esas dos contextos y sus influencias alteran las reacciones subsecuentes en el comportamiento que se adopte (Cf. Figura 3).

Pensamos que la conducta se rige también por un principio de inclusión, es decir que cada fenómeno involucra en su génesis a otros procesos o sistema psicosociales, los que a su vez interactúan en el proceso comportamental como fenómenos psicológicos, como las aspiraciones, por ejemplo, y se generan en relación con las condiciones de vida de los sujetos, con las satisfacciones e insatisfacciones sentidas frente a ciertas situaciones, o a la personalidad, o por los modelos impuestos por la sociedad, los valores culturales, las imágenes proyectadas y otros. Hemos elegido de estos generadores del comportamiento humano aquellos que, nos parecen más importantes como para iniciar una transformación organizacional. Me refiero a las actitudes y a las imágenes.

Se caracterizan estos elementos del comportamiento, además, por ser medios de otros o fines en sí mismo. La satisfacción de una necesidad, por ejemplo, puede constituir un medio para lograr el objetivo perseguido por otras necesidades, una evidencia de esto las tenemos en la siguiente respuesta de algunos trabajadores que fueron sujetos en una investigación que realizaremos en nuestro medio, "tengo necesidad de una mayor seguridad en un trabajo que me asegure a su vez un salario que me permita satisfacer mis necesidades y las de mi familia. Mientras más seguro, mejor, ya que las posibilidades de encontrar otro son escasas…" (Anguita Godoy, 1975).

Encontramos aquí lo que acabamos de señalar, una necesidad originalmente explicitada se convierte, a medida que nos adentramos en el discurso de los sujetos, en una "sub-necesidad" íntimamente ligada a la primera: Obtener un salario apropiado, más aún, en este caso, las necesidades de seguridad que encontramos están en estrecha relación con otras necesidades como la alimentación, el vestuario, el afecto. Apreciamos que una necesidad que se muestra individual puede obedecer a otras de tipo más altruista, y viceversa, y transformarse en una necesidad colectiva.

La complejidad del comportamiento se traduce, entonces, en que, cuando aprehendemos un elemento del proceso, están incluidos también otros, los que condicionados y correlacionados de una cierta manera son los que dan a la conducta su dirección, su tonalidad afectiva, su adecuación a la realidad y su forma de interrelacionarse con esa realidad y finalmente, su satisfacción con lo primario de su deseo o con un sustituto. De esta forma la insatisfacción, por ejemplo, encierra una tonalidad afectiva desagradable, de inquietud que nos muestra que la tensión no ha sido reducida en el individuo. Por lo tanto, es capaz de mantener al organismo en un estado de alerta frente a nuevas posibilidades que podrían, eventualmente, conducirle a reducir dicha tensión obteniendo así la satisfacción buscada, ya sea de una manera directa o sustitutiva.

Esto determinara, en ese caso, la forma de relacionarse con el medio.

Como lo señaláramos en la introducción, muchas veces, y según las combinaciones, uno de estos componentes del comportamiento logra tener o no tener, un peso mayor en el proceso, lo que le permite orientar el comportamiento en un cierto sentido y no en otro. De entre estos elementos queremos destacar en esta oportunidad uno por el rol que juega tanto en el comportamiento individual como colectivo y que, a nuestro juicio, tiene este "peso" al que nos referimos más arriba en forma más frecuente que otros. Nos referimos a las imágenes que abordaremos más adelante.

Pensamos que dada la dialéctica que se produce entre el individuo y la sociedad, entre el individuo y su medio ambiente más o menos próximo, las imágenes que logre crear uno de los polos de esta dualidad tendrá una influencia significativa en el comportamiento. Por eso ya en el terreno concreto, las imágenes que proyecta una organización orientarán en cierta medida el comportamiento de sus integrantes y a su vez estas imágenes serán modificadas por los cambios provenientes de un medio social más amplio. Llegando, por último, a tener incidencia en el desarrollo de la vida social y personal de los individuos.

Las personas que comparten una imagen positiva frente a una organización tendrían un comportamiento más cohesionado entre si y dirigido a un objetivo común que puede transformarse en un verdadero beneficio para la organización.

Esto es preponderante cuando iniciamos un proceso de transformación en una organización o un nuevo proyecto donde queremos que la gente lo comprenda y adhiera con su compromiso. A su vez, si la sociedad infringe un ostracismo a ciertas organizaciones o hace resaltar otras por el rol que se otorga en una contingencia dada, esas organizaciones pueden pasar a un segundo término en cuanto a la orientación del comportamiento de los individuos hacia ellas. Los sujetos que allí trabajan se verán afectados por esta razón. No será extraño distinguir en esos casos aquellos individuos que se ven presa del pesimismo y cuyo rendimiento se ve afectado al recurrir a muchos de los mecanismos defensivos ya conocidos como el abandono de tareas, el reemplazo de la organización por otra o expresarse la frustración en murmuraciones mal intencionadas contra la organización: "esto no sirve para nada", "aquí ya no se puede trabajar", "antes me sentía orgulloso de pertenecer a esta empresa, ahora me avergüenzo de trabajar aquí".

¿Se habrán hecho la pregunta los directivos de empresa antes de enlodar la imagen de su organización por una mala práctica de una persona y cómo la afectara por el comportamiento de unos pocos?

Quisiéramos aportar una contribución suplementaria a esta dialéctica psicosociológica. Para lo cual nos referimos, primeramente, al cómo se forman estas imágenes en los individuos o grupos y luego veremos el rol que desempeñan en la orientación del comportamiento, para finalmente deducir las modificaciones a que pueden estar sujetas y que influirán directamente en el cambio comportamental.

5.- ¿De dónde proviene la motivación para que se genere un comportamiento?

Examinemos el siguiente cuadro, el cual es producto de mi tesis de doctorado y actualizado de acuerdo a mis nuevos conocimientos sobre el comportamiento humano:

MODELO NO LINEAL DINÁMICO DEL COMPORTAMIENTO MOTIVADO
Dra. Juana Anguita (1975, revisado 2019)

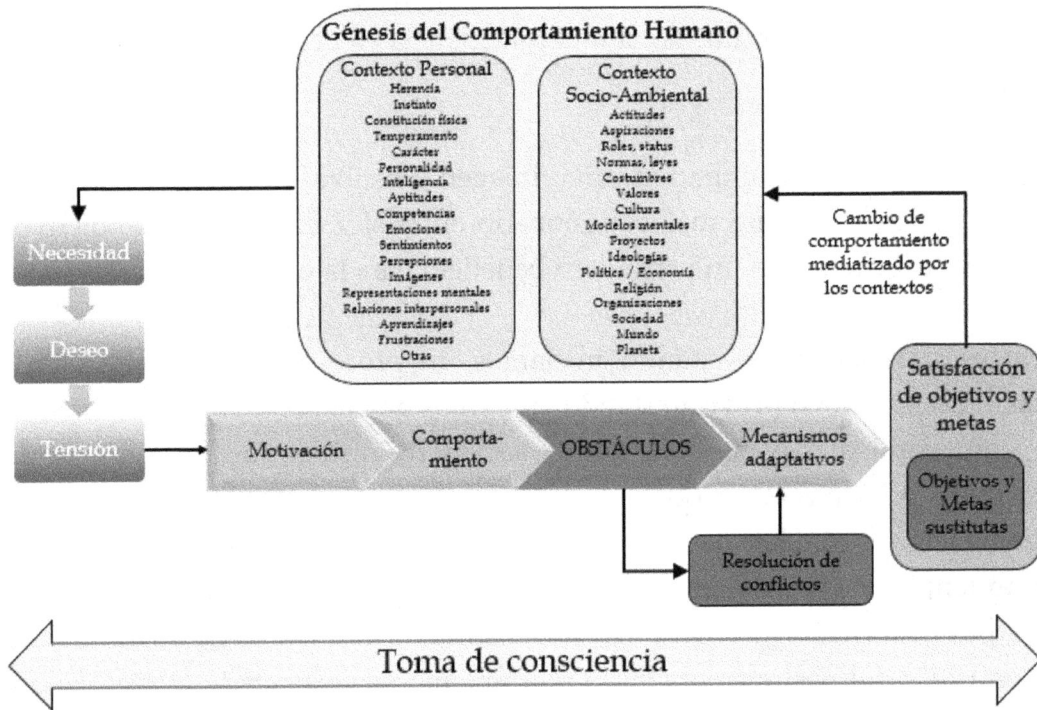

Figura 3: Un modelo no lineal del comportamiento (J. Anguita 2019)

6.- ¿De dónde parte la energía inicial que despierta nuestro comportamiento?

6.1.- Las necesidades

Para los no psicólogos, partiremos del esquema clásico de la psicología de la conducta. Vamos a considerar las necesidades como una de las fuentes a partir de las cuales se pueden despertar los comportamientos. Si bien existen otros aspectos psicosociales que pueden también contribuir a este fenómeno, comenzaremos por acercarnos a la noción de necesidad, como un punto de partida dentro de las múltiples causas que pueden generar un comportamiento.

Comenzaremos por hacer referencia a algunas de las características de las necesidades. Alguna de ellas bastante conocidas por los psicosociólogos pero que nos permitirán poner en relieve el aspecto dialéctico que esta noción tiene en relación con otros aspectos que intervienen en la génesis del comportamiento.

Examinaremos enseguida, algunos otros fenómenos biopsicosociológicos, que aparecen en el curso del proceso del comportamiento, las formas que ellos toman y la dinámica de unos en relación con otros, hasta que lleguemos a situar el fenómeno que nos interesa particularmente, para comprender el rol que le atribuimos y su influencia tanto en el desencadenamiento de la conducta individual como en las transformaciones sociales colectivas.

De acuerdo con lo anterior, nos apoyaremos en subrayar los aspectos energéticos fundamentales de la necesidad en relación al comportamiento. Allport señala que "es la necesidad la que empuja a conducirse de tal o cual manera y que es ella la que reacciona o actúa sobre la consciencia y estimula a la acción" (Allport, 1961). Si nos parece que esta afirmación deja de lado otros aspectos importantes en la conducta, creo, sin embargo, que ella hace resaltar el rol movilizador de la necesidad (al despertar el deseo, que es energía) y su función en el inicio de la motivación que a su vez generará acciones.

Chombart de Lauwe considera que, sociológicamente, la necesidad es "el motor de la transformación social, incluso más, el motor esencial" (Chombart de Lauwe, 1970). Por otra parte, la motivación del comportamiento de una persona nace en una necesidad de donde emerge una fuerza o tendencia que la empuja a actuar y a satisfacerla, por lo tanto, a comportarse de una cierta manera.

Hemos visto en diversas situaciones que subsiste una confusión en algunas personas, entre la necesidad y el deseo. Al respecto se puede señalar que una necesidad que se presenta en el individuo se traduce psicológicamente como un deseo. La necesidad es una carencia o una falta más o menos importante para el individuo. Es así como cuando nos referimos al deseo, lo hacemos en relación con el movimiento afectivo que emerge del individuo en razón de la ausencia de un elemento –sea en su organismo psicofísico –sea en su medio– que obstaculiza sus posibilidades de desarrollo. No nos referimos en este caso, al hecho mismo que hace aparecer esta tendencia.

Así podemos establecer la equivalencia real entre el deseo y la necesidad, como concepto y realidades que están estrechamente ligados, incluso indisociables. Es decir, de una necesidad se despierta su correlato psicológico, sentido conscientemente como deseo (Anguita Godoy, 1975).

Juana Anguita G.

Si tenemos en cuenta la desnivelación que existe en el equilibrio del individuo cuando tiene una carencia, podemos expresar que la necesidad es el hecho puntual que altera en lo inmediato la homeostasis en un individuo y también en un grupo incluso en una sociedad si la necesidad es extendida demográficamente. Pero, considerando que esta alteración no puede mantenerse mucho tiempo en la persona, la necesidad juega entonces un rol reequilibrante es decir, surge bajo la forma de un impulso, de una pulsión –el deseo– que tiende a llenar esta falta, es decir, a reinstalar o a recuperar la homeostasis o equilibrio.

Desde luego aquí entran a jugar los mecanismos de defensa frente a esta necesidad no satisfecha. Pero eso es un tema no menor, que amerita relacionarse.

Ahora bien, tal como ha demostrado Claparède (Piaget, 1964), una necesidad es siempre la manifestación de un desequilibrio: hay necesidad cuando algo, al margen de nosotros o en nosotros mismos (en nuestro organismo físico o mental), se ha modificado, y se trata de reajustar la conducta en función de este cambio. Por ejemplo, el hambre o el cansancio provocarán la búsqueda de alimento o de reposo repectivamente; el encuentro de una pelota en un jardín exterior desencadenará la necesidad de jugar, o su utilización con fines prácticos, o suscitará una pregunta, un problema teórico; una palabra pronunciada por otra persona excitará la necesidad de imitar, de simpatizar o engendrará reserva u oposición debido a que entra en conflicto con alguna de nuestras creencias. Inversamente, la acción finaliza cuando existe una satisfacción de las necesidades, o sea cuando se restablece el equilibrio entre el nuevo hecho, que ha desencadenado la necesidad, y nuestra organización mental tal como esta se presentaba con anterioridad a él. Comer o dormir, jugar o alcanzar los objetivos, responder a la pregunta o resolver el problema, lograr su imitación, establecer una relación afectiva, mantener el punto de vista, son satisfacciones que, en los ejemplos precedentes, pondrán fin a la conducta particular suscitada por la necesidad.

En cada instante, podría decirse así, la acción está desequilibrada por las transformaciones que surgen en el mundo, exterior y cada nueva conducta consiste no sólo en restablecer el equilibrio, sino también en tender hacia un equilibrio más estable que el del estado anterior a esta perturbación. La acción humana consiste en este mecanismo continuo y perpetuo de reajuste y equilibrio, y es por ello que, en sus fases de construcción inicial, puede considerarse a las estructuras mentales sucesivas que engendran el desarrollo como otras tantas de equilibrio, cada una de las cuales ha progresado en relación con las precedentes. Pero debe comprenderse también que este mecanismo funcional, por general que sea, no explica el contenido o la estructura de las distintas necesidades, puesto que cada una es relativa a la organización del nivel de edad o experiencia, considerado. Por ejemplo, la visión de un mismo objeto desencadenará preguntas muy distintas en un niño pequeño, que aún es incapaz de poder clasificar, que en una persona mayor cuyas ideas son más extensas y más sistemáticas. Los intereses de un niño dependen, por tanto, en cada instante, del conjunto de sus nociones adquiridas y de sus disposiciones afectivas, puesto que él tiende a complementarlas en el sentido de un mejor equilibrio. Antes de examinar detalladamente el desarrollo, debemos limitarnos a poner en relieve la forma general de las necesidades y los intereses comunes a todas las edades.

En la adultez, cuando hay poca información o educación sobre algún tema, desde este punto de vista podríamos estar actuando como un niño. Por esto es fundamental en los procesos de cambio, la información oportuna y clara sobre lo que se transformará y el para qué se hacen estos cambios. Por lo tanto, debiéramos estimular en las personas que se informen sobre el "por qué" de la transformación y los cambios en el mundo. En ese momento, las personas los apreciarán y tomarán consciencia de la sincronía con ellos y lo que se debiera tener en su trabajo. Igualmente, conocer los nuevos descubrimientos de todas las ciencias, transdisciplinariamente, así como los avances de la tecnología. Actualmente poseemos una ventaja importante ante años atrás. El conocimiento de todo lo que se investiga y acontece en el mundo está en Google, por lo que, según el autor canadiense de *"Disruption"*, Stéphane Mallard (Mallard, 2018) nos dice que no es necesario reclutar gente con MBA o Master o Doctorados ya que el conocimiento es un *Commodity* a que todo el mundo tiene acceso. Paso a aclarar el concepto que lo veremos continuamente en nuestra sociedad, de aquí a futuro. La disrupción o cambio determinante y brusco, como crear una nueva industria y que crea un mercado nuevo, más aún gracias a la tecnología creciente no se trata de una innovación para mejorar lo que tenemos si no de cambiar totalmente los productos o servicios. "La disrupción requiere de personas no tan académicas, sino que a la inversa: que desobedezcan las normas, la voluntad de salirse del marco de referencia, de plantearse nuevas preguntas en vez de resolver problemas existentes, la voluntad de dejar de lado procesos obsoletos y descartarlos en vez de optimizarlos" (Mallard, 2018).

Agregaría por mi parte a lo anterior, que las personas conozcan los nuevos descubrimientos de sus especialidades y estén abiertos a que tenemos que trabajar de otra manera d aquí en adelante. Que se consideren todas las ciencias que eventualmente tengan que ver con el propósito que se busca, así como la tecnología que nos invade cada día más. Las personas de diferentes disciplinas debieran formar equipos transdisciplinarios con un espíritu distinto aprovechen lo que nos proveen las prácticas oriente para enfrentar los *stress* producidos por los cambios.

La formación de estos equipos transdisciplinarios serán distintos a los que hasta hoy día hemos formado. En especial, la lucha contra los egos de cada uno en especial porque deberán trabajar colaborativamente y cada uno desde su propia perspectiva que será tanto racional como emocional y sólo como un aporte más al resultado que se obtendrá colectivamente.

Volvamos a la conceptualización de las necesidades.

Puede decirse, a este respecto, que toda necesidad tiende:

1. A incorporar las cosas y las personas a la actividad propia del sujeto, y por tanto a «asimilar» el mundo exterior a las estructuras ya construidas, y

2. Reajustar estas, en función de las transformaciones experimentadas, y por tanto a «acomodarlas» a los objetos externos. Desde este punto de vista, toda la vida mental, así como también la propia vida orgánica, tiende a asimilar progresivamente el medio ambiente, ya sea a través de la percepción de lo inmediato, la memoria y la inteligencia práctica.

Al asimilar de esta forma los objetos tanto la acción como el pensamiento se ven obligados a acomodarse a ellos, o sea, a reajustarse con cada variación exterior. Se puede denominar «adaptación» al equilibrio de estas asimilaciones y acomodaciones: esta es la forma general del equilibrio psíquico y el desarrollo mental aparece entonces, en su progresiva organización, como una adaptación siempre más acorde con la realidad.

Ante situaciones de cambio en una organización la mentalidad se desconfigura y las personas buscan no perder el equilibrio y aparecen comportamientos resistentes, cuestionamientos y otros comportamientos que no aportan al proceso que se desea llevar a cabo. Al conocer más a las personas con las que trabajamos y sobre ese desequilibrio, acompañado de las emociones concomitantes displacenteras que las afectan, disminuirán las resistencias en el individuo y con quienes se relaciona.

6.2.- Característica de las necesidades

En la medida que nosotros queremos mostrar el rol de las necesidades en la génesis del proceso de cualquier comportamiento explícito o implícito, estamos obligados a retomar una taxonomía de las necesidades que –aunque sus características sean bastante conocidas– nos pueden ayudar a la comprensión de las necesidades mismas y a su relación con otros conceptos.

Las necesidades pueden ser sentidas a partir ya sea de una carencia físico-fisiológica o de una entidad psíquica o de una situación social. Dicho de otro modo, existen las necesidades sociales y las necesidades individuales. En el caso de las necesidades fisiológicas el sustrato en el cual emerge su nacimiento se encuentra en el organismo; las necesidades psicológicas provienen de dos fuentes, el consciente y el inconsciente. Si son conscientes las sentirá y reconocerá la existencia en sí misma como una urgencia mayor o menor a satisfacer en un plazo determinado por él o por las circunstancia externas. En tanto que las necesidades inconsciente son aquellas que dan lugar a deseos reprimidos más o menos precozmente en la vida de una persona y por consecuencia ésta última no las reconoce en razón de la imposibilidad de satisfacer que tuvo en un momento dado, o por la posibilidad de diferentes normas de censuras o de problemas.

Sin embargo, estos dos últimos casos visto desde la economía de la energía al interior del aparato psíquico tienen una carga o una fuerza considerable, proporcional cuantitativa y cualitativamente a la conducta explícita que se pretende satisfacer. Vale decir, la persona hará los movimientos necesarios, emprenderá todas las acciones posibles, poniendo a su servicio una gran parte de energía para reducir la necesidad: mientras más urgente sea la necesidad el comportamiento será menos difuso y será mucho más difícil que la persona se desvíe de su meta final.

Entendemos como necesidades sociales todo aquello creado con los diferentes modos de vida, por la cultura propia de cada sociedad –o de la subcultura de un grupo– y que el individuo interioriza de una manera apenas perceptible –y que vienen a engrosar el bagaje de necesidades sentidas por el sujeto.

Según nosotros entre estas dos fuentes puede haber una transferencia entre la una y la otra con relación al objeto, a la cantidad y a la calidad de la satisfacción. En la medida en que los individuos tengan cada vez más grande influencia de su medio social, ellos tienden a modificar sus objetos de satisfacción de acuerdo con los factores sociales presentes en un momento dado. Incluso las necesidades orgánicas pueden sufrir tales influencias como lo decía Malinowski hace algunos años: "El apetito y el hambre son determinados por el medio social. No depende del ritmo fisiológico del ser humano sino de la sociedad exclusivamente; los procesos digestivos están regulados por un cierto horario y educado por la rutina cotidiana de su tribu, su nación, o su clase" (Malinowski, 1984).

6.3.- Intercomunicación de las necesidades: Necesidad Medio / Necesidad Fin

Otra característica de las necesidades mencionadas especialmente por los críticos de Freud es el hecho de que el comportamiento a veces no se detiene por sí mismo hasta que la necesidad esté satisfecha por el objeto que uno desea obtener. Nos explicamos este hecho con el razonamiento siguiente; es como si coexistiera al interior de una misma necesidad, un sistema de subnecesidades donde la tendencia a la acción nacería a partir de una necesidad original y donde el objeto de satisfacción puede ser similar o totalmente diferente al objeto que satisface esta necesidad original. Es así como el resultado de una serie de investigaciones, especialmente en psicología experimental "ha llevado a poner en oposición las pulsiones homeostáticas, las cuales se terminan por las acciones que tengan una repercusión biológica sobre el organismo de la persona, las pulsiones cognitivas parecen encontrar su fin en el objeto mismo" (Freud S., 1930). El caso más clásico de la rata que encerrada en un laberinto y sometida al hambre, emprende una exploración para encontrar el alimento que le satisface, y una vez logrado ese objetivo continúa explorando sin reducir su actividad, satisfaciendo así otra necesidad aquella de la exploración y que es una de las pruebas que sustenta esta hipótesis.

Esta intercomunicación entre necesidades es explicada por el modelo de psicohidráulica de Lorenz (Lorenz, 1950) inspirado en el sistema de vasos comunicantes o de la teoría de Freud sobre la energía y sobre el aparato psíquico. La relación entre las necesidades psicológicas y biológicas pueden ser aceptadas en este caso; encontramos una prueba en la medicina psicosomática, así como otras manifestaciones de la vida corriente: así, la fatiga intelectual se traduce en una fatiga generalizada que repercute sobre el sistema neuromuscular, los sueños, etc. A la inversa la fatiga física altera o inhibe las funciones intelectuales. En el plano psicológico una gran necesidad de afecto nos puede llevar a tragar una cantidad de alimento que sobrepasa nuestras verdaderas necesidades alimenticias; en este caso la necesidad alimentaria sirve de reemplazo y permite reducir la carga energética provocada por la necesidad original.

Murray (Psicología-Online, 2018) reconoce por su parte, sin profundizar demasiado la existencia de una derivación de las necesidades psicológicas (psicogenéticas) a partir de las necesidades "viscerogénicas" y que las denomina necesidades orgánicas. Citamos a Murray y a otros con la intención de resaltar la existencia de esta posible derivación de la necesidad, pero queremos establecer que esta concepción no nos satisface porque no toma en cuenta la presencia de otro fenómeno que dan a esta interrelación de las necesidades, su carácter relativo y su dinámica particular.

Por otra parte, vemos una interrelación dinámica entre las necesidades constituyéndose así un sistema en el cual el desequilibrio de una de esas necesidades repercute sobre la necesidad original y al mismo tiempo puede existir un efecto sumatorio, es decir: mientras más sea la insatisfacción de los componentes de las necesidades, lo que la hace más fuerte, la necesidad original será fuertemente resentida y viceversa. Pero la dinámica no para aquí: una de estas subnecesidades puede llegar a ser también en un momento dado una necesidad principal pasando del estado de necesidad medio a ser una necesidad fin. Existe entonces una gran movilidad en el sistema, movilidad que puede ser regulada desde el interior del individuo en respuesta a una forma externa de este último. Es a partir de eso que podemos concluir que ninguna necesidad visualiza un objeto único de satisfacción pues existe toda una gama que puede satisfacer esta función, incluso un comportamiento con diferencias cualitativas ya sea que satisfacen necesidades de naturaleza diferentes –orgánica, sociales o psicológicas– ya sea que se trate de necesidades diferentes en el interior de cada una de esas dimensiones. Esto nos permite establecer una jerarquía de necesidades a partir de su origen o a partir de sus objetos. Esta segunda regla es más rígida que la primera dado que las necesidades orgánicas tienden siempre a ubicarse en primer nivel. Sin embargo, no es menos cierto que pueden fluctuar en ciertos momentos.

En la jerarquía de los objetos que satisfacen las necesidades, encontramos todos los objetos de la naturaleza y de la cultura, esta última permite una movilidad de la jerarquía porque crea nuevos objetos a medida que ella evoluciona. En las sociedades primitivas naturaleza y cultura se juntan reduciendo así la gama jerárquica de los objetos de satisfacción.

¿Si tenemos tantas posibilidades de satisfacer una necesidad y la subnecesidades que se desprende de ella porque vamos directamente a satisfacer la necesidad que las personas expresan verbalmente y no ahondamos en otros escalones de la jerarquía y, de esa forma, satisfacer la necesidad más accesible y volver a otorgar el equilibrio a la persona? ¿Conocemos la jerarquía de las necesidades de la gente con que trabajamos?

¿No estaremos satisfaciendo necesidades que no son sentidas como tales y las medimos con nuestras propias necesidades? ¿Será porque no conversamos con ella de sus necesidades y actuamos sobre falsas percepciones para luego quejarnos que hemos dado tanto y "la gente no agradece"?

6.4.- La necesidad, como un estado de tensión

En la búsqueda del equilibrio y de la coherencia con la satisfacción del deseo que se genera, la necesidad da lugar a una tendencia que subjetivamente se manifiesta como un estado de tensión (Lewin, 1946) donde se encuentra un individuo o un grupo cuando está privado de un elemento (de ahí la expresión "estado de carencia"). Este elemento donde el individuo o el grupo se ve privado devienen a un objetivo hacia el cual se dirige la acción con el fin de obtenerlo, de calmarse y de reducir así la sensación desagradable: una tonalidad afectiva que acompaña generalmente a este estado.

Como hemos dicho toda necesidad tiende a ser satisfecha, es decir, engendra la o las acciones requeridas para obtener el objeto visualizado como fuente de satisfacción. Esta satisfacción aparece psicológicamente como indispensable pues si ella es imperativa y no puede ser obtenida puede llegar a afectar la existencia misma de las personas. La no satisfacción de necesidades psíquicas puede conducir a desequilibrios peligrosos que alteran más o menos gravemente la vida de las personas individual o colectivamente. Es el caso de la no satisfacción reiterada o prolongada de ciertas necesidades como el afecto, la seguridad, la tranquilidad...

Sin embargo, estos "estados fin" no son característicos de la vida social como lo observa Erich Fromm: "El Hombre siendo relativamente maleable tiene siempre la capacidad de reaccionar protestando contra las condiciones que ponen en desequilibrio muy severo o casi insoportable, sus necesidades humanas, dentro del orden social. El intento de reducir el desequilibrio y la necesidad de establecer una solución más estable y más deseable están en el centro mismo del dinamismo de la evolución humana en la historia. La protesta del hombre aparece en razón no solamente de sus sufrimientos materiales sino también de sus necesidades específicamente humanas y que son una motivación muy fuerte para la revolución y la dinámica del cambio" (Fromm, 1970).

Nosotros interpretamos también este doble juego de ida y vuelta que se produce entre el individuo y su medio como la búsqueda del ser humano hacia un cierto equilibrio que se fuerza en ubicarlo en el seno de un sistema coherente, a fin de buscar el cosmos cuando el caos se produce. Un orden lógico de la conducta molar coincide con aquella de Fritz Heider, uno de los investigadores más fértiles y el más original de la escuela gestaltista y correspondería al lugar que le asigna a las necesidades de seguridad, aquella que se manifiesta por "la preferencia común de cosas conocidas y por la tendencia a tener una filosofía del mundo (ideología) o una religión que pueda organizar el universo y a los hombres en una totalidad suficientemente coherente y significativa"

(Heider F., 1958). Esta es la necesidad que más afecta a las personas cuando se inician los procesos de cambio organizacional.

En este caso, la necesidad de seguridad da lugar a la búsqueda de ciertos objetos o estados preferenciales que van a satisfacer dicha necesidad de seguridad; lo ya conocido, sean personas o lugar de trabajo o la disposición de utensilios, etc.

Pero las necesidades pueden buscar no solamente una satisfacción directa pero si satisfacerse con los deseos más elaborados, más intelectualizados a través de los mecanismos de defensa, en este caso la proyección.

En la sociedad capitalista este juego está tan bien llevado que podemos encontrar un isomorfismo entre las aspiraciones individuales y las fuentes de satisfacción que ofrece dicha sociedad, las cuales pueden llegar a lograrse indirectamente a través de mecanismos particulares como la identificación o el conformismo. El problema surge cuando se trata de establecer un nuevo tipo de sociedad que trae nuevos valores ideológicos; en ese instante aparece la posibilidad del desequilibrio. La mayor parte de los individuos se aferran a sus aspiraciones y por lo mismo a formas anteriores de conducta que hayan probado su eficacia y serán retomadas por las mismas personas en situaciones diferentes.

Sin embargo, el fenómeno no se produce solamente porque se trata de un pasar de una sociedad a otra, sino también al interior de una misma sociedad cuando en un momento dado aparecen concepciones que aparentemente son contradictorias a la ideología dominante pueden ser aceptadas en el presente e incluso estimuladas con el sólo fin de reducir una tensión creciente y de restablecer el equilibrio. No se debe obviar el hecho que la ideología lleva en sí misma elementos que tienen una función de adaptación a la realidad. Así creemos que al parecer un avance en la sociedad se debe no al cambio de las presiones internas que hacen posible la destrucción del sistema, pero sin que sea cambiado realmente la ideología dominante.

6.5.- *Los obstáculos y los mecanismos que se ponen en marcha*

Los procesos de cambio en una organización son una forma de restablecer el equilibrio ante la incertidumbre. Frente a esto, surgen emociones y sentimientos que esta situación le suscita, así como diversos mecanismos de defensa, algunos funcionales y otros no tanto, incluso disruptores dentro del proceso.

Juana Anguita G.

Una necesidad que la persona presume puede no ser satisfecha en el nuevo orden de cosas que se anuncia en la organización y visualizar un impedimento para la obtención de un objetivo final pueden sentirse como obstáculos, lo que sería un primer signo que indica la proximidad de un conflicto. Estos obstáculos pueden ser de naturaleza variada y desprenderse de ellos diferentes reacciones que afectan la dirección de la conducta o del comportamiento.

La presencia de tales obstáculos hace surgir los mecanismos conscientes e inconscientes que cambian el comportamiento, que son llamados mecanismos de defensa. A partir de las combinaciones que hace el propio individuo, el comportamiento puede inhibirse parcial o totalmente de manera más o menos permanente o reprimirlo en el campo de la consciencia o cambiar el objeto el cual puede conservar una relación cercana o lejana al objeto primitivo (sustitución) como cambiarse de organización. Se pueden engendrar o generar acciones destinadas a la búsqueda de otro fin objeto, que guarde una cierta relación con la necesidad original y que sea socialmente aceptado (sublimación) o incluso más, engendrar una acción que lo aleja del obstáculo si este es peligroso o amenazante para persona, grupo u organización.

Otro mecanismo de defensa relacionado con el sentimiento provocado por los obstáculos que aparecen en el camino de la necesidad es la proyección que consiste en lo esencial, el atribuir a otro individuo sus deseos, incluso aquellos que el propio sujeto no osa o no se atreve aceptar para sí mismo. ¿Cuántas veces hemos escuchado atribuir, entre bromas, el miedo a los cambios en una empresa?

Sin embargo, no podemos atacar a los obstáculos o reprimirlos en nuestro inconsciente tal como son, pero siempre con el fin de conservar una suerte de equilibrio, podemos adoptar como nuestras las características de los obstáculos que se oponen a nosotros (identificación). Este mecanismo se presenta especialmente en relación con los otros individuos en tanto que ellos se constituyen en obstáculos. ¿No ha observado que cuando alguien está muy contento con el cambio, aquellas personas que le temen a ese proceso suelen identificarse con quien lo está disfrutando?

De acuerdo con la teoría psicoanalítica esta identificación se produce con un objeto temido, dudoso; me parece que este puede producirse también con un objeto deseado pero difícil de obtener.

Por otra parte, una combinación de los mecanismos de proyección e identificación puede resultar en un sentimiento de solidaridad con otros individuos hacia el objeto o situación deseada con este último. Esto puede entonces poner en duda un problema que nos parecía importante aún más en relieve; si en ese momento podemos equivocarnos y considerar esta solidaridad como una expresión verdadera de los individuos o como un tipo de adopción de aquellas de los otros y que lo vemos como verdades.

Entre los mecanismos de defensa susceptibles de ser observados a nivel individual y colectivo uno de los más evidentes y el más ineficaz es la regresión; ella consiste en volver a estados anteriores del desarrollo cuando surgen situaciones de conflicto. "El comportamiento regresivo se presenta como una forma de parar el subterfugio que pone en primer lugar los intereses antiguos y son perseguidos como si fueran los intereses de hoy día". "La regresión es un sistema de recuerdos, de representaciones y de fantasmas específicos de un estado determinado que se vuelven re–inventados en el curso de la regresión" (Freud A., 1967).

Piense en posibles ejemplos observados por Ud. de este mecanismo defensivo, ¿cómo se manifestó?, ¿en qué comportamientos verbales y no verbales los reconoce?

Los obstáculos según su origen, pueden ser internos o externos, es decir pueden ser barreras que surgen del sujeto mismo tales como los hándicap físicos o psíquicos como sentimientos conscientes de inferioridad o de no tener la competencia necesaria. También pueden ser de origen social, externos: las interdicciones, leyes coercitivas, normas, etc.

Desde otro punto clasificatorio "los obstáculos pueden ser pasivos, es decir reaccionar ante su sola presencia o activos, es decir que sea un componente dinámico dirigido en un sentido opuesto a la fuerza motivante" (Anguita Godoy, 1975, pág. 157). De acuerdo con lo ya dicho podemos distinguir obstáculos pasivos-interno, pasivo-externo, activo-interno o activo-externo. Importante detectarlos a tiempo para solucionarlos. Como ya adelantara, sobre la importancia de conocer a cada persona; no se asuste, hoy existen herramientas tecnológicas excelentes que ayudan a conocer rápidamente a las personas e incluso a tener un verdadero mapa de todos los que trabajan en su organización. Temo que se racionalizará como falta de tiempo algo que tiene que ver con la voluntad y decisión para conocerlas.

7.- Las frustraciones

La presencia de obstáculos en la vía del comportamiento motivado da lugar en las personas a un desagradable sentimiento de frustración medida en relación con el grado motivacional. Las frustraciones pues son un factor de base en la variabilidad humana y ella produce frecuentemente cambios extremos en el comportamiento individual, por la forma en que el hombre se adapta a su medio social y la forma en la cual logra su plan de vida. Es esta interferencia con la satisfacción de una necesidad la que puede conducir a un conflicto.

La frustración es pues, una situación que modifica el comportamiento en el sentido que le puede dar una orientación positiva o negativa y, bajo ciertas condiciones, influirán en el objeto de su deseo.

La frustración conduce hacia una gran sensibilidad frente de la realidad, más aún puede llevarlo a una cierta forma de desadaptación expresada bajo la forma de apatía o conformismo. Esta finalidad es esperada por lo que puede estar intervenida por reacciones agresivas. La agresividad es una fuerza que surge en el transcurso de la trayectoria del comportamiento cuando a partir de un obstáculo, emerge una situación afectiva desagradable: Las frustraciones (sentimientos) generan reacciones diferentes en cada uno de nosotros; agresión, huida o negación, siendo la primera la más frecuente.

8.- El objetivo del comportamiento

Un objetivo hacia el cual se vuelve un comportamiento puede estar constituido por objetos materiales, acciones o por estados, tales como la búsqueda de seguridad, de afecto o de respeto en sentido amplio del objetivo. Estos objetos tienen un valor propio para el sujeto, el valor no es un equivalente al objeto mismo, pero si como la ha señalado satisfactoriamente la relación motivación-satisfacción, Richard Tracy LaPiere "el valor que se le atribuye al objeto por el sujeto o por la sociedad puede estar definido por ejemplo por el auto que posee, como "la calidad o condición que satisface la motivación" (LaPiere, 1934).

Insistimos sobre el hecho que la noción de valor es esencialmente subjetiva y este valor tiene una influencia sobre el grado de satisfacción obtenido por la persona. Un recuerdo en mi vida profesional da la razón a esta afirmación. Al entrevistar a un supervisor de una empresa, éste me contó, con lágrimas en sus ojos que, por su desempeño le habían enviado un cheque a su casa y "yo lo rompí en mil pedazos", ¿qué le habría gustado a usted? -pregunté- "que me hubieran dado un galvano o un diploma frente a todos mis compañeros y mi familia". Esta es una práctica generalizada en nuestras organizaciones que ignoran el valor que cada persona le da a los incentivos que otorga la empresa uniformemente.

Desde el punto de vista de su origen "el valor que se le da un objeto depende de los deseos personales y de las aspiraciones colectivas propias de un medio social donde vive el individuo" (Chombart de Lauwe, 1970). ¿Qué sabemos de ellas en las organizaciones?

Segunda Parte

Hacia un
Desarrollo Organizacional
diferente

Capítulo VI

La formación de una nueva cultura organizacional

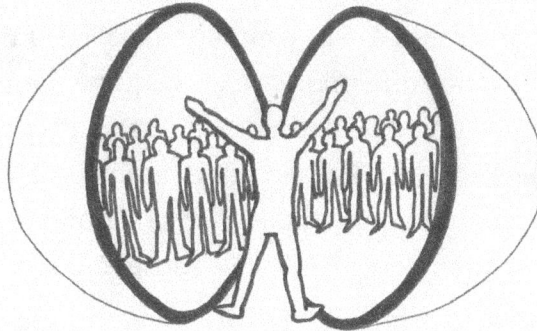

1.- *¿Dónde estamos hoy?: Preexistencia de "Lo Patriarcal"*

Como dijéramos al inicio de este libro, muchas de las cosas que pensamos hoy ya están dichas y, algunas magistralmente, ¿entonces para qué innovar y cambiar su sentido? Muchos, además de mí misma pensarán que es mejor repetirla y repetirla hasta que se haga consciente su significado y alcancemos la masa crítica necesaria para producir las transformaciones que se necesita para lograr un bienestar mayor en las organizaciones, sociedades y el planeta.

No olvidemos que el cambio ha sido vertiginoso en cuanto a su volatilidad, incertidumbre, complejidad y ambigüedad. El modelo VICA (o VUCA en inglés), habla de la Volatilidad como un incremento brutal en el tipo y magnitud de los cambios, Incertidumbre, entendida como la ausencia de previsibilidad de los acontecimientos, Complejidad entendida como una confusión generalizada por la ausencia de relación entre causas y efectos y, finalmente, Ambigüedad como la falta de claridad para conceptualizar amenazas antes que sea demasiado tarde.

Los resultados de esta cultura están a la vista: el hambre, las enfermedades, cambios climáticos, contaminación ambiental; ¿hacia dónde vamos? Seguimos creciendo y vemos que La Tierra no puede armonizar con una población como la nuestra, porque lo destruye todo. Estamos viendo, además, que estos efectos se derivan de la cultura patriarcal: el pensamiento lineal, las actitudes productivas, la negación de lo humano. Frente a esto el hombre ha hallado soluciones... una de ellas es la democracia, la cual rompe el patriarcado al abrir un espacio a la reflexión, rompe la apropiación de ideas y

Juana Anguita G.

de los temas de la comunidad, teniendo así todos los accesos al entendimiento, al conocimiento y al manejo de los quehaceres de la vida de la comunidad. Pero al mismo tiempo, existen valoraciones que van en contra de eso: el crecimiento, la producción. A nivel de personas; el tener más y mejor.

El pensar que la producción debe estar en continuo crecimiento lleva a la destrucción del mundo natural, porque hacemos máquinas productivas y las máquinas productivas son capaces de cambiar el cosmos entero en subproductos, esto es una metáfora evidentemente, a menos que uno pare la máquina, entonces ese acto de parar la máquina es un acto poético, es un acto inspirado en una cierta concepción que dice no, no podemos seguir así. No se trata de evitar el crecimiento continuo, se trata de lograr una transformación armónica; ni siquiera se trata de un crecimiento sustentable, sino de una transformación que nos permita, con mirada de sobrevivencia y de futuro permanecer vivos a lo menos en las condiciones actuales.

Me impresiona que después de miles de años y de haber sido dicho por San Juan en su evangelio en la Biblia, 1:1, 14 cuando declara que Jesús es el Verbo de Dios, donde al comenzar declara: "En el principio existía el Verbo, y el Verbo estaba con Dios y el Verbo era Dios" (Biblia de Jerusalén, 1979), es decir, "la palabra era el medio por el cual Dios creó las cosas materiales y se comunicaba con ellas. Según Juan, presenta a Jesucristo no sólo como un principio mediador como lo percibían los griegos (logos) sino como un ser personal totalmente divino y sin embargo totalmente humano" (Maturana, 2015). Lo que nos refleja el poder de la palabra en las conversaciones y el espíritu creador, innovador y revelador de ellas.

¿Por qué algo tan valioso y escrito hace tantos años aún no lo usamos con el poder que tienen las palabras adecuadas para las transformaciones y así ir creando para los humanos un mundo más armónico y más vivible?

Contemporáneamente y bajo la misma premisa, y por su naturaleza biológica, las personas somos seres "amorosos", Humberto Maturana apeló a las emociones y la capacidad de compartir espacios para construir un mundo más cercano y comprensible para todos. "El vivir humano se da en las redes de conversaciones las que son entendidas en diferentes modos", señaló en parte de una de sus ponencias, a la que asistí.

El eje temático de la charla era el siguiente: "Habitamos en el educar que deseamos". Para desarrollar esta idea Maturana describió 4 conceptos: habitar, educar, enseñar y desear. Estableciendo, entre éstos relaciones de dependencia mutuas y recursivas. En el primer concepto destacó, que los niños y jóvenes se transforman en la convivencia al habitar con los adultos que conviven, ya sea pareciéndose o diferenciándose, dependiendo esto del vivir que hayan tenido. Acerca de las palabras educar y enseñar, mencionó que tienen distinto significado. Participan en su uso distintos flujos de convivencia, destacando que antes que el significado de las palabras está en cómo éstas se usan. Con respecto al concepto desear, lo definió como la orientación de las preferencias de uno en la acción. Luego derivó a la palabra "ganas", explicándola como la disposición efectiva para la acción. La mayor y más profundas de las "ganas", es el amar, calificando a todos los seres humanos en su nacimiento como amorosos. Esto último variando según el lugar en que habite y se desarrolle el sujeto. La conjunción de todos estos conceptos es lo que define y describe el "habitar en el educar que deseamos". Destacó que esto es tarea de todos, tanto de maestros como de estudiantes.

¿No serán las conversaciones también válidas para los supervisores y supervisados, gerentes y seguidores y a través de ella crear un nuevo escenario en la organización?

Para Maturana y Verden-Zöller (Maturana & Verden-Zöller, 2003) la existencia humana toma lugar en el espacio relacional del conversar. Esto significa que, aún y cuando desde una perspectiva biológica nosotros somos *Homo sapiens*, nuestra manera de vivir, es decir, nuestra condición humana, toma lugar en nuestra forma de relacionarnos unos con otros y el mundo que generamos en nuestra vida diaria a través del conversar. Él (Maturana), mantiene que "una cultura es una red cerrada de conversaciones, y que un cambio cultural toma lugar en una comunidad humana cuando la red de conversaciones que la define como tal, cambia". Una cultura como una red de conversaciones (coordinaciones de lenguajear y emocionar) es conservada cuando los miembros de la cultura se hacen miembros de ella y la realizan al vivirla. Como tal, la identidad de los miembros de una cultura surge continuamente de nuevo cuando ellos viven la cultura que ellos integran. Tal identidad puede cambiar si las personas cambian la red de conversaciones en las que ellos participan. Su identidad (emocional y conductual) no preexiste como un rasgo de la cultura, sino que surge momento a momento cuando ellos generan con su conducta, la cultura a la cual pertenecen.

Nuestras conversaciones en Chile y resto del mundo están cargadas de agresividad, son atemorizantes, sin amor al otro. Cambiemos nuestras conversaciones para cambiar esta realidad dañina.

En nuestra proposición de ir transformando la cultura actual en las organizaciones hacia una más humana, uno de los comportamientos a incorporar en nuestro repertorio conductual, están las conversaciones. Dedicaremos un espacio a ellas, además de otros conceptos asociados para lograr esta nueva cultura.

Pero antes, una reflexión que estimo debiera ser previa a cualquier intento de transformación que queramos hacer. Preguntarnos sobre lo ya existente, validado e investigado, acerca de los cambios individuales, grupales o más amplios. ¿Cuáles son las técnicas de nuestra disciplina o de otras que han sido probadas y que han dado resultado y cuáles no? ¿Cuáles son los aspectos de la cultura que más influencian los comportamientos de las personas y cuáles son los que tienen mayor impacto y menor resistencia para actuar sobre ellos? Si queremos personas trabajando y relacionándose más amorosamente, ¿qué deberíamos desarrollar en ellas desde la infancia? ¿Por qué buscar la productividad como fin último si sabemos, con certeza, que esta mejora cuando la gente está comprometida y entusiasmada en el fluir? ¿Por qué no cambiar el foco de atención y de las intervenciones que las acompañan? ¿Por qué nos hemos olvidado del ser humano, que hay detrás de cada trabajador?

Muchas son las interrogantes sin respuesta hoy para acometer las transformaciones que se precisan no sólo en las organizaciones sino en la sociedad y el mundo.

2.- Cuando hablamos de Desarrollo Organizacional, ¿de qué tipo de desarrollo estamos hablando?

Dentro de nuestra disciplina sobre las organizaciones que pueden ser de todo... tipo, cuando hablamos de DO hoy día, ¿es lo mismo que en los años 70 o antes?

La palabra Desarrollo implica crecimiento no sólo en lo económico, sino que tiene un significado integral, ya sea que hablemos de una persona o de un país. Si nos referimos a las organizaciones significa, además, el desarrollo de sus líderes, de las personas que allí trabajan, de las relaciones entre ellas, y de mayor inclusividad. Se trata de mejorar la calidad, la eficiencia, desarrollar productos, procesos, innovar, saber enfrentar nuevos desafíos. No olvidar que como dice un dicho popular: "los cementerios crecen, no se desarrollan", pero son los seres vivos los que pueden desarrollarse si hay voluntad para ello.

Desarrollo, nos está ya indicando dónde, cómo y cuándo debemos poner el acento para lograr avances. El concepto mismo nos habla del tiempo. El desarrollo requiere de un tiempo determinado.

Permítanme hacer un paralelismo como metáfora, entre el desarrollo de organizaciones y el de los seres vivos. Si miramos la naturaleza nos encontramos que distintas especies animales y vegetales necesitan distintos tiempos para desarrollarse. No es uniforme para todos; una vaca demora en gestar a su ternero 280 días, una yegua 335 días, una coneja 30 días, una oveja 150 días y un ser humano está listo en su desarrollo para venir al mundo en 270 días. Vemos que dependiendo de su naturaleza el desarrollo es variable y los productos de ese desarrollo también lo son. Por ejemplo, la coneja tiene un número de crías de entre 10 y 15, la yegua y la vaca entre 1 - 2, la perra entre 2 - 5 y la mujer entre 1 - 2, llegando hasta 6 en casos particulares.

Esto ya nos da la idea que los procesos de desarrollo, por una parte, son variables, y a veces tenemos que intervenirlos con cuidados especiales, para que nazcan antes de que estén en condiciones de ver la luz. Otras, tienen un desarrollo normal y los frutos pueden variar según el tipo y la especie.

Lo que sí está claro es que el desarrollo pleno, necesita tiempo en cada una de las etapas del ciclo de vida y cuando partes del organismo se estancan debemos introducir medidas para que ese desarrollo continúe y no muera.

Una gran frustración que solemos tener los consultores es darnos cuenta que las cosas no cambian tan rápido como quisiéramos aunque no percibimos los microcambios que son imperceptibles, pero cuando hacemos un alto en ver algo o nos alejamos de él ("ley perceptiva") recién allí nos damos cuenta que lo que parecía seguir igual, sin embargo había cambios de los que no nos habíamos percatado. Uno mismo, al pasar de los años nos vamos dando cuenta que algo ha cambiado en nosotros y empezamos a encontrar relaciones entre los acontecimientos de vida que antes no tenían sentido y súbitamente lo cobra y entendemos por qué hicimos lo que hicimos y vemos las razones y las interrelaciones entre los comportamientos antiguos y la realidad en que estamos viviendo en la actualidad. ¿Será eso lo que llaman sabiduría de las personas de edad?, ¿es la conectividad neuronal que aumenta con los años y nos permite adquirir esta consciencia y más aún, entender la importancia de su aplicabilidad?, ¿será en ese momento, cuando nos damos cuenta lo que servía y a lo que no podríamos adelantarnos?

No quisiera ahondar en un tema tan complejo como la evolución personal, que es uno de los enigmas más apasionantes de la ciencia. Dado que el campo del DO trata del cambio viene a colación, reflexionar brevemente sobre esto. La biología y la evolución de la especie así como otras ciencias nos aportan su conocimiento. ¿Queremos llegar a tener un cementerio de organizaciones o las queremos vivas, vibrantes, alegres? Porque... no olvidemos que de verdad que las organizaciones son... las personas que la componen y estas tienen emociones, positivas y negativas, cogniciones, y energía.

Hago un alto en mi escritura y me remece un tema que leo en una entrevista de la revista Ya de El Mercurio con fecha del martes 23 de febrero de 2016, esta entrevista está hecha a Isabel Behncke, primatóloga chilena, doctorada en Antropología Cognitiva y

Juana Anguita G.

Evolutiva por la Universidad de Oxford. Ella integra un grupo de investigación de neurociencias sociales en la misma universidad, realizando su estudio en Wamba, una aldea de poco más de mil kilómetros de Kinshasa, la capital de El Congo.

Este, "remecer" en mí, obedece a dos cosas: veo en ella y su trabajo distintas disciplinas que es uno de los pensamientos propositivos que hago en un capítulo tanto anterior como posterior sobre cómo abordar los cambios desde diferentes ópticas científicas. A mayor abundamiento, transcribo textualmente, un párrafo de la entrevista que corrobora lo anterior y más, como actitud de la profesional: "Viaja constantemente" lo que le permite observar la realidad más holísticamente, cambiar percepciones, comprender diferentes culturas. Continúo con el párrafo; "A principios de año estuvo en un taller sobre el futuro de las ciudades de Ford Foundation, Manhattan. Fue parte de un «safari intelectual» en la Antártica. Pasó unos días en Valparaíso, en el espacio colaborativo que IF prestó al Centro de Complejidad Social de la UDD, donde es investigadora residente, y estudió lo importante que son las interacciones sociales para la innovación". En otra parte se agrega "El mundo es cambiante y sabemos que en veinte años más no será como hoy", esta verdad que viene desde Heráclito de Éfeso, cinco siglos a. C., es una constante en la vida, sin embargo, aún no la podemos integrar en nuestro cerebro y nos seguimos resistiendo y temiendo a los cambios.

En otro acápite dice: "A las compañías les interesa trabajar con la naturaleza humana a favor y no en contra. Quieren diseñar tecnologías más invitantes, que no se aprovechen de las debilidades del ser humano y que piensen en lo constitutivo de la salud profunda de la gente: las relaciones sociales de buena calidad que son las que contribuyen en tu capacidad de crear y descubrir el mundo" (Revista YA, 2016). ¿Cómo tanta sincronía de pensamiento entre tantos profesionales diversos, como hemos visto, existe una coincidencia de mirada hacia lo que viene? Humildemente, es nuestro nuevo foco también para el DO.

3.- Para más complejidad, no sólo buscamos el desarrollo en las organizaciones, sino que lo queremos sustentable

Nos unimos a Peter Russell, para explorar el concepto de "Consciencia Sustentable y lo que nos tomaría a nosotros vivir de ese modo. Él se pregunta, ¿es la sustentabilidad posible en el mundo externo cuando, en la mayoría de nosotros, nuestro mundo interno no es sustentable? Probablemente, no" (Russell, 2014).

¿Cuándo podremos decir que una organización es sustentable? Revisemos algunos importantes aportes a este concepto.

Cuando, quienes las dirigen tienen una mentalidad empresarial arraigada que valora y equilibra el desarrollo sustentable y la viabilidad de los elementos económicos, responsabilidad ambiental y equidad social.

En *"Sustainable Enterprise Culture"* se define el estado del arte de una empresa sustentable, como "aquella que adopta el largo plazo, la colaboración, lo holístico y orientado a un modelo mental sistémico y empresarial que valora y equilibra la viabilidad de los elementos económicos, responsabilidad ambiental y equidad social. Tiene como resultado la generación o regeneración de un planeta con reservas capitales, es decir natural, social, financiera, humana y de capital manufacturado" (Wirtenberg, Russell, & Lipsky, 2008).

El ser una empresa sustentable implica implementar en el negocio, prácticas corporativas con principios éticos que, consideran los derechos e intereses de los *stakeholders* y no solamente los intereses de los accionistas.

Una empresa sustentable está comprometida con la transparencia y la *accountability* (cada persona se hace cargo de su trabajo, equivocaciones, errores y busca enmendarlo). En una organización esta *"accountability"* va más allá de la responsabilidad individual para pasar hacer una responsabilidad de la organización.

Esta organización permite a los *stakeholders* tener oportunidades de participar en todas las decisiones relevantes que los afectan. *"The Sustainable Enterprise Fieldbook"* es un libro que nos presenta este interesante desafío a través de los resultados de una investigación en diversas compañías de USA (Wirtenberg, Russell, & Lipsky, 2008).

4.- Diferencia entre DO sostenible y DO sustentable

Dada la confusa traducción del inglés al castellano me veo impelida a diferenciar ambos vocablos.

El Desarrollo Sustentable articula las nociones de desarrollo y medio ambiente, integrando los objetivos ambientales, sociales y económicos. Propone la satisfacción de las necesidades de la sociedad contemporánea. Este tipo de desarrollo significa conservar los recursos naturales y los sistemas ecológicos.

Se trata de conciliar políticas y compromisos a fin de compatibilizar expectativas de crecimiento económico y de equidad social. Desde el punto de vista ecológico, es la posibilidad de mantener constante los componentes del ecosistema. Para la sustentabilidad ambiental se deben incorporar aspectos culturales, políticos, tecnológicos y económicos - financieros.

Por las condiciones naturales de la sociedad, la política y la economía, resulta difícil aprovechar los recursos naturales. La ocupación de plagas, enfermedades, pérdida y lavado del suelo y agudos procesos erosivos son consecuencias de la implementación de esos procesos de desarrollo no sustentable desde el punto de vista ambiental. La política económica define la racionalidad de las sociedades, a partir de sus expectativas.

El Desarrollo Sostenible es el desarrollo que satisface las necesidades de una generación presente sin comprometer a las generaciones futuras.

Uno de los obstáculos para alcanzar el estado de armonía entre la dimensión ecológica y económica resulta difícil debido a que los tiempos ecológicos necesarios para producir de manera sostenible, no siempre coincide con los tiempos económicos de las sociedades.

Otro impedimento para lograr un desarrollo sostenible es la multiplicidad de actores y escalas presentes en la administración de los recursos naturales: la mayoría de las veces la dificultad se da en las fronteras económicas de los estados, sino que obedecen a actividades espontaneas de individuos o a emprendimientos que no pueden ser controlados adecuadamente y se enfrentan a diversos intereses opuestos, como variables tecnológicas financieras y políticas que dificultan su implementación.

En resumidas cuentas…, no son sinónimos, simplemente hay mucha gente que utiliza mal la palabra "sustentable" porque se parece a *sustainable*, que realmente significa "sostenible".

¿Nos pondremos de acuerdo en aceptar que ambas acepciones derivadas del inglés, pueden estar comprendidas en una sola, ya sea sustentable o sustentabilidad?

Sería como llamar "compás" a una brújula. Está mal dicho, por mucho que en inglés se diga *compass*.

De acuerdo con las Naciones Unidas, que nos da mayor claridad de la diferencia que existe entre desarrollo sostenible y desarrollo sustentable es que el desarrollo sustentable es el proceso por el cual se preserva, conserva y protege sólo los Recursos Naturales para el beneficio de las generaciones presentes y futuras sin tomar en cuenta las necesidades sociales, políticas ni culturales del ser humano, mientras que el desarrollo sostenible es el proceso mediante el cual se trata de satisfacer las necesidades económicas, sociales, de diversidad cultural y de un medio ambiente sano de la actual generación, sin poner en riesgo la satisfacción de las generaciones futuras.

Este ensayo de modelo conlleva incorporar además las variables de contexto, en que trabajan las organizaciones, la tecnología, la nueva ciencia, la física.

¿Con cuál nos quedaremos?

5.- ¿Qué tipo de desarrollo de organizaciones se necesita para lograr los cambios a través de las personas?

Necesitamos volver a las raíces; integrar los conocimientos sobre el comportamiento individual, interindividual, grupal, intergrupal, organizacional e interorganización ya aceptados como efectivos. Debiéramos ver cómo estas integraciones ayudan a comprender y a gestionar las transformaciones en la dirección correcta hacia el objetivo perseguido.

"El cambio organizacional se logra creando un sistema coherente de creencias y valores que predominen sobre los demás, donde se destaquen las filosofías administrativas de la empresa, y que estas sirvan como reglas del juego conocidas y aceptadas por todos en la organización. En otras palabras, es crear el comportamiento futuro de la organización" (Alarcón Anco). Esta frase, que suena tan bonita no nos indica para nada el cómo lograrlo y me parece que tampoco incorpora todos los aspectos a intervenir ni menos a los actores principales del cambio, las personas y su transformación.

De lo cual, surge la pregunta:

> ¿Qué debemos intervenir como consultores de DO para producir los cambios o transformaciones deseados?, ¿el comportamiento de las personas?, ¿las estructuras de la organización?, ¿ambas?, y ¿cuáles, dentro de cada una de ellas debiéramos considerar?

Reflexionaremos, primeramente, en torno a las estructuras organizacionales ¿en cuánto inciden ellas en el comportamiento humano?, y ¿cuáles serán las variables del comportamiento que permiten la disposición y puesta en marcha de las conductas deseadas?, ¿cuál será el peso que juega de cada una de las variables de estas acciones esperadas?

Juana Anguita G.

El concepto de Estructura, es bastante amplio y generalmente está referido a aquellas cosas que son más difíciles de cambiar.

Las condiciones, tareas y características demográficas de las personas y que influirían en el comportamiento es estructural. Existe también la llamada "estructura de personalidad" que da cuenta de cómo se formaron las personas antes de llegar a trabajar a una organización. En la actualidad sabemos muy poco de ellas. Antiguamente se solía tener una ficha de cada persona con algunos pocos datos generalmente demográficos y algunos datos de pruebas psicológicas que nadie veía, ni siquiera la gente de RRHH. Hoy ni siquiera existe en forma generalizada o como información estándar, lo que no permite una comparación, si quisiéramos hacer una investigación.

Hemos buscado por años cambiar la cultura organizacional. Hemos leído, a los mejores representantes del DO diciendo que es el cambio de la cultura lo que se debe cambiar, sin embargo, seamos sinceros, poco se ha logrado y sólo parcialmente. Sabemos también que el cambio de cultura es lento. ¡Cómo no! Si en la cultura está todo, hábitos, comportamientos, imágenes representaciones colectivas, estructuras, artefactos...

Pero ¿qué ha pasado? Nos hemos preocupado sólo de algunos elementos de ella, un poco de los comportamientos, estilos, competencias de las personas y últimamente nos hemos adentrado en el ámbito de emociones. Pero sólo hemos conseguido micro cambios como una toma de consciencia, un darse cuenta, generar un propósito o esfuerzo, cambiar una actitud en su aspecto volitivo aunque no en la acción.

Por sesgo profesional dirigí, preferentemente mi atención a la psicología general o social o a otras ramas de ella. También a la sociología y a la psicosociología, aunque siempre dentro de un contexto más global del mundo de las disciplinas científicas, sin adentrarme demasiado en ellas desde luego, por ignorancia y por la total ineptitud humana de abarcarlo todo en cuanto al conocimiento.

Pero hace años que se me venía a la mente lo siguiente: ¿cómo incorporar en un solo esquema todas las variables que afectan el comportamiento humano? Hice un intento que comparto con Uds. Pero, sin duda está lejos de tener las múltiples variables que lo influencian. Tal vez la tecnología pueda, en el futuro, lograrlo como ya lo está haciendo con la holografía.

A raíz de esto, se me ocurrió revisar los elementos que pueden despertar un comportamiento dado. Pensé en las dimensiones, una desde lo más primitivo como ser humano biológico como los instintos, y otra lo más social y propio del ambiente en que se desenvuelven los sujetos. Otra vertiente de aquello culturalmente producido por el hombre como la religión, las ideologías, las estructuras socioeconómicas entre otras, lo que sucede en el mundo y la responsabilidad de los terrestres por el planeta, y, de a poco, surgió el diagrama de la figura 3, Dinámica no lineal del comportamiento motivado, que pretende ejemplarizar las distintas energías que pueden *elicitar* una conducta.

La complejidad es grande al buscar las determinantes del comportamiento. A su vez, los comportamientos son una de las principales características de la cultura organizacional, luego ¿cómo sólo vamos a considerar una o dos o ¡tres! variables a transformar o intervenir para producir los cambios buscados? y así hemos trabajado con las percepciones, las relaciones interpersonales, la autoestima, los roles, el *status*, etc., sin tener un conocimiento lo más amplio posible y previo de las propias personas objetos de transformación.

Habría diferentes corrientes para enfocar las estrategias de cambio, unas que apuestan por los cambios de las personas en tanto cambios de percepción tanto de sí mismo como de los demás y de su entorno, y otros que se orientan a los cambios en otros artefactos de la cultura organizacional.

Leyendo un último artículo del ODN Digest escrito por Christopher Worley me inspiro o más bien, amplío mi modelo mental cuando dice que la cultura no cambia "si no hay un cambio en la estrategia, estructuras, procesos y sistemas de administración del desempeño organizacional" (Alarcón Anco). Personalmente, yo misma estaba pensando como él, y dándome cuenta de que los esfuerzos por cambiar los comportamientos en las organizaciones y hacerlos adecuados a un fin común y para propósitos superiores, no lo estábamos logrando. Habiendo hecho todo un desarrollo de por qué no habíamos sido capaces de producir los cambios requeridos comencé a reflexionar sobre esto y me di cuenta de que los cambios de estructuras sí facilitan, en cierta medida, los cambios de comportamiento y por lo tanto ayudan al cambio cultural, ya sea el que perseguimos (si así está orientado) o si lo dejamos al azar. Sin embargo, si todas esas medidas ayudan, también exigen una adaptación de las personas a este tipo de cambio. Esto nos indica que primero debiéramos buscar que las personas acepten las razones de éste cambio de estructura, procesos o sistemas, y una vez aceptados y dispuestos en una actitud favorable, se reduzcan las resistencias naturales aparecidas, en estos procesos. Sensibilizar previamente, a las personas en lo cognitivo (los por qué) y en lo emocional en términos de ganancia de un mayor bienestar para sí mismo, en relación con las acciones que se requerirán por parte de ellos y de la administración.

Capítulo VII

¿Qué tipo de cultura necesitamos hoy?

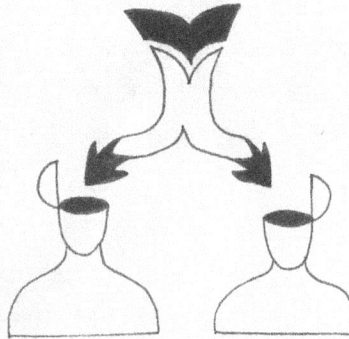

1.- Cambio de paradigma

Varela ha confesado ser un inveterado amante de la heterodoxia y un ávido buscador de diversidad, nos dice: "cada época de la historia humana produce a través de las prácticas sociales cotidianas y su lenguaje, una estructura imaginaria. La ciencia forma parte de estas prácticas sociales y las ideas científicas acerca de la naturaleza constituyen apenas una dimensión de esta estructura imaginaria. Los historiadores y filósofos modernos han demostrado que la imaginación científica sufre mutaciones radicales de una época a otra y que las ciencias se parecen más a una epopeya novelística que a un progreso lineal. La historia humana de la naturaleza es una narración que merece ser contada en más de un modo" (Varela F., 2000).

Evidentemente, el viejo paradigma aún está en juego, tenemos que contar con él para ver las diferencias de juego deseable y dejarlo como testigo de una mala experiencia del hombre.

El dominio de un sistema impide el reconocimiento de otro. Ningún sistema político dominante investigará a fondo sus contradicciones y mucho menos protegerá los aciertos y ventajas del sistema contrario.

El orden social clásico -en el cual vivimos- está estructurado sobre reglas de dominación (más o menos sofisticadas). Está hecho de dictados que prescriben lo que se puede hacer y decir, e interdicciones que prohíben lo que no les conviene a los que mandan que no se haga ni se diga. Está verticalizado. Las prescripciones formales son exactas de abajo hacia arriba (en dirección al poder) y arbitrarias de arriba hacia abajo (en dirección a los súbditos). Los súbditos (por eso lo son) están sometidos a la ley que hacen a su conveniencia los que mandan. Reflexionemos cómo cambiarlo.

Reflexionar es una práctica activa. Por eso no está reconocida como tal en el paradigma clásico. La lógica de la cultura clásica inculca, aunque veladamente, la idea de que pensar y mandar es cosa de pocos. En el paradigma de segundo orden, la reflexión se incorpora a la actividad del pensamiento, es más, es la base del pensamiento. Reflexionar es hablar con el pensamiento y hacerse preguntas. Ése es el camino que hemos tratado de seguir en nuestra propia reflexión.

Mediante una nueva forma de mirar se puede ver lo no visto; así se puede decir lo no dicho, y como consecuencia hacer lo no hecho. ¿Recuerdan cómo en las organizaciones, hasta hace poco y aún hoy día en muchas de ellas se habla de "los subordinados" o "subalternos" o en el lenguaje de las organizaciones públicas, los funcionarios? De a poco y, a través del lenguaje, los hemos invitado a llamarlos como colaboradores, pero aún persisten esos adjetivos.

Piense en el significado de esas tres denominaciones, donde la última propuesta nos dice, claramente, el tipo de relacionamiento y la actuación en consecuencia, que habría, en la hasta hoy jerarquía organizacional.

Obviamente, siempre están sucediendo pequeños cambios y, sin embargo, parece ser que en la historia hay determinados períodos en que, la sociedad atraviesa por un cambio más fundamental, incluso disruptivo, que involucra a todas sus instituciones e incluso a los aspectos más básicos de la cultura. Mumford dice que no ha habido más de cuatro o cinco "transformaciones" de este tipo a lo largo de toda la historia de la civilización occidental. La más reciente es la que marcó la Edad Media, como relata Willis Harman en su libro "El Cambio de Mentalidad" (Harman, 2001), refiriéndose al libro de Lewis Mumford: *The Transformations of Man* (Mumford, 1956).

Tal como señaláramos en párrafos anteriores sólo la objetividad tendrá implícita la capacidad del sujeto que se predispone a objetivar (describir lo observado en el contexto que lo puede observar). La pulcra observación produce el pulcro realismo. Esta perfección sólo puede brotar de la reflexión de un sujeto que está en relación intensa con el objeto. La intensidad intuitiva y los modos de observar (método adecuado y aplicación de la técnica con rigor) con pureza (desprovistos de ópticas interesadas) constituyen la base de la investigación social desde la perspectiva de la reflexividad. Para acercarse a toda la verdad hay que tomarse tiempo y disponer de arte, sosiego y medios que ayuden a ver, en vez de impedirlo.

El paradigma no clásico abre la opción a una relación simétrica: se puede hablar como "tú" y "yo", y no como "ello" y "eso". Con este cambio, habremos logrado, mediante la dialéctica reflexiva, una nueva forma de mirar, de ver, de decir y de hacer. Esta nueva forma de reflexionar establece un cambio radical en la socialización y por derivación, un cambio del concepto de objetividad.

Este es el paso que necesita dar la ciencia para llegar a lo que ahora los pragmáticos de la reproducción del sistema depredador llaman, aún, utopía (la utopía es un concepto manipulado por la lógica clásica. Lo que no interesa se manda al almacén de las utopías, pero en realidad la utopía en su concepción original (escuela de los utópicos) significa huir de lo malo y conseguir lo bueno mediante la innovación.

Para mayor claridad remitámonos al término "cambio de paradigma" que Thomas Kuhn popularizara en su estudio "La Estructura de las Revoluciones Científicas" (Kuhn, 1981). Esto se ha utilizado frecuentemente, en ocasiones demasiado libremente, para hablar de la transformación social en esos términos. Cuando se utiliza de esta manera, el paradigma dominante de una sociedad se refiere a las formas básicas de percibir, pensar, valorar y actuar asociadas a una visión particular de una realidad. Lo realmente estremecedor de la revolución copernicana fue que la visión fundamental de la realidad se estaba desplazando; y con ese desplazamiento llegaron cambios importantes "en las formas básicas de percibir, pensar, valorar y actuar, cambios que anunciaron la era moderna".

¿Acaso no estamos percibiendo, y algunos actuando y valorando de distinta manera el comportamiento en las organizaciones y en la vida toda? Aún falta un largo camino para que el cambio se transforme en fundamental.

Creemos que la cultura que se necesita desarrollar (entre otras cosas), es el conocimiento de uno mismo y de las personas, considerando la dinámica no lineal del comportamiento motivado. Y las variables más personales que han influido en su vida, como las sociales, que afectan su conducta actual.

Ya hemos hablado, en capítulos anteriores de la dinámica no lineal del comportamiento; ahora entraremos de lleno en los aspectos de la cultura que habría que fomentar al interior de las organizaciones, para los tiempos venideros.

2.- ¿Cuál es el DO que necesitamos?

Todo lo que hemos escrito hasta aquí son algunas de las razones que tendríamos para cambiar el foco y las prácticas de nuestro quehacer, así como las prioridades para producir las transformaciones necesarias.

El esquema tradicional de DO, que presentáramos en el capítulo IV página 111, ya no nos está sirviendo como enfoque conceptual en su totalidad. Hace varios años atrás, empecé a reflexionar sobre esto, lo que dio lugar al siguiente pensamiento, el cual, he ido perfeccionando hasta la fecha con nuevas reflexiones y relaciones, con aquellos aspectos que importan hoy. Estamos en otro momento histórico mundial, donde el DO, la Tecnología, la Ciencia y las formas de hacer Arte y sus aplicaciones posibles en las organizaciones, se han desarrollado notablemente.

Lo que necesitamos hoy con urgencia es:

En lo cognitivo se requieren nuevos conocimientos para lograr nuevas formas de ver el mundo, otras formas de aprendizaje apoyadas en los avances de las ciencias que nos señalan nuevas metodologías para que la gente aprenda y tome consciencia de sí mismo y del ambiente actual, así como nuevas prácticas que provienen de culturas lejanas y son positivas.

En lo corporal también debemos incorporar la relación de lo anterior con nuestro cuerpo e ingestas.

En nuestras emociones, incluida la espiritualidad, desarrollar algunas que no tenemos o fortalecerlas o aprender mediante los nuevos métodos que la neurociencia y la psicología nos proporciona para que estos no sean rechazados, sino que aporten a nuestra gama del repertorio comportamental.

De estos elementos, todos son importantes. Podríamos destacar, sin embargo, algunos que nos parecen prioritarios por su carencia en nuestras en las organizaciones y en la sociedad.

Nominaré sólo algunas: lograr tener un pensamiento complejo ante una realidad que no es simple como la hemos considerado hasta ahora y, así mismo, en segmentos separados, esto nos lleva a enfrentar esa realidad no con una sola mirada desde cada especialidad sino con una mirada multidisciplinaria y a enfrentar los temas del conocimiento o del diario vivir hasta ahora, no sólo individualmente sino transdisciplinariamente. A su vez esto nos lleva a formar nuevos equipos, de manera diferente a como formamos equipos hoy día entre los que trabajan juntos ya sea para abordar un problema o para mejorarlo o enfrentar un proyecto empresa, de educación o que incumbe al país. Y, esto último requiere aprender a colaborar, a dejar los egos de lado, a comunicarse, a tener nuevas metodologías de enseñanza–aprendizaje, entre muchas otras cosas…

En el plano de las emociones estamos en déficit. A mi modo de ver; con la confianza y su relación con la cultura país y organizacional. Con la compasión en un sentido diferente de la empatía que es "sentir junto con" sin minimizar lo que dice el otro y que mejora la conexión. En cambio, la compasión, en el sentido de Confucio sería "la preocupación respecto a alguien sintiéndose solidario".

Como cuando damos el pésame a alguien por la muerte de un ser querido… y lo sentimos de verdad.

Para no alargar, este tema tan importante, sólo enunciaré aquellos otros comportamientos que se necesitan aumentar e integrar a nuestra personalidad. Entre estos están, el hacerse cargo o *accountability*, ética y valores, donde el respeto, la consideración por el otro es vital. Meditación, *mindfulness*, yoga para enfrentar la agitada vida actual, que será otra realidad dados los avances de la inteligencia artificial. Compromiso, con uno mismo y con los demás con quienes lo adquiramos. Procrastinación, colaboración, conversaciones y lo que ellas contienen. Sustentabilidad y sus relaciones con la supervivencia no solo de las organizaciones sino del planeta y de nosotros mismos.

Si bien hay muchas más, que Uds. pueden agregar, una que creo importante es la relación entre persona y organización es, la búsqueda de sentido personal y organizacional.

3.- *Nuevo modelo de DO basado en la Cultura de la Colaboración*

Uno de los *feedback* más significativos para mí, lo obtuve de un alumno del Magister en Psicología Organizacional (MPO), ingeniero comercial y psicólogo; Rodrigo Zambrano. Mientras mostraba ambos modelos, el tradicional y la nueva propuesta, al terminar de referirme al último esquema, alguien pregunta; "¿quién es el autor de este modelo?" y de verdad, modestamente y dudosa, respondí: "bueno… yo", seguido de un aplauso cerrado del curso. Al preguntar al curso que les parecía de tan interesante del nuevo enfoque, la respuesta general fue que estaba dirigido a lo humano, a las personas.

Posteriormente recibo la siguiente misiva del alumno Zambrano al respecto.

La apreciación, reafirma que sigue el sentido y dirección del nuevo enfoque que yo andaba buscando, primero al expresarlo verbalmente durante mi clase y que posteriormente me enviara por escrito lo siguiente, con autorización del autor de publicarla.

"Estimada Juanita

Esos son MIS comentarios en relación al modelo de DO por Ud. presentado en la última parte de la clase. Me refiero particularmente al modelo circular que no tiene foco en el cambio, ¿lo recuerda? He revisado innumerables modelos y teorías de desarrollo y primera vez que veo uno que sea amable con el Ser Humano y su individualidad. Desde esta perspectiva, su presentación aparece como una luz de inspiración.

Deviene en una mirada holística, de desarrollo humano, trascendente, inherente a la naturaleza humana.

- ✓ *Deviene en un camino a recorrer, no en un fin por alcanzar.*
- ✓ *Es una forma de comprensión de la vida, de toma de consciencia.*
- ✓ *Es una mirada inclusiva, integradora, conectiva, vincular, participativa, de respeto por la individualidad y la diversidad.*
- ✓ *Es una proposición de sentido con sentido diferente, de sensación sentida que integra pensamiento, cuerpo, espíritu y emociones desde la coherencia y la consistencia.*
- ✓ *Incorpora espacios para la luz y la sombra.*
- ✓ *Es amable con el ser humano, con sus grados de libertad y con su voluntad de cambio; deja de ser una imposición.*
- ✓ *Con todo, deviene en aporte al Desarrollo Humano y Organizacional".*

Rodrigo Zambrano"

Debo agregar que cada vez que hablo de esto entre alumnos y colegas o personas de diferentes ocupaciones, encuentro el mismo eco de aprobación sobre lo que necesitamos hoy socialmente. Como ya sabemos que la gente habla de lo que más necesita, ya sea saber o alcanzar estimo que, es una prueba de validez cualitativa.

Si lo que buscamos, de acuerdo con lo que hoy necesitamos, es fomentar una nueva cultura organizacional colaborativa el acento debiera estar en el qué y el cómo hacer para lograrla. De todas las culturas propuestas, que he leído la que más se acerca a mi pensamiento hoy, es la de colaboración. ¿Y por qué la colaboración? porque es la mejor forma de llegar a tener una organización sana, si logramos que todos los componentes de una Colaboración efectiva funcionen. Todo el concepto, por definición hace a la organización más humana ya que apunta a satisfacer nuestras necesidades sociales, como personas en un mundo deshumanizado.

El modelo conlleva, incorporar las variables de contexto en que trabajan las organizaciones hoy día y que no podemos obviar, como la tecnología, nuevos avances de las ciencias, y la nueva forma de hacer negocios como el B2B, así como otras disciplinas que ayudan a comprender el comportamiento dentro de las organizaciones a su vez lo influencian y aprovecha la inteligencia colectiva que es más sinérgica que la individual.

Permite además tratar a toda la organización por igual. Lo que nos llevaría justamente a tener un mundo más colaborativo, inclusivo, apoyador y de ayuda, menos discriminador, que acepta la diversidad y si bien apunta a lo positivo, no ignora las polaridades y las sombras para lograrlo.

El punto diferenciador de otras culturas estaría dado por el interior del circulo: nivel en el uso de la tecnología, el mayor o menor grado de Amor existente en la organización, y respeto y afecto entre la gente, el clima laboral, el equilibrio entre las distintas áreas de la vida.

Bajo este prisma el liderazgo actual cambia. Bajo esta propuesta donde en todos los niveles, debiera ser colaborativo y situacional a lo menos... pero no vertical y jerárquico.

4.- Un nuevo humanismo en el espacio del conocimiento a través de la tecnología

¿Cuándo íbamos a pensar que la tecnología y la era de la información nos iban a devolver al ser humano? Hace treinta años atrás nos sentimos tan amenazados por ella, incluso ahora que está cambiando nuestras formas de relacionamiento entre nosotros y sin considerar las distancias entre unos y otros. En el presente nos encontramos algunos que están a favor o en contra, ya sea por edad, competencias o personalidad. En el futuro inmediato, necesitamos un nuevo humanismo que incluye y trasciende, wilberianamente el "conócete a ti mismo" transformándolo en "aprendamos a conocernos para pensar juntos", que generaliza el "pienso luego existo" cartesiano en "formamos una inteligencia colectiva, luego existimos como comunidad inminente". Se trasciende del *cogito* al *cogitamus*.

Debemos dejar en claro que no se trata de fusionar de cualquier manera las inteligencias individuales en una especie de masa informe e indistinta. La gran contribución de Pierre Lévy, filósofo y sociólogo tunecino, sobre Inteligencia Colectiva, incluso antes que apareciera Internet. Lévy, con gran visión señala que "La inteligencia colectiva es nuestra más grande riqueza" en una entrevista donde expone ideas concisas sobre el desarrollo e implicaciones de la inteligencia colectiva en la sociedad a través de un medio como Internet (Lévy, 2007).

En dicha entrevista él declara lo siguiente: "Gracias a la explotación de la inteligencia colectiva los horizontes del pensamiento se ampliarán. Pienso que se podrán hacer las cosas de manera un poco más sensata, pensando la diversidad y la complejidad. Mi perspectiva política es la del desarrollo humano. Es necesario conectar la sociedad del conocimiento con el desarrollo humano. Lo anterior a fin de que la sociedad del conocimiento se oriente hacia un desarrollo integral que comprenda todos los aspectos de la sociedad. La economía, la educación, la salud, la seguridad, la transmisión de patrimonio, la investigación o la innovación son interdependientes. En el fondo la Inteligencia Colectiva es la fuente del desarrollo humano" (Lévy, 2007).

Esto partió con Internet, con muchos problemas en sus comienzos, donde se obtenía un resultado inverso al buscado como pude apreciar en algunos clientes como por ejemplo a los que utilizaban el Coordinator de Fernando Flores. Era el camino hacia nuevas formas de relacionarse, con accesos democráticos y con accesibilidad para todas las edades, razas, sexo o nacionalidades; nos igualó a todos en nuestras posibilidades de participar.

"La Red no nos brinda solamente una perspectiva planetaria; nos vincula con emociones y saberes conectados; nos da la oportunidad de encontrarnos con múltiples puntos de vista; nos genera enormes redes de relaciones y conversaciones que alteran profundamente la estructura de nuestra sociedad y de nuestra consciencia. Internet es un caleidoscopio de sentidos, en donde la mirada de los otros nos proporciona una visión diferente del mundo que, hasta hoy yacía confinada en la matriz mental de la racionalidad. Internet alberga la sedición en su interior y socava, como nunca, el respeto automático o la autoridad centralizada pero también, como no había ocurrido hace tiempo, promueve la cooperación, la reciprocidad y la participación. Por eso, la Red nos libera, ya que promueve esa inclinación humana a servir a nuestros semejantes y a enfocarnos en la propia autoexpresión, las posturas y las apariencias artificiales ya no simbolizan nada" (Schuschny, 2008).

5.- La Cultura de Colaboración, ¿qué significa?

De los muchos libros que versan sobre la Colaboración uno en el cual me baso para esta invitación, coincide con las realidades organizacionales chilenas y otras, es el de Evan Rosen. Él sostiene en su libro titulado *"The Culture of Colaboration"* que hay diez elementos culturales que están presentes habitualmente en los trabajos que se hacen en colaboración (Rosen, 2007).

En base a lo observado y vivido como consultora, me permitiré poner en negritas las palabras centrales de la definición de Evan Rosen seguidas de mi opinión de lo que sucede con cada concepto en la actualidad en las organizaciones y lo que pienso se debe investigar para practicarlos con expertizaje probado.

Confianza. Para intercambiar ideas y crear algo con los demás, es necesario desarrollar la confianza. Es un reto, sobre todo en culturas organizativas competitivas. En cualquier caso, dice el libro, los directivos y empleados han de superar sus miedos para generar esa confianza y colaborar libremente.

La confianza es uno de los factores críticos hoy día, no sólo en las empresas u otro tipo de organizaciones sino también en la ciudadanía. Por otra parte, la desconfianza es una de las características culturales del chileno, por lo que este es un punto importante para trabajar en los cambios que buscamos hacer. ¿Cómo la generaremos? ¿Cómo estableceremos la confianza, en nuestra cultura que es lo contrario al miedo? ¿Qué debemos hacer con el otro para tener la certeza de que una persona es confiable?

Compartir. Acaparar información impide la libre circulación de las ideas y sabotea la colaboración. Al compartir lo que sabemos estamos mejorando la creación colectiva hacia un orden de magnitud que hace que todo el mundo se sienta valioso.

Este concepto de compartir está muy relacionado con el anterior; la confianza, además, de otros rasgos de nuestra cultura como "el chaqueteo", que junto a las emociones básicas de envidia y celos dificulta el compartir. Más aún, si los chilenos somos egóticos y se busca sobresalir del resto por su baja autoestima. En la Innovación, este es uno de los rasgos importantes que están presentes como obstáculos para alcanzarla, de ahí que la gestión del conocimiento sea también compleja. He visto que, cuando son muchas las personas brillantes en una organización éstas se resisten a compartir por temor a perder poder.

¿Cómo enfrentaremos esto? ¿Sólo con el refrán siguiente? "El conocimiento es poder y el conocimiento compartido es más poder aún".

Fines. Darse un tiempo para consensuar fines al inicio de un proyecto de colaboración proporciona la energía para compartir ésa creación.

En la actualidad se suele decir que el tiempo es uno de los bienes más escasos. La gente alega no tener nunca tiempo. Se escriben libros, se hacen talleres para mejorar y gestionar el tiempo más efectivamente. Suele ser ésta la excusa para no conversar, no asistir a reuniones, no consensuar porque "eso toma demasiado tiempo". De ahí su importancia para considerarlo en una nueva cultura.

Innovación. El deseo de innovar acrecienta la colaboración. En el sentido contrario, la colaboración aumenta la innovación, asegura Evan Rosen en su libro (Rosen, 2007).

Así es, pero ¿cómo logramos primero la colaboración para así innovar? Las respuestas deberán encontrarlas los profesionales futuros.

Ambiente. El diseño de espacios físicos y virtuales tiene un impacto directo en la innovación y la colaboración.

De esto ya hablamos en capítulos anteriores donde al no tener en mente que es una exigencia la proxemia, para lograr la colaboración, las personas se encapsulan en sus espacios; incluso, algunas organizaciones ni siquiera tienen un sitio donde juntarse todos los de un mismo departamento…

Caos colaborativo. Mientras casi toda la gente requiere cierto orden, la colaboración efectiva necesita cierto grado de caos. Este "caos colaborativo" permite que surja lo inesperado, con lo que obtiene retornos muy ricos.

Ya tenemos, felizmente, incorporado en el DO algunas técnicas que favorecen la colaboración a través del caos y de conversaciones y así producir el "cosmos" u ordenamiento de las ideas y acciones. Me refiero al *Open Space* de Harrison Owen (Owen, 1997), y a tantas más como el DO Dialógico, así como la autogestión que nos muestra Frederic Laloux (Laloux, 2014).

Confrontación Constructiva. Las grandes colaboraciones necesitan un intercambio de puntos de vistas, lo que algunas veces significa una confrontación o simplemente, una expresión de ideas candorosa. Quienes colaboran tienen que confrontar sus ideas hasta limar sus diferencias y hacer que su creación sea mejor.

Para lograrla se deben dar ciertas condiciones previas, una de las cuales es que las organizaciones den las posibilidades a las personas que allí trabajan para que puedan aportar su creatividad sus opiniones, sus sentimientos. Para eso están los conversatorios y el definir espacios conversacionales a lo largo y ancho del lugar de trabajo.

Comunicación. La colaboración está íntimamente ligada a la comunicación, tanto interpersonal como grupal, entre departamentos o áreas de la organización.

Las comunicaciones son la base de las relacione humanas. Sin comunicación no hay relación con los demás. Es en el dialogo que comprendemos, que hacemos juicios, que los cambiamos, que crecemos socialmente, que resolvemos conflictos divergentes. La comunicación es convergente, une a las personas. No es por azar que éste sea una de las dimensiones que regular y consistentemente aparecen deficitarias en nuestros estudios de clima organizacional.

Comunidad. Sin un sentido de comunidad perdemos confianza y comodidad. Por eso, la comunidad debe estar presente para que se dé una colaboración efectiva.

Cualquiera sea la comunidad a que se pertenezca y siempre son varias, obedece a la necesidad básica del hombre que es la de pertenencia. Esto nos está señalando que, en cada comunidad, para que sea colaborativa, debe ser además participativa y permitir que los miembros de la comunidad ser expresen. Asociaciones gremiales o profesionales, de sociedades, grupos específicos de cualquier área, partido políticos, iglesias. La motivación aumentará, así como el compromiso y sentido de pertenencia y adhesión.

Valor. La primera razón por la que colaboramos es la de crear valor, reduciendo el ciclo o el tiempo del desarrollo de un producto o servicio, creando un nuevo mercado, resolviendo un problema más rápidamente o aumentando las ventas u otro fin.

Se crea valor en un grupo, organización o comunidad a través de la sinergia que produce el trabajo colaborativo, piedra angular del trabajo en equipo. Aquí vemos como en el corazón del trabajo de equipo una de las variables relevantes son la comunicación y la colaboración. Los futuristas de muchas ciencias señalan que el trabajo de y en equipo vino para quedarse. Y así lo sostenemos nosotros, aunque diferente en su metodología en su formación, según el objetivo del equipo y de la naturaleza de su composición.

Si consideramos sólo estos 10 aspectos para trabajar en ellos vamos a contribuir a la creación de esta cultura. ¿Qué tenemos que vencer? ¿Qué nos detiene de la cultura actual para alcanzarla?

Juana Anguita G.

He tratado, inspirándome en Evan Rosen, de graficar estos desafíos u oportunidades que tenemos los deoistas en el diagrama referido anteriormente.

Todo lo que hemos escrito hasta aquí son algunas de las razones que tendríamos para cambiar el foco de nuestro quehacer, así como las prioridades para producir las transformaciones necesarias.

Si lo que buscamos de acuerdo con lo que hoy necesitamos, es fomentar una nueva cultura organizacional el acento debiera estar en el que hacer para lograr la colaboración, ¿y por qué la colaboración? Porque es la mejor forma de llegar a tener una organización sana siempre y cuando logramos que todos los componentes de la colaboración funcionen. El aproximarnos a vivir este concepto cotidianamente hace a la organización más humana. Y apunta a satisfacer nuestras necesidades sociales como personas en un mundo deshumanizado.

El liderazgo actual cambia, bajo esta inspiración donde en todos los niveles, debiera ser, si o si, colaborativo y situacional.

En el próximo capítulo analizaremos algunos de los más importantes comportamientos considerados en este esquema. Su orden de aparición tiene que ver con lo que estimamos intuitiva y experiencialmente, desde lo más relevante a lo que menos consideramos y que hemos podido comprobar, empíricamente, hasta ahora. Necesitamos investigar más.

Capítulo VIII

¿Cómo construiremos esta cultura de colaboración?

1.- Otros aportes a la construcción de esta cultura

A continuación, nos referiremos a algunas de las variables a trabajar para producir los cambios tanto personales como organizacionales.

Los primeros pasos para trabajar con la persona o grupos son: el cambio de mentalidad y la toma de consciencia para lograr una nueva mirada frente a lo que nos rodea o está en nuestro interior. Considerarlos siempre en primer lugar. Continuar con otras intervenciones sin ellos es en vano. Esta condición descubierta hace ya años lo encuentro en otros autores y en la tecnología. ¿Cómo se logra? Hay muchas condiciones para que suceda, pero no nos detendremos latamente por ahora, tan sólo destacar cómo las situaciones de alejamiento de una realidad o los contrates con aquella que acostumbramos a ver es una de las poderosas fuentes para *elicitar* la consciencia. Este es uno de los grandes desafíos a enfrentar el cual hemos descuidado en este afán de innovar sin sentido y sin ahondar en sus efectos en relación con las transformaciones. Esto nos lleva a crear nuevas epistemologías, metodología de enseñanza-aprendizaje y a una Transdisciplinariedad conformada sistémicamente para cada disciplina.

Luego de la toma de consciencia, nos referiremos a los modelos mentales, las actitudes, la importancia de las imágenes en el comportamiento, de las conversaciones y el rol de la voluntad para cambiar que se une a los otros conceptos puesto que no hay cambio sin tomar consciencia del por qué, el para qué, el cómo y aun así si no hay la voluntad para hacerlo. Despertar el deseo; pero el deseo sin persistencia y fuerza para sobrepasar obstáculos, no es suficiente.

No podemos dejar fuera la importancia que en toda transformación organizacional tiene el liderazgo y donde aventuraremos el tipo de liderazgo, que puede ser compartido, y no necesariamente de una sola persona, que sería lo que se necesita en una cultura de colaboración.

2.- *La toma de consciencia o awareness*

El primer paso, como ya señaláramos, sin duda, es crear la necesidad para despertar el deseo o energía en las personas y traspasar su energía así a la motivación para activar el comportamiento. Las organizaciones no estarían haciendo sentir una necesidad nueva con la cadena que se inicia desde ella.

¿Cuáles son las razones de preocuparnos de ellas? La primera y la que más nos interesa desde nuestra profesión, son las necesidades de las personas que no están viviendo con calidad de vida y bienestar en las organizaciones. ¿Qué necesitan realísticamente para lograrlos?

El mal trato de los líderes, la falta de comunicación, el clima laboral deficitario, el bajo compromiso, la presencia de silos no sólo entre áreas sino también entre personas, conflictos permanentes entre compañeros, entre jefaturas o departamentos, escasa relación interpersonal, baja empatía y compasión, ausencia casi absoluta de reconocimientos, altas exigencias horarias, poca efectividad de la selección de personas, capacitación sin sentido ni para el trabajo que realiza cada uno ni para su propio desarrollo, ni menos en relación con el propósito de la empresa, se realizan despidos tempranos, por cualquiera sea la razón, donde se pierde gran parte del conocimiento particular y propio de la organización.

Todo esto pasa en momentos en que se habla de la sociedad del conocimiento y de la gestión del conocimiento en la empresa y al mismo tiempo se despide a quienes lo han ido adquiriendo, no dejando rastros de ellos. Ni siquiera recontratan, con boletas, a los despedidos como Mentores que sería la forma de retener el conocimiento de la empresa y transmisible a quienes permanecen o se incorporan a ella.

Los despidos se hacen cuando aún las personas están en plena producción y vigentes. No se debe olvidar que una persona de 50 años hoy día no es lo mismo que hace muchos años atrás. Sin embargo, al cumplir esa edad, generalmente personas valiosas quedan cesantes y se contrata a jóvenes "por ser más baratos", sin tener en cuenta todo lo invertido en el que se fue (estudios fuera del país, asistencia a diplomados, magísteres y doctorados). Y, vuelta a empezar la formación con los nuevos. ¿Por qué no hemos sido capaces de innovar nuevas formas para trabajar y no perder la transmisión de este capital intelectual que incide tanto en el capital del negocio?

Todo lo anterior y más aún, redunda en la productividad y sobrevivencia de la empresa. Los directivos y hombres de negocio no se interesan por las personas verdaderamente y peor aún no los ven como factor clave para el éxito de la organización aun cuando hay múltiples estudios que relacionan la productividad con el compromiso y "camiseta" que tiene el empleado para lograr los objetivos que la harán sustentable.

¿Cómo lograr que estos directivos, políticos u hombres de negocio vean y acepten esta relación entre la rentabilidad que buscan y el buen manejo de los comportamientos para lograr motivarlos, y retenerlos? Se declara, pero no se actúa.

He aquí nuestra primera tarea: buscar los mecanismos para que se tome consciencia de la necesidad de cambio en la forma de trabajar y relacionarnos en el trabajo.

¿Qué es la toma de consciencia?

El tomar consciencia es algo que pasa al interior de uno mismo o sobre el ambiente que nos rodea, incluido el relacionamiento que hacemos con otras personas en contacto. Es la base para acercarnos más a una realidad que nos hace sentido y que empezamos a comprender.

En este comprender están todas las interrogantes que nos hacemos a nosotros mismos, consciente o inconscientemente. ¿Qué me dice esta situación o estas palabras? ¿Por qué está pasando esto en mí y/o en mi medio? ¿Cuál es la o las razones de que este pasando? ¿Cuál es su fin? ¿Qué se persigue? ¿Qué me produce esta situación? ¿Estaré entendiendo su sentido? ¿Qué debo hacer para comprenderlo? ¿Adónde llegaremos con esta proposición? ¿Será beneficioso para mí, lo que escucho? ¿A quién debo preguntar para aclararme? y así muchos cuestionamientos más.

Mientras preguntamos para entender, llegará un momento en que diremos; ¡Ah! ¡Ya entendí! Me doy cuenta adonde quieren llegar y lo que se espera de mí y lo que yo podría alcanzar a obtener. Llegado este momento lo que no teníamos claro empieza a cobrar sentido, empezamos a captar lo que no era evidente hasta ese momento. Hemos tomado consciencia. De ahí hay algunos pasos para actuar en consecuencia con lo aprendido a través de este mecanismo psicológico y comenzar a tener nuevos comportamientos.

Juana Anguita G.

El tomar consciencia nos indica el darnos cuenta de una serie de instancias muy concatenadas entre sí, como el por qué y para qué hacer los cambios, mi actitud frente a él, así como el tamaño de la brecha que existe entre lo que soy o mi estado actual en el tema, que nos ocupa y al que aspiro.

El *awareness* nos permite sintonizarnos con nuestro interior y con nuestro ambiente. Cuando se logra esta sintonía, podemos entender nuestro propio estado emocional o preferencias, así como nuestras competencias y limitaciones visualizando las acciones que debiéramos tomar para "llegar a puerto".

Con la toma de consciencia de lo externo podemos comprender el contexto que nos rodea y el impacto que nuestras decisiones tienen en los otros.

El año 1976 cuando escribí sobre las imágenes como condicionante del comportamiento individual y colectivo, expuse que: "el darse cuenta de sí mismo" y "darse cuenta del mundo, el conocer y vivenciar estas cualidades específicas de los elementos que conforman las imágenes, son un medio de desarrollo personal y social porque permiten empezar a modificar los comportamientos disfuncionales". Nunca como hoy esta aseveración me ha hecho más sentido.

Como ejemplo y en relación al rol de las imágenes en un proceso de transformación este rol, viene a ser fundamental en situaciones de la vida social, especialmente todas aquellas que están afectas a las intercomunicaciones, como la familia, la relación entre padres e hijos, los amigos, las relaciones de trabajo, entre supervisor y supervisado y entre compañeros, y en todas las formas de interacción humana.

Cuando hablamos de toma de consciencia lo que aparece en ella no es sino imágenes. Imágenes que pueden ser positivas o desastrosas y condicionaran nuestras conductas a favor o en contra de la propuesta o deseo de cambio.

Lo más difícil e importante, en el punto de partida de cualquier cambio es la dificultad de este darse cuenta que nos deja desnudos ante nuestros propios ojos y nos llama a desear lograr otro estado. Sin embargo, la queja que siempre encontramos y la pregunta que se hacen quienes dirigen las organizaciones es: ¿y cómo logramos que las personas se den cuenta que deben cambiar por el bien propio, ajeno o colectivo?

Hay varios principios que, poniéndolos en práctica -lo que no suele hacerse en la mayoría de los casos aun teniendo las técnicas para ello-, pueden ayudar a éste "darse cuenta". Algunos de ellos, formulados por Randy Emelo (Emelo, 2013):

1. **Estar consciente del momento que se está viviendo**, focalizado en el aquí y ahora. Parece fácil, pero en la práctica es bastante difícil pues nuestra mente que procesa la información tan rápido que tenemos dificultades para permanecer en el presente cuando interactuamos con otros.

   Para lograrlo tenemos que retrotraer la atención al presente, cuando empieza a ir a la deriva o bien intentar detener los juicios que empiezan a cobrar forma en su mente, ¿acaso no lo ha sufrido Ud.?

   Muchas veces cuando se está trabajando en un proceso de cambio personal u organizacional, los facilitadores olvidan esto y no ayudan al proceso mental y de focalización en el presente de sus clientes para focalizarse en lo que se está diciendo, sobre el cambio y sus efectos positivos. Dan por sentado, que la gente está no sólo entendiendo sino tomando consciencia cabal de lo que se trata e imaginando el CVA (¿Cómo Voy Ahí?) o ¿en qué me beneficio yo?

2. **Solicitar** *feedback*. Necesitamos comprender, lo que se logra teniendo una mente abierta y asegurarnos de que así están en nuestros interlocutores. Apreciar cómo otros perciben mis motivaciones y contribuciones. Buscar *feedback* de los demás puede incluir no sólo preguntar comentarios a nuestro equipo sino también solicitarlo a nuestros pares y a los consejeros en los que confiamos.

3. **Cuestionarnos nuestras creencias**. Tal como lo observamos en el diagrama anterior una gran cantidad de comportamientos se originan en las creencias que hemos construido en nuestra vida. Las creencias, en especial aquellas fuertemente arraigadas en nosotros y mantenidas como convicciones, acerca de cómo son las cosas y cómo trabajan ellas, nos pueden llevar a tomar decisiones rápidas y consistentes. Desgraciadamente, las creencias también causan en nosotros el no hacer preguntas críticas en el momento oportuno. La dificultad está en cómo saber al cuestionar nuestras creencias. Como señala Emelo, un punto de partida es poner atención a lo opuesto a lo que nos inquieta, así nuevos *insights* e innovación a menudo se encuentran, justamente, en aquello que nos perturba (Emelo, 2013).

4. **Enfrentarse al fracaso**. Los fracasos y contratiempos a menudo nos ofrecen poderosas lecciones en éste darse cuenta, revelando verdades, construyendo nuevos entendimientos y ayudándonos a ser más flexible en nuestros pensamientos. Hacer un autoanálisis y comprobar qué estuvo mal, puede ayudarnos a comprender malentendidos o también a pasar por alto las verdades.

Al respecto, recuerdo discusiones acaloradas con una colega, hace años atrás donde yo sostenía que se aprendía más de los fracasos al tomar consciencia del porqué del fracaso y ella sostenía lo contrario: "porque se esforzaba en no fracasar". Como comprenderán algo inevitable en la vida. He podido comprobar que, si tienes éxito y te duermes en los laureles, será peor y estarás pavimentado el camino al fracaso.

Cultivar el *awareness* es un intento consciente a buscar en la vida y un gran desafío, incluso puede ser una sólida decisión tomar esta vía para vivir sin altibajos.

3.- *La toma de consciencia y el cambio no inmediato*

Estoy convencida que la mayor dificultad que tienen los procesos de cambio y, más aún si son revolucionarios, (y esto es aplicable a los cambios en grupos, organizaciones o de la sociedad misma) reside en el hecho que la mayoría de las acciones del ser humano están orientadas por "sus intereses de corto plazo" de manera tal, que estos a menudo son asociados a las necesidades del momento presente.

De este modo hemos podido apreciar la fuerza que emerge de las necesidades, ya sean estas reales como la de subsistencia o por condicionamiento, estas necesidades pueden ser adquiridas y nos lleva a entrar en las vías de la acción para su satisfacción. De ahí que "los intereses estratégicos a largo plazo" no pueden surgir de una manera espontánea, sino que requieren de un largo aprendizaje para llegar a alcanzar un cierto nivel de consciencia. Aquí podríamos referirnos a las distinciones hechas por Goldmann Lucien entre "consciencia posible" y "consciencia real" (*Association internationale de sociologie*, 1959) es decir, el problema no es de saber lo que un grupo piensa sino cuales son los cambios susceptibles de producir en su consciencia sin que por ello haya una modificación de la naturaleza esencial del grupo al que pertenece.

Evidentemente dado esto, deberíamos comenzar por saber qué aspiran los individuos y de allí tomar el hilo que nos conducirá a todas las conexiones del proceso ya sean estas psicológicas (conscientes o inconscientes), históricas o sociológicas. Sin embargo, la realidad de muchas organizaciones, están lejos de conocerlas. Este conocimiento más allá de los datos demográficos es fundamental cuando queremos adherentes a nuestros proyectos.

La consciencia posible se puede dar en uno o más individuos aislados que podrían ser los líderes, pero para un proceso de cambio la consciencia colectiva, producida, al menos en el grupo estratégico, reviste la mayor importancia.

Hemos visto que, en muchos grupos estratégicos conformados para el proceso de transformación, no todos tienen la consciencia real de lo que significa el plan que los ocupa. Muchos hacen "como si" la tuviesen.

Tal vez sea éste uno de los grandes temas a los que deberíamos abocarnos cuando planificamos un cambio de visión organizacional. Como diría Jung, tenemos que "sacarnos las máscaras" y eso implica un proceso personalizado. Pero, seamos realistas, ¿cómo pretender que conozcamos el nivel de necesidades, expectativas o aspiraciones que tienen nuestros empleados cuando ni siquiera sabemos sus nombres y no sólo de los nuevos? Cuando los empleados se hacen invisibles a los ojos de sus jefes y ¿entran al lugar de trabajo sin siquiera saludarlos? O, si alguien los saluda, preguntan sorprendidos, ¿y quién es éste? ¿Trabaja aquí? Lo que relato no es producto de mi imaginación sino la queja constante de los colaboradores en las empresas durante más de 20 años.

El distinguido psicólogo suizo Jean Piaget le dio una tremenda importancia a éste fenómeno de la toma de consciencia cuando expone: "el problema de la toma de consciencia interesa cada vez más a la psicología científica". Esta toma de consciencia constituye, según él "un proceso bastante más complejo que una simple iluminación interior y aún falta por analizar las leyes de la conceptualización que ellas suponen en todos los casos" (Piaget, 1985).

Las investigaciones realizadas por Piaget y sus colaboradores nos muestran que "la toma de consciencia sobre un esquema de acción lo transforma en un concepto, consistiendo este estado de consciencia entonces, esencialmente en una conceptualización" (Piaget, 1985).

Para mayor comprensión, diremos que Piaget llamó Esquema de Acción a una serie de contenidos cognitivos (acciones inteligentes específicas tales como percepciones, recuerdos, conceptos, símbolos, acciones motoras) que se relacionan, que están estrechamente entrelazadas y que tienden a gatillarse unos a otros. Esto me hace mucho sentido en mi práctica profesional cuando, buscando que la persona tenga un real aprendizaje, intuitivamente, presentía que debíamos "invadir el *sensorium*" es decir mostrar el concepto que se está enseñando buscando "tocar" los aspectos cognitivos, afectivos y motores de la persona. Hoy ya podemos comprobar, dado los avances de la neurociencia y su relación con el aprendizaje que el desafío está en el relacionamiento de estas distintas esferas de manera tal que se produzca el gatillarse mutuamente. Hoy día, percibo una tremenda fuerza en este esquema de acción que tiene que ver más con lo emocional que con lo cognitivo. Un colega que trabajaba en procesos de cambio se orientaba principalmente a las emociones de la gente, eso sí, sin estridencias o manipulación como suelen hacer muchos. Él pasaba fundamentalmente por las emociones que siente y vive el colaborador y que le permite encontrar significado para sí y para la empresa en que trabaja. Esto, no es fácil de conseguir por un facilitador. Sólo lo consigue un facilitador de *coaching* grupal bien formado, con variadas técnicas, con mucho respeto por la persona y con manejo en *elicitar* las emociones escondidas o bien con un equipo transdisciplinario. Esto no significa que al hablar de la emoción no estemos hablando de sacar a flote, irresponsablemente, la emocionalidad de la gente ni hacer *show* de llanto colectivo sino, abrir espacios personales y muy íntimos, para hacer el proceso del "darse cuenta de…". Esto significa tener una visión de la persona como una totalidad y no una división de la personalidad: una que trabaja, otra que es parte de familia, otra que es un ser social, sino que apuntamos a un todo integrador en la persona, con beneficios para todas las áreas de su vida.

He observado que hay personas que sufren enormes transformaciones personales poniéndolas a disposición de su organización. Lo que nos dice que, si hacemos un buen trabajo apoyado en conocimientos ciertos y no en improvisaciones, lo lograremos.

4.- *Modificar nuestros modelos mentales y generar nuevos focos de atención*

Recuerdo que, en el año 1975, al hacer mi tesis de doctorado, surgió en mí la idea de lo integral del comportamiento tanto personal como colectivo. Trataba, con unos pocos diagramas lineales, explicar las interacciones entre todos los comportamientos que vamos teniendo a medida que las relaciones que establecemos junto a las experiencias de vida y (incluida la herencia) los entornos en que vivimos, nos influencian.

El momento en que realicé la investigación, prácticamente coincidió con el comienzo de las transformaciones en el sistema político, económico y social nacional (1973) provocado por un cambio radical del tipo de gobierno en el poder. Transformaciones que fueran "barridas" años más tarde. La pregunta que uno se hacía era, ¿por qué estos cambios iniciados no perduraron? ¿Por qué los interesados en ellos no lograron su persistencia en el tiempo?

En este largo proceso de toma de consciencia, donde siempre estuvo ahí esta pregunta, hoy, me atrevo a mostrarla con el fin de seguir aprendiendo de los procesos, ¡casi 45 años después! Me pregunto: ¿tanto tiempo toman los procesos mentales para lograr la toma de consciencia y modificar nuestra percepción y aceptación de los hechos? ¿Y que estamos haciendo al respecto?

Existen dos hechos claves que fueran el estímulo para experimentar la toma de consciencia.

Para empezar a generar un cambio paradigmático en la persona, luego en los grupos y en las organizaciones, he llegado a la conclusión -repito- debemos partir por conocer en los individuos y tomar consciencia, dos cosas que son previas al cambio mismo y que son condiciones necesarias para la adopción de nuevos patrones de conducta. Primero, la necesidad y su concomitante psicológico que es el deseo. Luego, que la energía proveniente de este deseo, nos haga darnos cuenta de ello (toma de consciencia) y esto genere la motivación y actitud, por una parte, seguido por la voluntad para generar las acciones correspondientes. Sin esos pasos previos con las personas el comportamiento de ellas no se direcciona hacia los objetivos perseguidos por los cambios.

Al referirme que todo se inicia en cada una de las personas, tema que hoy es compartido por muchos al hablar de la importancia del "conocerse a sí mismo", aforismo griego cuya autoría es disputada entre varios filósofos, pero generalmente atribuida a Sócrates. "La frase «conócete a ti mismo» puede referirse, al ideal de comprender la conducta humana, moral y el pensamiento, porque comprenderse uno mismo es comprender a los demás también, sabiendo que somos todos pertenecientes a la misma naturaleza. Por eso aprender el verdadero significado de la frase conlleva inevitablemente a verse uno mismo como ser humano ante la verdad, que es lo que es, y por lo tanto descubrir nuestras miserias, en cómo nos engañamos y mentimos para alimentar nuestro sufrimiento interno" (Larrauri, 2015).

En segundo lugar, ya hay consenso que a la base de cualquier cambio está la construcción, reconstrucción o transformación de uno mismo y de la relación con los demás. Será este uno de los pilares en que se fundamenta nuestra propuesta.

Es a través de las personas y de su trascendencia en sus familias y en su comunidad y país, que podríamos alcanzar los cambios sociales anhelados de mayor equidad, justicia, participación y felicidad para todos. Han pasado los años y me doy cuenta de que el avance es casi imperceptible. Percibo la dificultad que tenemos de cambiar nuestros mapas mentales y aun cuando lo enseñamos, no estamos exentos de su lentitud en "dibujarse" de otra manera en nuestras mentes. Es recién ahora, con el avance de la ciencia biológica, de la tecnología y de la física, que se vislumbra un nuevo paradigma. Son los trabajos de Ken Wilber y su concepción de los *holones*, donde uno es todo y parte a la vez, que nos invita a tener una visión holística (Wilber, 1996).

Por otra parte, las mayores disfunciones de las empresas u organizaciones en general son la fragmentación, la rivalidad, el egoísmo, el temor a la pérdida del poder y a la reactividad a la ambición económica sin límite. Estos congelados patrones son los que tenemos que descongelar a la luz de una nueva forma de pensar la organización.

Supongamos que se quiere cambiar o reconstruir un sistema de organización dado. Para reconstruir un sistema social no es posible usar el método analítico que involucra tres partes del proceso: 1) romper el sistema en las partes que lo componen, 2) estudiar cada parte para su solución, 3) juntarlos y componer el todo entendible a las partes (Descartes, 1637). Porque el comportamiento del sistema no depende de lo que cada parte hace sino en cómo interactúa con las demás.

A su vez, para entender un sistema necesitamos comprender como encaja y afecta al sistema más amplio del que forma parte como sería el caso de las especialidades en una organización que trabaja con distintas disciplinas, o cómo interactúan con el entorno ecológicamente, hablando.

Lo más importante, es reconocer que al poner las piezas juntas para hacer el todo, estamos reconociendo que el mundo es holístico, sistémico e interconectado como lo están demostrando algunos científicos, cada día más.

Nuestro desafío es, ¿cómo logramos que la gente adopte esta cosmovisión organizacional y sobrepase las disfunciones a las que aludimos anteriormente y que están en la esencia de lo humano? Cuando al hacer una intervención no se tiene la mirada global, ni la interdependencia entre los subsistemas de la organización y el número 1 te dice, "veamos esta parte de la empresa no más" o bien, "no quiero hacer diagnóstico, ya me tienen cansados", no habiendo tomado ninguna acción correctiva frente a los diagnósticos realizados anteriormente, como suele pasar más a menudo que lo deseable.

Estas actitudes de los líderes organizacionales, el no querer indagar, con aporte de expertos, sobre cuál es el problema que creen tener y no lo tienen o bien aquellos que lo tienen y lo ignoran me inspiraron la frase aludida en el prefacio.

En definitiva, para generar este cambio paradigmático en la persona, y luego en los grupos y las organizaciones, sería necesario que ellos adopten nuevos patrones de comportamiento, tales como la actitud, toma de consciencia (i.e. *awareness*), despertar el deseo (i.e. *will*) y voluntad.

Llevo más de 30 años en esta profesión de deoísta. Lo que me atrajo de ella, habiendo pasado por distintos enfoques tanto de la psicología y sus especialidades, como la psicosociología, fue el concepto de transformación, sea este personal, organizacional o societal. Fue, a través de mi experiencia profesional que descubrí hace ya bastante tiempo, que sólo con el cambio en las personas individualmente, podríamos llegar a obtener adherentes a un cambio en las organizaciones donde nos desempeñamos, hasta llegar a una masa crítica.

Cuando hoy se habla de "conocerse a sí mismo" puede referirse al ideal de comprender la conducta humana, moral y pensamiento, porque comprenderse uno mismo es comprender a los demás también y viceversa, sabiendo que somos todos pertenecientes a la misma naturaleza. Aprender el verdadero significado de la frase conlleva inevitablemente a verse uno mismo como ser humano ante la verdad, que es lo que es, y por lo tanto descubrir nuestras debilidades, en cómo nos autoengañamos.

En el próximo capítulo, me referiré a dos conceptos que estimo claves. Las actitudes que preceden al comportamiento, sin el tercer componente de ellas no se iniciarán los comportamientos de cambio que queremos lograr. Y, las imágenes dada la poderosa fuerza que tienen en el proceso movilizador y en la toma de consciencia.

Son muchos más elementos que contribuyen a lo anterior, sin embargo, me ha parecido que estos son de gran interés movilizador para un cambio como el que aspiramos.

Capítulo IX

Actitudes e imágenes

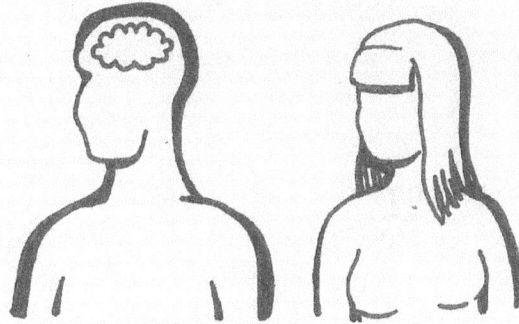

1.- Las actitudes; antesala de los comportamientos

Para mostrar este rol de las actitudes, en un proceso de transformación, remitámonos a algunas definiciones y así entender mejor la importancia previa al rol de los comportamientos.

David Krech, Richard Crutchfield y Egerton Ballachey definen actitud como "un sistema duradero de evaluaciones positivas y negativas, sentimientos emocionales y tendencias a favor o en contra de un objeto social" (Krech, Crutchfield, & Ballachey, 1978).

Para Milton Rokeach (1969), actitud es "una organización relativamente duradera de creencias acerca de una situación que predisponen a la persona para responder de una determinada forma" (Rokeach, 1968).

Según Mann (1970), el término "indica la organización que tiene un individuo en cuanto a sus sentimientos, creencias y disposiciones a comportarse del modo en que lo hace" (Janis & Mann, 1977).

Para Triandis (1971), este concepto es "una idea cargada de emoción que predispone a un conjunto de acciones ante un conjunto particular de situaciones sociales" (Triandis, 1974).

Estas definiciones contienen elementos comunes que las caracterizan: a) organización duradera de creencias y cogniciones en general; b) la carga afectiva a favor o en contra; c) la disposición a actuar; y d) con dirección a objetos sociales.

Juana Anguita G.

En definitiva, se trata de un sistema, relativamente duradero, de creencias, emociones, sentimientos y predisposiciones a actuar de un individuo, conformado a través de la experiencia y el aprendizaje, asociado y aplicable a todos los objetos y situaciones con los que se relaciona y que tienen importancia psicológica para él.

Las actitudes es uno de los conceptos que reconoce, una configuración global de lo que somos como seres humanos y el dinamismo interno entre ellos que otros conceptos no lo poseen.

Existe la presencia de tres componentes en las actitudes: cognoscitivo, que se refiere al conocimiento respecto del objeto de la actitud: afectivo, que son los sentimientos asociados a dicho objeto; y reactivo, o predisposiciones a actuar frente al objeto. Además, caracterizan a las actitudes como variables intervinientes en el sentido de que intervienen entre el estímulo y la respuesta, siendo el primero todos los "objetos" psicológicamente importantes para el individuo y la segunda el comportamiento que se manifiesta hacia él.

Por otra parte, debemos saber que el número de actitudes de cualquier individuo es finito. Éste sólo puede tener actitudes con respeto aquellos objetos o situaciones que existan en su mundo psíquico. No obstante, como lo señalan algunos autores, este hecho suele ser olvidado por quienes realizan medición de actitudes y por los encuestadores de opinión pública. Preguntar sobre la actitud hacia la empresa que recién lo ha contratado no tiene ningún valor, dado que el conocimiento y la existencia de un objeto es condición necesaria pero no suficiente para que una persona sustente una actitud. Estas se generan con la experiencia de una persona con una situación dada.

Entonces, cabe preguntarse, ¿hemos trabajado suficientemente estos componentes en personas que conocen bien su realidad, las emociones y acciones que tiene antes de proponerles una nueva?

Al definir las actitudes como sistema, estamos enfatizando la interacción de los tres componentes los que llegan a ser mutuamente interdependientes. Las cogniciones de un individuo acerca de una persona o proyecto u otra situación, son influenciadas por sus sentimientos y las tendencias a la acción hacia la situación; un cambio en sus cogniciones con respecto al objeto dispondrá o no a producir cambios en sus tendencias a actuar.

Por lo tanto, para que exista una carga afectiva a favor o en contra de un proyecto definido, se debe poseer el conocimiento necesario para que pueda decirse que una persona tiene o no una actitud positiva hacia un objeto. Muchas veces el conocimiento que una persona tiene de otra o de una propuesta vaga, errónea o incompleta generará una actitud neutra. Cuando esto sucede, su efecto en relación con la propuesta, por ejemplo, tenderá a ser poco intenso afectivamente. Sin embargo, aun siendo errónea esto en nada influye en la intensidad del afecto, el cual será consistente respecto de la representación cognoscitiva que la persona tiene de esa creencia, corresponda ella o no, a la realidad. Si por experiencia, mis relaciones con otras transformaciones han sido exitosas para mí, esto me hará inclinarme positivamente hacia los cambios propuestos, independiente del grado de conocimiento que sobre unja nueva realidad, ella tenga.

Las cogniciones más críticas incorporadas en el sistema actitudinal, son aquellas que dicen relación con los prejuicios o creencias valorativas hacia las personas o anteriores experiencias y, por lo tanto, sin fundamento para adoptar la situación presente.

Las personas que exhiben actitudes prejuiciosas disponen de una serie de cogniciones adicionales hacia el grupo, propuesta o indicación, objeto de su discriminación. Aquellos que son racistas, a otros de otra raza los consideraran ignorantes, salvajes, amenazadores, hostiles, etc. De aquí, el peligro de no estar realmente informados ante cualquier situación. ¿Cuántas medidas políticas o dentro de una organización se proponen para ser aprobadas por un conjunto de personas que no conocen ni el alcance ni tienen una información completa sobre el tema y los que están a cargo no se toman el tiempo para darlos a conocer y buscan respuestas de adhesión rápidas, que prontamente exigirán ser revisadas, atrasando así el avance del proceso y muchas veces retrocediendo a niveles anteriores?

Los componentes cognoscitivos pueden incluir también las creencias del individuo con respecto a los modos más apropiados de responder a la situación. Estarían, de este modo, los componentes cognoscitivos y las tendencias a la acción en estrecha interrelación.

El componente afectivo llamado también sentimental, alude a las emociones y sentimientos en favor o en contra de un objeto determinado.

Este componente es característico de las actitudes y el que les proporciona un carácter especial, distinto y gravitante ante otras actitudes cuyas cogniciones y tendencias a actuar, pueden ser similares siendo lo afectivo lo que finalmente marca la diferencia al adoptar o no un comportamiento.

Si bien el componente afectivo sirve para diferenciar una actitud de otra un componente o dos no bastan para determinar una actitud, deben encontrarse todos, aunque algunos estén con mayor relevancia que otros.

Hoy en día las emociones y la afectividad ocupan un lugar preponderante en los comportamientos.

Un individuo puede, sin embargo, mantener alguno de los componentes de su actitud en latencia, y ésta se manifestará al afrontar una situación nunca vivida en su ámbito social. Esto que es un obstáculo hacia los objetivos perseguidos, podemos transformarlos en oportunidades con nuevas metodologías y tecnologías.

El componente reactivo puede ser llamado también de comportamiento o de acción y se refiere a la inclinación a responder o la disposición a actuar frente a la persona o situación, que genera una actitud.

Las actitudes difieren en relación a la conducta manifiesta. Algunas tienen muchas acciones asociadas a ella y, por lo tanto, claramente diferenciadas, sin embargo, otras acciones son muy sutiles.

Otras veces la única acción relacionada con la actitud es su expresión verbal que recibe el nombre de opinión. Aquí tenemos un aspecto clave que debiéramos relacionar con las conversaciones, las que deben acompañar al proceso de transformación, partiendo por la intervención de cambiar las valencias de los 3 componentes actitudinales, en forma repetida como lo han demostrado las leyes de aprendizaje y aseguradas hoy por las investigaciones de la neurociencia. Sabemos hoy que, con nuevas informaciones y despertando emociones al saber algo de la vida de las personas, podríamos ir cambiando esos componentes.

Allport, reafirma esta noción de que la mayoría de las actitudes mantenidas por una persona son adquiridas a través de la conversación con la familia y amistades, si bien, estas actitudes no son particularmente extensas, las demás personas son una fuente de información para muchas de las actitudes sustentadas por nosotros y son además un aspecto relevante en cuanto a la formación misma de actitudes (Allport, 1961).

Características de los componentes en las actitudes

Los componentes de las actitudes pueden variar de acuerdo a dos características básicas, la valencia y el grado de multiplicidad que llevan implícitos.

Valencia

La valencia es una característica que se aplica a cada uno de los tres componentes de una actitud. Se trata de especificar cuantitativamente la positividad o la negatividad de la actitud en cuestión.

Existe un gran número de métodos para medirlas, entre otros, las escalas, las entrevistas, los tests proyectivos o la simple observación de la conducta por un observador avezado. El objeto de esta medición es el de ordenar a todos los individuos, desde el extremo más favorable, pasando por el cero (región neutral), hasta el extremo más desfavorable. Con mayor o menor exactitud todos estos procedimientos nos permiten obtener información con el propósito de proceder e inferir estas variables intervinientes llamadas actitudes.

Es así como el componente cognoscitivo puede variar desde un extremo negativo (se cree que el objeto es la esencia del mal), hasta la extrema positividad (se cree que el objeto es el bien supremo). De igual forma, el componente afectivo varía desde una valencia extremadamente negativa (odio sin cuartel o evitación y resistencia a ultranza) hasta una valencia extremadamente positiva (amor incondicional o aceptación sin cuestionamientos). El componente reactivo se mueve en este mismo *continuum* en que se puede ubicar un extremo de máxima negatividad (destrucción total del objeto) o un extremo positivo (tendencia ayudar al objeto).

La consciencia actitudinal

La concepción de la actitud como un sistema que posee tres componentes nos sugiere la pregunta, ¿hasta qué punto estos componentes se relacionan de una manera consistente? ¿Es la valencia cognoscitiva de una persona similar a la valencia de sus emociones y de sus tendencias a la acción?

La consistencia actitudinal se produce cuando existe un alto grado de correspondencia entre los componentes de una actitud. Todo parece sugerir que existe una tendencia general a la consistencia.

Hollander afirma que, "un factor situacional capaz de producir una inconsistencia observable entre actitudes explicitas, tiene que ver con los roles que un individuo debe asumir y que le imponen afirmar cosas diferentes en distintas ocasiones" (Hollander & Hunt, 1972).

Juana Anguita G.

De acuerdo con la índole de su rol, una persona expresa actitudes en el marco de las expectativas sociales de los otros, así como de sus propias motivaciones.

Hay en esto una fuente importante de investigación en relación a lo que los consultores pueden hacer al respecto; buscar los mecanismos para generar la motivación que se oriente a las expectativas sociales y por supuesto no igual para todos sino respetando la diversidad tanto en sustitutos que se acercan a las expectativas como a lo que, por historia personal, motiva a una persona o grupo. El agruparlo de acuerdo a estas características, sería más razonable que hacerlo por contigüidad espacial o por pertenecer a un nivel organizacional u otro criterio similar.

Actitudes y Comportamientos

Ya hemos señalado que existe la tendencia a considerar a los componentes de las actitudes en estrecha interrelación con los comportamientos, es decir, que generalmente se da la tendencia a que éstos sean congruentes y consistentes entre sí. De hecho, causaría sorpresa verificar que alguien se sienta atraído por un objeto al cual cognitivamente considera como poseedor de características negativas. Sin embargo, con frecuencia se percibe cierta incongruencia entre las actitudes y el comportamiento. Prueba de esto es un estudio realizado por LaPiere en el cual no se observó relación alguna entre las actitudes y conducta (LaPiere, 1934). En efecto, a principios de la década del 30, LaPiere viajó por algunas zonas de los Estados Unidos acompañado de un matrimonio chino, se detuvieron en 66 hoteles y posadas para motoristas y en 184 restaurantes, siendo atendidos en todos los sitios, menos en uno (una posada para motoristas de tercera clase en California). Seis meses después, LaPiere envió una carta a todos los establecimientos visitados durante el viaje, en la que preguntaba si dichos establecimientos les prestarían sus servicios a huéspedes chinos. De los 128 establecimientos que le contestaron, el 92% indicó que no los aceptarían. Resultados similares fueron encontrados por Bernard Kutner, Carol Wilkins y Penny Yarrow, quienes visitaron diversos restaurantes en compañía de gente de color (Kutner, Wilkins, & Yarrow, 1952). Dichas investigaciones son invocadas por algunos como prueba de la ausencia de interrelación entre las actitudes y las acciones.

No obstante, como bien señala Triandis, "sería ingenuo llegar sobre la base de estos resultados, a la conclusión de que no existe relación alguna entre las actitudes y el comportamiento" (Triandis, 1974). Lo que es necesario comprender es lo siguiente: Las actitudes implican lo que la gente PIENSA de, y SIENTE respecto a, y cómo les GUSTARÍA COMPORTARSE respecto a un objeto de actitud, que en nuestro caso sería el Proyecto de la Organización o Proyecto Empresa.

El comportamiento no se encuentra sólo determinado por lo que a la gente le agradaría hacer –es decir, normas sociales-, o por lo que se ha hecho generalmente (costumbre) o por las consecuencias que se esperan del comportamiento.

2.- Toma de consciencia en las actitudes

Si el lector observa esta serie de comportamientos de formación de actitudes, constituyen, todos ellos, un verdadero proceso en sí mismo, que va desde el momento en que se genera el pensamiento y el sentimiento respecto a un objeto, hasta la previsualización de sus consecuencias para el sujeto y el medio social.

Esta visualización de la totalidad de un proceso psicológico desde sus inicios hasta sus consecuencias es lo que conocemos como el proceso (más global) de toma de consciencia.

Este proceso particular puede o no acompañar cualquier acción que realice un individuo, como lo señaláramos; sin embargo, sólo cuando se presenta junto a la oportunidad de ejercer las acciones mismas y sus perspectivas, hablamos de la existencia de consciencia del sujeto. Como que hubiese una latencia esperando la oportunidad para manifestarse y asombrarnos de esa reacción.

Sin entrar en mayor ahondamiento sobre un tema ya complejo, quisiéramos, sin embargo, señalar su incidencia en el cambio de las actitudes mismas. Para que éste se produzca con la intensidad, la congruencia y la dirección deseada, los sujetos involucrados en dicho cambio no sólo deben adquirir consciencia sobre el objeto, persona o situación de la actitud, sino también sobre sus propios sentimientos, creencias y acciones sobre él, el significado de ellas y su alcance a corto y largo plazo tanto para sí mismo como para los otros.

Las actitudes son aprendidas en función de una reestructuración del campo psicológico; este proceso es dinámico en la medida en que está sujeto al cambio producido por la adquisición de nuevas informaciones. He ahí el desafío nuestro: ayudar y apoyar a dicha reestructuración del campo psicológico, dados los conocimientos que como psicólogos tenemos sobre ello.

La importancia de las actitudes en psicología social, aparte de la importancia práctica y visible ya descritas, obedece a que, además éstas resumen la experiencia anterior del individuo en términos de su estado motivacional- preceptúales y directivos, originados en el aprendizaje. El aprendizaje puede producir, a su vez, una reestructuración de estos estados, de ahí que el tema del aprendizaje sea hoy más importante que nunca. Así se concibe un estado motivacional–perceptual directivo como el resultado de un proceso de aprendizaje, que modela el aprendizaje futuro. Por lo tanto, este proceso tiene consecuencias no sólo en lo que atañe a la conducta visible, sino también respecto al potencial de acción de un individuo a futuro. Vuelve aparecer el tremendo aporte de autores como Maslow, Herzberg, McClelland, Brayfield y Crockerty, así como Etzioni nos mostró con sus investigaciones el tipo de organización que motiva hacia la productividad y los que no, según las categorías de Maslow, V. Vroom, Alderfer, M.S.A. Hartman y Oldman y ¡tantos otros! que germinaron las raíces de lo que hoy conocemos y hemos relegado a su no-consideración en nuestras intervenciones.

Las motivaciones son la fuente, a cuyo servicio están las actitudes; según algunos autores, formamos y desarrollamos actitudes con la finalidad de entender el mundo que nos rodea y así proteger el nuestro para ajustarnos a un complejo ambiente y para expresar nuestros valores fundamentales. Para comprender el mundo se necesitan conceptos que resuman la compleja información que nos llega de nuestro ambiente. Aprender y saber cómo comportarse correctamente frente a los diversos objetos que nos rodean. Gran parte de esta información está en las personas.

1. La pertenencia a un grupo también desempeña un papel muy importante en la formación de actitudes. Tanto los grupos a los que pertenecemos como a los grupos que nos gustaría pertenecer, tienden a modelar nuestras actitudes.
2. También se aprenden actitudes a través del contacto directo con el objeto o situación o persona. Estas actitudes son más intensas, pero sólo una parte de ellas se desarrollan mediante esta experiencia. ¡Como cambiamos nuestra actitud frente a un país desconocido cuando hemos tenido la oportunidad de vivir en él!
3. Podemos, además desarrollar actitudes mediante una experiencia "traumática" con el objeto de actitud. Estas actitudes son escasas, pero si se producen, son extremadamente intensas y más difíciles de cambiar. Piense en algunas situaciones de este tipo en su propia vida y vea que cambió en su actitud en un antes y un después

Finalmente, otro aspecto importante en cuanto a este proceso de formación y desarrollo de actitudes es el rol que juega la sociedad. En cuanto ésta intenta implantar ciertas actitudes a través de elementos a su alcance, tales como los medios de comunicación social, la educación institucionalizada, la TV, las redes y otras. Lo mismo ocurre con las prácticas de la cultura organizacional en una empresa, que cuando la persona cambia de empleo pasa a ser una impronta dejada en él, las practicas adquiridas en su organización anterior.

Importante es, entonces la relación que existe entre los tipos de aprendizaje y la adquisición de actitudes, por cuanto aquellos presentan modelos para facilitar o reprimir determinadas actitudes en un contexto social dado.

Si decimos que las actitudes son aprendidas socialmente; todo intento de análisis acerca del proceso de adquisición y desarrollo de ellas, debiera contemplar la presencia de los elementos antes mencionados: el individuo, por una parte, y la sociedad por otra. Sin embargo, hasta hora, no existe la suficiente claridad acerca del funcionamiento de esta relación.

Considerando que la mayor parte de las actitudes sociales son aprendidas a través de la presentación que la sociedad hace de diferentes modelos, el que nos parece vendría a dar alguna luz a este respecto, es el modelo de Aprendizaje Vicario, observacional o por *Modeling*, cuya característica es la presentación de modelos a seguir por los sujetos, en el que estos últimos retienen simbólicamente un comportamiento observado para reproducirlo posteriormente. ¿Acaso esto no está en la base de las innumerables teorías del liderazgo?: él líder exitoso es el que predica con el ejemplo...

Las actitudes son moldeadas desde la primera infancia y se van modificando en la medida en que el sujeto va recibiendo información suplementaria. Si sabemos esto, ¿por qué no le hemos dado la importancia que requiere la educación familiar y parvularia, una vez más?

La mayor cantidad de información que se recibe en sociedad con un desarrollo tecnológico como la nuestra, se realiza a través de los medios de comunicación tales como: TV, Internet, redes sociales, radio, prensa, etc.

Los modelos simbólicos que llegan masivamente son en la actualidad poderosas fuentes de patrones de conducta social (formadores de actitudes), cuya influencia se debe a la gran cantidad de tiempo durante el cual las personas están expuestas a ellos. ¿Sabrán esto quienes manejan los medios y los que día a día están construyendo las redes sociales? ¿Estamos construyendo una cultura país a imagen y semejanza de lo proyectado diariamente, en la televisión y prensa: asaltos, crímenes, portonazos, violaciones, colusiones, estafas, falta a la ética reiterada y a todos los niveles?

Se debe tener cuidado extremo en la creación de imágenes, más aún si son creadas verbalmente. Esto porque la gente le dará la interpretación que tiene en su imaginación producto de su trayectoria de vida para entenderla. Un ejemplo claro en este sentido ha sido la imagen que alguien generó en el último gobierno de Michelle Bachelet respecto a lo que haría en su programa. La palabra utilizada fue que se usaría la "retroexcavadora", esto resonó como un latigazo en los oídos de los chilenos e inmediatamente se asoció a lo que uno entiende por esa imagen-relato: destrucción profunda de lo ya construido para tener un terreno limpio y construir algo nuevo o diferente. Pídales a las personas que asocien conceptos con la palabra retroexcavadora y encontraran algunas como: destrucción, caos, polvareda, intransitable por un tiempo, y dudas tales como; ¿después que quede el vacío qué se construirá? Surge el miedo, el temor a lo desconocido, y perdura porque nadie aclara en que consiste esta mala metáfora.

Luego de dos años se comienza a hablar, para seguir con la misma metáfora, de la obra gruesa. En ese momento, la gente comienza a preguntarse; ¡Ah! ¿Quiere decir que ya no hay más retroexcavadora? ¿Terminó el período de demolición y si en esa demolición y retroexcavación se destruyeron "cosas buenas" para nosotros?, si la obra gruesa está hecha con materiales poco firmes, ¿no se caerá?, ¿se invertirá en algo que, considerando, nuestra geografía, al primer temblor o terremoto se vendrá al suelo?, ¿las platas invertidas en esta reconstrucción que se destinaron, porque no se utilizaron en salud, vivienda, transporte, pobreza extrema, etc.?

Al continuar con la metáfora proveniente del ámbito de la construcción y al decir que la obra gruesa ya está lista (con los inconvenientes imaginativos de las personas ya señalados) la gente debe estar preguntándose; ¿o sea que ahora viene lo más complejo y lo más largo?, ¿las terminaciones como serán, de calidad?, ¿o serán como se han hecho las poblaciones para gente de bajos recursos, que no consideraron las necesidades de quienes la habitarían, que se llovieron a la primera, que se inundaron etc., etc.?

Definitivamente ésta no ha sido una buena metáfora, ni por la elección de una historia amenazante que despierta temor, ni por haberla dejado libremente a la imaginación de la gente en vez de haberla encauzado hacia una construcción concreta y positiva que no deje dudas ni cabida a la imaginación colectiva y que sea tan atractiva que todos quieran participar de esa imagen.

Finalmente, se puede argüir, una vez más que, las actitudes se adquieren fundamentalmente a través de la experiencia y el aprendizaje.

Las actitudes, lo mismo que los conocimientos, se desarrollan de una manera selectiva y dentro del proceso de la satisfacción de necesidades. El sujeto escogerá, entre las actitudes que se le ofrecen, aquellas que satisfacen determinadas necesidades. El efecto de las influencias por parte de los grupos sobre la formación y desarrollo de actitudes es, por eso, indirecta y compleja, y se generan generalmente a partir de la familia de origen.

- A través de los valores más arraigados procedentes de la crianza en el seno de la familia y las experiencias a ellas vinculadas.

- A través de la presentación que la sociedad hace de modelos de aprendizaje.

En efecto, la sociedad expone ciertos patrones de la conducta cuya manifestación o no, por parte de las personas, es reforzada o castigada por medio del aparato social a su disposición. El peligro estriba en que muchos atentados negativos para la sociedad se refuerzan, por su repetición. Sólo con la repetición (ley del aprendizaje probada hoy por la neurociencia) en los canales de televisión una y otra vez y paralelamente en todos, que se hace de los crímenes y delincuencia hace que se aprenda cómo mejor delinquir y qué hacer para que no los encuentren.

Características de las actitudes y su variabilidad

La variabilidad de las actitudes, es decir, su susceptibilidad al cambio, está sujeta a una serie de variables de gran importancia. Ilustraremos sólo una de estas y los factores que debieran ser considerados por toda persona que intente efectuar un cambio.

Dentro de estas características de las actitudes, está la extremosidad. Las actitudes más extremas presentan una menor susceptibilidad al cambio que las menos extremas. Las actitudes extremas son mantenidas con un mayor grado de intensidad o confianza que las menos extremas, por eso son más difíciles de variar. En una actitud extrema, un intento de cambio incongruente tiene mucho menor probabilidad de tener éxito que un intento de cambio congruente. Al respecto no sería aconsejable retener en una organización, personas con esta característica por pertenecer al 10% de la Curva del Cambio, ya que nunca se unirán a él y se sentirán más cómodos si muestran sus propias actitudes libremente, en otra cultura organizacional.

Igualmente, sin miedo a equivocarnos, una persona que tenga menor nivel intelectual que otra, estará más propensa a un cambio incongruente de una o varias de sus actitudes ante cualquier información disonante.

3.- *Las imágenes; una condicionante importante en la generación de nuevos comportamientos*

Otro de los fenómenos, no investigados suficientemente, a mi juicio, en relación con como cambiamos nuestra percepción para transformar nuestra mirada y adherir a nuevos comportamientos, son las imágenes.

Una de las condicionantes más influyentes del comportamiento individual y colectivo en relación con lo que nos rodea, son las imágenes que nos formamos de este entorno físico y humano y que incide fuertemente en nuestras relaciones.

En 1978 Chris Argyris y Donald A. Schon (Argyris & Schon, 1978) popularizaron el concepto de modelos mentales en el campo del DO y, más tarde, Peter Senge (Senge , 1990). Sin embargo, este concepto ya había sido estudiado, en relación con su poder en las transformaciones sociales por el profesor francés Paul-Henry Chombart de Lauwe desde el año 1967 (Chombart de Lauwe, 1970). En mi primer contacto con él, lo descubrí cuando fui invitada al Coloquio del Grupo Internacional en Dourdan que él dirigía desde 1963 sobre el tema "Aspiraciones, Necesidades y Transformación Social". Diez años más tarde, yo iniciaría en Chile, junto a colaboradores de el Instituto de Psicología de la Universidad de Chile, una investigación sobre el tema y que fuera mi tesis doctoral.

En el momento que decido escribir este libro recurro a mi tesis, después de 30 años comienzo a leerla y aprecio que está totalmente vigente en relación con el cambio y al DO al cual me aboqué a mi vuelta de Francia a través del departamento de Relaciones Del Trabajo y Desarrollo Organizacional de la Facultad de Negocios de la Universidad de Chile. Cuando aprecio esta relación, en que por "circunstancias de la vida" me invitan a trabajar a este departamento cuya temática descubrí "por azar" a través de un profesional mexicano, cuyo nombre no recuerdo, pero que conversáramos sobre lo que había aprendido en Suecia con Eric Trist uno de los fundadores del DO. Me presta un archivador con sus apuntes, me digo a mi misma: "esto es lo que quiero hacer a mi vuelta en Chile y así multiplicar los beneficios de una vida mejor y con sentido que la terapia individual que no permite ayudar, en este caso, sino a 10 personas al año". Saqué mi propio cálculo y me di cuenta de que podría influenciar, a través de las organizaciones, hasta a 10 millones de personas y producir así el Efecto del Susurro.

Todos estos años, he podido apreciar el escaso intercambio del conocimiento y prácticas entre culturas, especialmente la nuestra, la europea y norteamericana, sin considerar las de otros continentes. Como países y continentes nos comportamos igual que las áreas o departamentos de las organizaciones hasta hoy día, independientes uno del otro, repetimos las inquietudes e investigaciones en forma desfasada y nos sentimos arrogantes creyendo que lo que descubrimos empezó hoy, habiendo existido hace tantos años anteriores sólo, que no estaba en nuestros conocimientos. ¡Cuánta pérdida de recursos, de tiempo, de intercambio enriquecedor y de mejoras en todos los ámbitos! Recién hoy, ante una amenaza cierta sobre el planeta, gobernantes de distintos países están preocupados de intercambiar experiencias, y experimentos para combatirlos holísticamente. Lo más cercano a esto en las distintas disciplinas del conocimiento, son los Congresos o Conferencias Internacionales, y donde asisten no quienes más podrían aportar sino quienes tienen los medios económicos para asistir. Escuchan, toman notas, se intercambian tarjetas de visita; pero no las interrelacionan para hacer un trabajo **entre** países e interdisciplinariamente sobre un tema transversal. Y, todo esto en medio de una globalización iniciada hace ya años.

La tecnología, sin duda, viene en ayuda de este aislamiento y falta de sinergia.

Incluso el idioma que nos separaba de grandes avances en la psicología de Alemania, Inglaterra, Rusia y países árabes y asiáticos o africanos, están hoy día más cerca para comprenderlos sin vallas idiomática y enriqueciéndose mutuamente de otras culturas y sus conocimientos.

4.- *Sobre modelos mentales, imágenes y representaciones sociales*

Gran parte de la comprensión de los comportamientos individuales y sociales han estado, por muchos años, basados en las áreas cognitivas del comportamiento.

Muchas de las respuestas de los individuos y grupos están basadas en la capacidad de construir un modelo mental semejante o concordante con lo real, con las informaciones que el medio ambiente le proporciona. La forma de relación que establece el individuo con ese medio ambiente en que él está incorporado, junto a otros individuos, grupos, organizaciones y sociedades, han estado en relación con los aspectos cognitivos de la percepción, las imágenes, la inteligencia, las representaciones sociales y la toma de consciencia, entendida esta última no como una forma de esclarecimiento que nada modifica, "sino como una construcción verdadera, de una situación entendida como un todo pero con sus diferentes niveles considerados como subsistemas más o menos integrados" (Piaget, 1974).

A partir del descubrimiento científico de otros tipos de inteligencia como la inteligencia emocional, este paradigma ha cambiado. Es así que podemos apreciar que todos los atributos mencionados más arriba no tienen una expresión pura, sino que su contenido o manifestación se ve influenciada por las emociones.

Por otra parte, el concepto de interacción en la comprensión del comportamiento humano ha permitido ir reformulando el objetivo de la psicología social y centrándolo en las diferentes modalidades de interacción, las circunstancias que la hacen posible y los efectos que produce en y entre los actores; individuo, grupos, organizaciones y medio ambiente.

Todos estos fenómenos psicológicos tienen una ponderación aún desconocidas en el proceso genérico conductual. Tema que dejara planteado pero no terminado, Kurt Lewin.

En esta oportunidad, queremos tratar de encontrar el rol y condiciones que caben a las imágenes en este proceso, porque estamos convencidos de su importancia en el comportamiento individual y social. ¿Cómo gestionar y lograr los cambios deseados apoyándonos en imágenes? ¿Cuáles serían aquellas que logran influir en su adhesión a él?

Antes de referirnos al concepto central que nos ocupa y, a fin de lograr una mayor comprensión de la forma en que las imágenes inciden en el comportamiento, situaremos el concepto, en un marco teórico especifico.

5.- La construcción de imágenes

Si deseamos conocer las formas a través de las cuales se van elaborando las imágenes, debemos adentrarnos en el punto de partida de su conformación.

En nuestro análisis, este punto está dado por la percepción donde los objetivos y los eventos exteriores al individuo despiertan en él, un comportamiento sensorial, una gnosis, una percepción de ellos, conocimiento que pueden o no ser, una reproducción fiel de la realidad objetiva.

A través del fenómeno de la percepción, comprendidos en ellas los sistemas neuro-psicofisiológicos implicados el organismo individual tiene la posibilidad de adaptarse a la realidad objetiva. Esta adaptación implica a su vez, nuevas y continuas modificaciones preceptúales que van a condicionar el comportamiento, para que este sirva a un propósito adaptativo.

Así, por ejemplo, una persona que llega a una ciudad desconocida sentirá la necesidad de recorrerla, aunque sea en una escasa extensión; ver y percibir lo que hay alrededor del hotel donde se aloja, las construcciones principales del pueblo, la plaza, la intendencia, las escuelas, etc. De esta forma, logra sentirse más "ambientado" con el medio, hasta ese momento desconocido.

Si aceptamos que la percepción del mundo exterior juega un rol adaptativo, a través de ella empezarán a gestarse nuevas formas de comportamiento que conduzcan a ese fin. Luego, si esta percepción se modifica de acuerdo con la realidad, es fácil pensar que un cambio cualquiera producido en esta realidad va a alterar la percepción del mundo inmediato de los individuos y, por lo tanto, la conducta que desencadena. La mayoría de las veces este cambio se realiza a nivel de los individuos mismos -por una representación mental- la que si no es la adecuada puede producir, de manera visible en su comportamiento, conductas bizarras o desadaptadas.

Se aplica este principio de manera incompleta en los programas de Inducción de nuevos colaboradores que ingresan a una organización donde generalmente se muestra un video, pero no muestran espacios físicos importantes, como los baños, tal como me lo señalaran muchas veces. Menos aún el resto de la organización, las funciones que allí se ejercen y cuál será la relación con su propio trabajo.

Este cambio de percepción sobre la realidad puede ser restringido, si se trata de un cambio en aquello que es próximo a los individuos tales como la familia, el trabajo, la ciudad, cambios políticos, económicos. A partir de la separación que se produce en una pareja matrimonial, las percepciones de los demás sobre ella y sus respectivos comportamientos también se modifican, como igualmente los comportamientos de los demás en torno a ellos comienzan a variar; los amigos tanto del hombre como de la mujer empiezan a ver a cada uno de manera diferente, tomando partido por algunos de los dos. Es frecuente que el amigo de la casa se transforme en el conquistador de la mujer que se separa o bien el marido le hace la corte a la amiga de su mujer, en quien nunca se había fijado. La amiga que tan bien acogía a la pareja en su casa deja de invitar a la mujer por que empieza a imaginarla "peligrosa" para su propia relación matrimonial.

Lo mismo sucede cuando llega un nuevo jefe con nuevas proposiciones para la organización del trabajo en una organización. La percepción que hasta ese momento se tenía de las cualidades de ese jefe, del proceso laboral, el rol de cada uno en ese proceso, del tipo de relaciones laborales y otros, comienza a reestructurarse. En este proceso de cambio, las imágenes dificultan, entorpecen o facilitan lo que se pretende alcanzar.

Las percepciones cumplen un rol importante en la formación de imágenes, así como los factores individuales de la personalidad (contexto personal) y al interior de los factores adquiridos (contexto socioambiental), a través del aprendizaje social.

No queremos insistir en la influencia de la personalidad, puesto que nos apartaría de nuestro propósito en el presente trabajo, sin embargo, quisiera destacar la importancia tremenda que ella tiene para cada persona en particular y en su comportamiento, incluida las imágenes que se forma y las que le atraen o rechazan.

Tampoco vamos a profundizar en todos los factores que se adquieren del ambiente físico o social. Bástenos, en esta oportunidad, subrayar que en toda imagen encontramos características de la realidad concreta, incluso si es una imagen formada a través de referencias indirectas sobre el objetivo mismo y no de un conocimiento directo de él. En todo caso, la imagen tendrá siempre algunos elementos reales prevenientes de los objetivos, los que son trasmitidos por el contacto social que influye sobre ellos. Por ejemplo, una persona nos envía siempre un mensaje ya sea táctil, visual, auditivo o afectivo. Las imágenes se forman en el principio de la *pars pro toto*. Una persona que demuestre bondad en algún momento, aunque no tenga otros méritos sobresalientes, puede proyectar una imagen general como positiva y bondadosa.

Una actividad considerada útil y necesaria para el desarrollo económico y social dentro de un marco ideológico, puede pasar a tener una imagen cargada de matices favorables. En cambio, en otro sistema ideológico puede estar desposeída de esas virtudes.

Esta influencia psicosocial tiñe constantemente los roles profesionales y sus *status* en diferentes situaciones.

Si la información preveniente de los objetos es insuficiente, limitándonos a una percepción parcial tendremos, en tanto que reflejo, una imagen incompleta.

Creemos, junto con Fritz Heider (Heider F., 1958), que el ser humano busca encontrar coherencia entre los elementos a que tiene acceso y a través de los cuales busca no tener una visión mínima de la realidad, sino una visión de una totalidad poseedora de una significación (teoría de la Gestalt); así puede buscar el hombre reconstruir ese todo, agregando elementos de su propia experiencia o la de otros, tanto afectiva como cognitivamente.

En el caso de las imágenes esta búsqueda total se logra muchas veces con la imaginación, la fantasía, que es la que viene a llenar los vacíos que tenemos sobre un objeto o persona. De ahí el peligro de que muchas veces, cuando no tenemos elementos de juicio suficientes (que se forman luego de las percepciones) como para formarnos una imagen clara, la completamos con lo imaginado. En ese caso, nuestro comportamiento está orientado por nuestra imaginería, por un prejuicio y no por los atributos que se desprenden del objeto mismo. La falta de información que da el objeto sobre sí mismo, ya se trate de una persona, grupo, proyecto, cualquiera sea la razón del ocultamiento, viene a ser más peligrosamente distorsionadora para la percepción que los demás tienen de ese objeto que, si este llenara los vacíos emitiendo la totalidad de sus mensajes, lo que es, lo que piensa, lo que odia, lo que ama, sus ideas, sus creencias. He aquí una pieza clave a considerar en los procesos transformacionales y la necesidad de informar sobre lo que se persigue, conversar sobre el tema, aclarar dudas, o reafirmar adhesiones.

Podremos resumir este efecto de la siguiente manera: si no quiero que el otro se imagine lo que no soy, debo mostrarle lo que soy. Debo enviar los mensajes necesarios para que en la configuración en todos ellos tenga una imagen de mí lo más cercana a la realidad. Cualquier obstáculo en la transmisión de los diferentes mensajes puede hacer llegar un contenido distorsionado al receptor, proporcionando una imagen falsa en el otro e influenciando el grado de aceptabilidad, frente a quien emite los mensajes.

Se desprende fácilmente que, en el proceso de la comunicación o conectividad, este dinamismo es de gran importancia y puede llegar a producir una incomunicación absoluta entre los actores.

Como contrapartida a este efecto, resulta también otro tipo de imagen, es la imagen de sí mismo. Este tipo de imagen tiene una estructura similar a las precedentes y consiste como ellas, en un conjunto de elementos cognitivos y afectivos organizados en una relación sistémica. La imagen de sí mismo es una estructura psicosocial que, naciendo de la interacción del organismo humano con el medio social, (personalidad) le permite al sujeto considerarse a sí mismo como objeto que engendra creencias y actitudes relativas a sí mismo. El mecanismo que se pone en marcha es el siguiente: "A partir de mi percepción de la representación que los otros se hacen de mí, yo me formo una opinión de mí mismo, una imagen de mí que me hace reaccionar de tal o cual manera". De allí su poder de influencia en la formación de actitudes o de otros modelos de la conducta, modelos que son consistentes con esta concepción de sí mismo que nos lleva a comportarnos con esta alta o baja imagen de autoestima, entre otras características.

Dicho de otro modo, sólo tengo consciencia de mí y de cómo me comporto si los demás me dicen cómo me perciben. ¿Alguien considera esto en las evaluaciones del desempeño y que luego del *feedback* negativo dado a una persona, se espera que ésta reaccione positivamente mejorando sus competencias conductuales?

A partir de la imagen que de esa forma interiorizo, voy orientando mi conducta y modificándola de acuerdo con el grado de consciencia que tengo de ella y en virtud de mis objetivos.

Llevemos este principio teórico a una situación práctica.

Otro mecanismo de interés en la construcción de las imágenes es el de la identificación. No debemos confundir aquí este tipo de identificación con el mecanismo de defensa conceptualizado por Anna Freud, mediante el cual "se incorporan los atributos de otros sujetos o grupos y se tiende a manifestar la misma conducta que aquellos" (Freud A., 1967). Se trata, en este caso, más que nada de un reconocimiento del "sí mismo" en las verbalizaciones que expresan las imágenes que los otros sujetos o grupos tienen de nosotros. Es como cuando alguien me dice algo de mí mismo con lo cual no me identifico y que siento extraño a la concepción que pueda tener de mí mismo, entonces digo que "no me llega", no es de mí de quien se trata. Luego, si no me reconozco en el otro objeto, todo lo demás no me tocará. De aquí la importancia del "conócete a ti mismo" fuente original de cualquier cambio.

Por el contrario, si tengo una leve consciencia sobre lo que no me agrada de mí mismo y lo veo reflejado en la opinión de otros hacia mí, se me despertará, o no, el interés por cambiar. Puedo llegar a verme más involucrado en la relación con los demás, dar una respuesta comprometida, mejorando en esta forma, la comunicación y el intercambio de los mensajes.

Existe otro mecanismo que pone en peligro las relaciones entre las personas, especialmente las relaciones interpersonales, me refiero a la negación del otro. El no querer ver, ni aceptar, al otro tal como es, llegando incluso a veces a obviar su presencia física o psicológicamente.

Esta negación tiene sus móviles propios; si yo siento un rechazo hacia el otro y por eso no lo percibo, no lo veo, no es por lo que el otro es, sino que mi ceguera puede estar surgiendo del rechazo de aquella parte de mí mismo que no quiero ver o aceptar, según las polaridades de Jung (Reyes, 1993) y que veremos más adelante como algo importante a trabajar en los procesos que nos ocupan.

Nuevamente un aspecto personal propio interviene en mi percepción del otro impidiéndome tener una imagen completa y real de él. Cuando estamos en un proceso de transformación en una organización a menudo se parte de enunciados falsos, en algunos casos provenientes de diferentes fuentes, generalmente por información incompleta dada, por ejemplo, la propia inseguridad de los directivos, o el temor a que no lo sigan o comprendan los beneficios del proyecto. O, al prejuicio que se da por hecho, que los empleados no se comprometerán "porque siempre ha sido así".

A la construcción de imágenes contribuye también el mecanismo de defensa de la proyección.

El mecanismo de la proyección es una buena herramienta para recoger los elementos personales y sociales que componen una imagen. Si se trata de una estructura social, como en el caso de una familia u organización, podemos obtener una imagen que es el producto de un medio socioeconómico determinado, es decir una percepción de los sistemas que están por sobre el círculo personal inmediato. Es posible apreciar en la conformación de esta imagen, el tipo de modelo cultural que le subyace: "siempre encontramos detrás de las imágenes los modelos personales o propios de una cultura de sociedad o subcultura de un grupo o medio social". "Las imágenes son, el punto de convergencia de los elementos captados a nuestro alrededor gracias a la percepción, los modelos propuestos por la sociedad y la vida íntima del sujeto" (Anguita Godoy, 1975).

Siguiendo en la línea gestáltica de pensamiento, aquella parte desconocida del otro puede ser completada también a través de la proyección o atribución a los demás de características que sólo nos pertenecen a nosotros mismos.

Esto es tremendamente claro en las organizaciones donde quienes las conducen (y a todo nivel) las personas suelen guardar la información o dar sólo una parte de ella sin significado. La razón: el temor a que los empleados se asusten y entiendan mal (reflejo su propio temor).

Una persona o grupo "proyecta" en las otras sus propios defectos, problemas, miedos… como lo ejemplifica bellamente Hugh Prather (Prather, 1975), "si algo que tú haces me irrita, quiere decir que tu falta también es la mía", o bien, "la crítica que más hiere es aquella que hace resonar mi propia condenación".

Pero no termina ahí la elaboración de imágenes. Como lo ha señalado G. H. Mead (Mead, 2006), las imágenes tienden a completarse en sus aspectos temporales, espaciales y funcionales. En la reestructuración temporal, interviene la memoria de evaluación o recuerdo, caracterizada tanto por el pasado del sujeto como por aquel de su grupo de pertenencia; mi experiencia con este tipo de jefes "me dice" que este nuevo jefe debe ser como los que conocí.

¿Será mucho dedicar un tiempo a conocer entre los colaboradores cual es el tipo de jefes que no les ha gustado, en la experiencia que han tenido con él y despejar así los temores en el presente?

Por último, lo que interviene además, en la construcción de la imagen, está la relación entre los hechos y las características y funciones que cumplen estos hechos. Esto significa que, las imágenes van cambiando según el lugar físico o histórico, en que se encuentra el sujeto o el grupo y en relación a las circunstancias que lo envuelven. Una persona cuyo grado de dependencia es acentuado, pero que por diversas razones debe entrar a moverse en un medio que le exige mayor independencia, cambiará la imagen de sí mismo si enfrenta positivamente el desafió que el nuevo medio ambiente le impone. Típico es el caso del estudiante becado que sale por primera vez al extranjero, alejándose de la situación dependiente parental y que de pronto se da cuenta que es capaz de valerse por sí mismo en forma óptima. Lo mismo ocurre en la vida laboral cuando un sujeto se ve enfrentado a un cargo de mayor responsabilidad y al cual temía. Los desafíos y los contrastes son situaciones que ayudan al cambio de imágenes ya cristalizadas en nuestra cognición.

6.- *El rol de las imágenes en el comportamiento*

Dejemos de lado, por ahora, la formación o construcción de las imágenes y veamos la propiedad que les corresponde en el esquema comportamental, individual y colectivo.

Para esto, hagamos una relación pertinente con nuestro esquema teórico señalado en el Capítulo V (pág. 148).

Si es posible decir que la imagen se construye a partir de una percepción y la percepción sirve de estímulo al comportamiento, las imágenes tendrán también la propiedad de despertar comportamientos de meta, es decir, convertir un objetivo, una situación o un estado, en deseable de alcanzarse. Dicho de otro modo, si yo percibo un objeto, persona o proyecto a través de mis sentidos o de mi imaginación, puedo gracias a esta función, llegar a darme cuenta si ese objeto me es apetecido o no, en forma urgente o mediata.

De acuerdo con el estado afectivo que la imagen despierte en mí, construiré mis planes de acción y los distribuiré en el tiempo. Aquí encontramos los tres componentes de la actitud en relación con las imágenes que serían necesarios para generar un comportamiento dado.

¿Cuándo y en cuánto hemos considerado este principio al hacer el diseño para el proceso de cambio que se inicia y a lo largo de cada una de las intervenciones?

¿Hemos hecho suficiente uso, y repetidamente, para crear imágenes organizacionales apetecibles de alcanzar basadas en las leyes del aprendizaje y generar así una actitud proclive a adoptar el proceso?

¿Cómo puedo saber cuál es el estado afectivo que despertará la imagen invitadora a la transformación organizacional? Como dijera Marie Jahoda, destacada metodóloga inglesa: "si quiere saber lo que la gente necesita o quiere; pregúntele" (Anguita Godoy, 1976).

Pocas frases de especialistas han sido tan certeras. Tan simple y pocas veces hacemos esa pregunta.

Cuando las jefaturas piensan en los reconocimientos o recompensas a otorgar por un desempeño destacado. No les preguntan a los interesados previamente, lo que les gustaría, corriendo el riesgo de frustrar a quienes lo reciben. Quienes otorgan lo que ellos creen que es un premio, sin preguntar antes, suelen estar lejos de lo que la gente realmente apreciaría como reconocimiento.

El valor de crear una imagen puede ser un inicio de un proceso de transformación, si de esta percepción conformo una imagen positiva, mi acción será de acercamiento al objeto, ya sea de aspiración a obtenerlo o relacionarme con él.

En el caso de un proyecto de cambio, debo mostrar los beneficios para la mayoría de las personas, pero no sobre mis creencias sino sobre datos concretos de los deseos y aspiraciones de la gente. Pero no les preguntamos y si lo dicen, aunque sea con gritos o en huelgas, no los escuchamos. Además, hay que tener en cuenta que el deseo es más urgente e inmediato que las aspiraciones que pueden esperar largo tiempo e incluso nunca concretarse.

Caso contrario, si damos una imagen negativa o dificultosa, la acción de las personas será evitativa, de resistencia o de rechazo o, incluso de ataque hacia esa proposición.

Generalmente, no se aprovechan estudios previos que se hacen en las organizaciones tales como las mediciones de clima organizacional donde es más que frecuente encontrar que la imagen de las jefaturas o líderes son muy deficientes, no en los aspectos técnicos que estos poseen sino en especial en lo que corresponde a las mal llamadas competencias blandas. Entonces, si no hay confianza, ni credibilidad en la comunicación, ni oportunidad en la entrega de información, la imagen de los líderes será negativa y actuará como una barrera a cualquier otra imagen que quisiéramos compartir.

7.- *La imagen social*

La imagen social es un conglomerado o grupo que proyecta en el medio social para el resto de la comunidad y se forma a través de una serie de elementos del medio que los sujetos aprehenden y que son precisamente las características que finalmente, la constituyen. ¿Por qué es tan importante esta imagen social para el DO?

El "darse cuenta de sí mismo" y "darse cuenta del mundo", el conocer y vivenciar estas cualidades específicas de los elementos que conforman las imágenes, son un medio de desarrollo personal y social porque permiten empezar a modificar comportamientos. De ahí que algunas organizaciones nos parecen atractivas de trabajar en ellas y otras no, ya sea por las imágenes en la publicidad o en la televisión o por lo que la gente dice al hablar de ellas. Esto puede atraer o no atraer a personas que buscan trabajo.

La búsqueda de la congruencia entre la imagen que proyecta una organización y lo que sus empleados opinan de ella y lo publican de boca a boca en su medio, constituye una fuerza poderosa de atracción o rechazo para incorporarse a ella.

El rol de las imágenes en el comportamiento viene a ser fundamental en situaciones de la vida social, especialmente todas aquellas que están afectas a las intercomunicaciones, como la familia, la relación entre padres e hijos, los amigos, las relaciones en el trabajo, entre el superior y el supervisado y entre compañeros de trabajo. En todas las formas de acción humana, llegando incluso a afectar relaciones más complejas de tipo colectivo como son las relaciones internacionales.

Hoy estamos peligrosamente, más susceptibles de ser influenciados en nuestra construcción de imágenes por las redes sociales. Algo que no ha sido bien considerado en estos tiempos y que dependiendo de las fuentes puede ser un peligro o una oportunidad de mejora.

8.- La imagen modelo

Existe otro tipo de imagen que tiene una influencia preponderante sobre el comportamiento individual y colectivo, nos merece especial interés para el DO, es la imagen modelo.

Este tipo de imagen proviene de los agentes socializadores de la sociedad, la familia primero, la escuela después, la Iglesia, el Estado. Es una imagen que aparece como inseparable de un sistema de exigencias, de prohibiciones y de juicios morales.

Gran parte de las creencias, actitudes y valores frente a sí mismo y a los demás han sido introyectadas por los sujetos a partir de ciertos modelos que la sociedad les ha impuesto tempranamente.

He aquí una relación a hacer con la cultura país y las personas que ingresan a una empresa y una de las características del liderazgo necesario hoy día.

La praxis social que tiene el individuo en su desarrollo, desde la etapa infantil a la adulta, lo va orientando como ser social. Para esto, la sociedad a través de sus agentes formativos proporciona normas, reglas y modelos de conducta que el individuo hace suyos. De esta forma y a partir de esta fuente, el sujeto construye también ciertas imágenes que constituyen un modelo hacia el cual el aspira llegar a parecerse o a obtener y hacia la cual, orienta su comportamiento molar, es decir, el modo en que interactuará con su entorno, es decir dentro de un contexto situacional. De ahí que insistamos en la calidad de la educación temprana.

Cuando este modelo, concretizado en una imagen, y al cual se desea llegar a parecerse o tener, no coincide con la imagen que el propio sujeto tiene de sus condiciones personales, profesionales o morales en un momento determinado; cuando, para usar un término óptico, está "desfocalizada" y aparecen en la consciencia dos imágenes alejadas una de la otra, puede llevar al sujeto o al grupo hasta los límites del conflicto. El eterno dilema que se presenta aquí entre el "querer ser" y el "ser", entre la sociedad u organización que desea imponer un modelo y la aceptación de ese modelo por parte de los individuos.

¿Cómo haremos para focalizar ambas imágenes en una sola?, ¿hay relación entre el CVA que esperan los colaboradores de una empresa y, lo que espera la organización para sí misma?

9.- Dinamismo de las imágenes

Las imágenes que construimos sobre objetos o situaciones, además de estar incompletas, pueden también tener un carácter estático o pasivo como una fotografía. Pensamos en algo de nosotros mismos o de otros y ese pensamiento está como una foto guardada en el cajón de la memoria para verla cuando queramos. Pero, en la medida que las imágenes adquieran mayor claridad e importancia adquieren movimiento como en la cinematografía. Se dinamizan porque las circunstancias que rodean a los objetos cambian, son capaces de hacernos surgir sentimientos más allá de lo meramente perceptivo, adquieren una fuerza activa, motora, que nos lleva a movilizarnos hacia los objetos que representan. Se constituyen en lo que Paul-Henry Chombart de Lauwe llama una Imagen-Guía, la cual es capaz de hacer surgir ciertas conductas que se orientan hacia logros acordes con dicho tipo de imagen.

Algo semejante, aunque por sus consecuencias más poderosa, sucede con la influencia que ejerce este tipo de imagen, viva y coloreada, en el comportamiento colectivo. Para ilustrar esto, citaremos la siguiente reflexión del mismo autor.

"Cuando una imagen es compartida por cierto número de individuos de la misma edad, nivel socio-económico, sexo, educación, etc., ello llega a ser una representación colectiva de grupo en la cual el poder de sugestión y la fuerza de cohesión puede ser considerable" (Chombart de Lauwe, 1970).

Una imagen de este tipo puede llevar a una acción colectiva de gran poder, constituyéndose en una "imagen-guía colectiva".

¿Por qué no hemos sabido aprovechar este conocimiento para aplicarlo a nuestras intervenciones de Desarrollo Organizacional, en los distintos niveles en que actuamos? ¿Cómo podríamos operacionalizarlos y así aglutinar el compromiso tan buscado en las organizaciones?

10.- El cambio de las imágenes

Hemos visto como se forman las imágenes y la potencia que pueden llegar a adquirir en el comportamiento psicosocial organizacional. Pero, una vez estructurada, ¿qué es lo que determinan su cambio? En una imagen estática, ¿qué hace que ésta se active?

Cuando una imagen está estática, aún más, difusa, cuando la falta de información cognitiva o afectiva permite este estado de cosas, entra a jugar una función psicológica que permite una modificación de esas condiciones. Nos referimos a la atención, a la focalización dentro del campo perceptivo de un objeto y que nos permite darnos cuenta de lo que ese objeto es y de sus elementos constitutivos. El logro de esta atención focalizada es provocado por diversas causas, ya sea por estímulos afectivos, cognitivos, informativos del sujeto poseedor de la imagen, o por los cambios perceptibles que proviniendo del medio ambiente te hacen resaltar un objeto de entre otros o bien, considerar aquellas características del objetivo que permanecían en la penumbra, ignoradas. **Es aquí donde el poder de las conversaciones, del diálogo y de la participación, así como el aprendizaje organizacional, juega un tremendo rol transformador.** Más aun, algunas prácticas, como *Mindfulness*, sólo como ejemplo, nos pueden ayudar a incrementar la atención plena, necesaria para adquirir consciencia, entre otros beneficios.

Atender, en este caso, es aprender a ver el fondo de una figura, es configurar la imagen en su totalidad apreciando aquello que está más allá de los límites imaginarios que le hemos impuesto a la representación de una realidad.

Cuando creemos ver algo por primera vez que, siempre estuvo allí frente a nuestros sentidos, manifestamos una reacción casi física; sentimos una especie de asombro, de alegría o de enojo u otra emoción al darnos cuenta de su existencia. Sentimos también que es como un velo que se descorre en nuestra consciencia y a partir de ese momento captamos una nueva imagen.

Esto que descubrí a través de mis propias vivencias, hace tanto tiempo atrás, en el 2012 tuvo una comprobación. En una investigación de las universidades de Stanford y Minnesota donde, Melanie Rudd de la primera universidad, destaca las siguientes situaciones: Dice ella: "inesperadas situaciones disminuyen la sensación de que el tiempo es siempre limitado lo que permite a las personas tener mejor disposición para actividades de voluntariado, preferir el consumo de experiencias en lugar de bienes materiales y sentir mayor satisfacción con la vida en general" (Rudd, Vohs, & Aaker,

Juana Anguita G.

2012). Es decir, uno puede reducir los niveles de *stress* y mejorar la calidad de vida dándose un poco de tiempo para esta clase de experiencias inesperadas.

Si sabemos que los cambios nos producen *stress*, ¿no podríamos incorporar algunas de estas prácticas para reducirlo e introducir el factor relajador, de consciencia y de sorpresa, tan importante en el aprendizaje, en el trabajo?

Nuestra experiencia nos dice que, al sacarnos de nuestro normal patrón de pensamiento, estos hechos inesperados o sorprendentes, tienen el potencial de fomentar nuestra creatividad y flexibilidad mental, que al emerger se logran más ventajas en la persona.

Continúan diciendo los científicos "cuando las cosas no suceden como esperamos, vemos el mundo de una manera distinta, lo que nos permite derribar barreras mentales favoreciendo la creatividad". Cualquier modificación de la rutina diaria puede funcionar y favorecer la apertura y flexibilidad mental de manera que los cambios que vengan sean más aceptados y se logre la colaboración. ¡Nada más distante en la realidad diaria de las organizaciones donde trabajamos y donde la rutina nos cansa y nos llena de tedio concomitando con la baja productividad y el desapego afectivo con la empresa! ¿Por qué no hacemos un diseño distinto por lo menos 2 ó 3 días a la semana? Más aún, cuando se ha probado que los viernes se acorta la jornada de salida en muchas empresas y se permite asistir con vestimenta deportiva y sólo eso ya nos muestra una diferencia en las organizaciones que lo han adoptado, ¿cómo sería si fuésemos más innovadores y estableciéramos otros hábitos organizacionales que hagan del trabajo algo además, entretenido?

En relación con lo anterior existe otro estado a producir para cambiar la rutina laboral, es el estado de admiración. Esta parece ser una emoción universal, pero se ha descuidado por los científicos, hasta ahora. Los científicos psicólogos, Melanie Rudd y Jennifer Aaker de la Universidad de Stanford, *Graduate School of Business*, y Kathleen Vohs, de la Universidad de Minnesota, *Carlson School of Management*, han ideado una manera de estudiar este sentimiento de admiración en el laboratorio.

A través de tres experimentos diferentes, encontraron que los momentos alucinantes hicieron que los participantes se sintieran como si tuviesen más tiempo disponible y más pacientes, menos materialistas y más dispuestos a ofrecer voluntariamente su tiempo para ayudar a otros.

Los cambios en las imágenes provienen entonces tanto de los sujetos mismos y de lo que ellos hagan por lograrlo, como de los cambios ambientales, accidentales o manipulados. En ambos casos intervienen causas parecidas y complementarias; lo que sucede en el ambiente inmediato del sujeto, este lo interioriza emocional o cognitivamente produciéndose el cambio a nivel personal, que es precisamente lo que buscamos en esta propuesta. El cambio personal le permite, a su vez, percibir el mundo de otra manera y, por lo tanto, reconstruir la imagen que tiene de sí mismo y de su ambiente inmediato.

En otras palabras, se presenta la dialéctica del proceso personal–social a que nos refiriéramos en el marco teórico.

Veamos un caso donde esto sucede en la esfera laboral.

Una persona que ha estado relegada a funciones menores dentro de una organización, las cuales no estaban de acuerdo con sus verdaderas competencias, se ve de pronto ascendida en su cargo. Hasta ese momento su autoimagen era de tipo depreciatoria, minusválida hacia sí mismo y en su relación con el medio externo. La organización le parecía hasta ese momento fría, impersonal, con un liderazgo autoritario que le desagrada y encuentra poco estimulante, la relación con los compañeros de trabajo le parece ininteresante. Está pensando seriamente en cambiar de trabajo. Cuando se ve ascendido en sus funciones, su percepción cambia al punto de racionalizar todas las fallas que antes encontró: "esta empresa es la mejor que hay, realmente me he dado cuenta de ello", "de otro modo, esto no marcharía", "en realidad, la gente que trabaja aquí es bien simpática y profesionalmente son mejores que los que trabajan en otras partes..." Del cambio sufrido en todos estos elementos surge una nueva imagen de la organización total y este individuo comienza a cambiar sus patrones de conducta; departe más con sus compañeros, no teme hablar al jefe, comienza a participar en las actividades sindicales e incluso en conversaciones informales frente a las cuales siempre se había sustraído.

El cambio, a nivel personal es evidente, se vuelve más seguro, su voz al dirigirse a los demás se torna más asertiva, se interesa más por su apariencia personal, siente que es capaz y comienza a rendir más.

Percibe los objetos en un nuevo contexto, en un ambiente diferente al acostumbrado, al que suscitó las primeras imágenes. Luego, estas imágenes primarias, si las podemos denominar así, van cambiando a medida que el propio sujeto, en tanto objeto del mundo social, se somete a diversas influencias.

Juana Anguita G.

Lo que señalamos implica un gran dinamismo, no obstante, hay imágenes que pueden quedar fijas y almacenadas durante un largo período y habrán otras que sólo fluctúan si los estímulos, a los cuales está sometido el objeto, poseen la capacidad de alterarlo.

Los individuos necesitan tener una visión globalizadora e integrada de los variados aspectos de la realidad. Esto se puede lograr de tres formas: Una forma, son las experiencias que el sujeto o grupo siente intensamente de manera vivencial, es decir, como una experiencia vital, sentida profundamente tanto en lo cognitivo y reflexivo como en lo afectivo. A este grupo pertenecen ciertas experiencias inducidas como las que se viven en algunas dinámicas grupales o grupos terapéuticos que, con una orientación teórica, consideran ambos aspectos y la llevan a la práctica.

Los facilitadores de cambio utilizan dinámicas parafernálicas sin saber muy bien como actuarán estas en el comportamiento de las personas ni menos en qué dirección del cambio apuntarán, con el consiguiente peligro y frustración para los participantes luego de pasada la entretención del momento.

Es importante al hacer el diseño de alguna actividad, saber que, las relaciones personales con individuos diferentes entre sí despiertan, un cierto estado de gran contenido emocional, penosas o felices, acompañadas de una reflexión simultanea o posterior que cumplen bien su función de cambio de mentalidad. Los cambios ambientales bruscos, las situaciones contrastantes o contradictoria y llevan también a un cambio de las imágenes. Nuevamente esto se relaciona con los resultados recientemente obtenidos de la investigación referida más arriba y que tiene que ver con lo desconocido y lo inesperado.

El cambio de un país a otro, de una cultura a otra cultura, las situaciones de vida alternantes, cambios de trabajo, separaciones afectivas, etc., van en esta línea.

En el caso de imágenes colectivas, son los cambios sociales coyunturales lo que producen una reelaboración de ellas, por cuantos son vivencias de gran compromiso intelectual y afectivo para los sujetos.

Un segundo modo para que se produzca la transformación de las imágenes está en las sumas de distintas experiencias que se van completando paulatinamente a través del tiempo. Estímulos tales como la educación, o sus diferentes grados de formalización, los medios de comunicación de masa, y los sistemas de vidas diferentes a los cuales se somete una persona en la trayectoria de su vida juegan un rol muy importante en nuestra visión de la vida en general y de las relaciones.

Podemos afirmar que las experiencias que poseen esta propiedad de cambios son las que hacen salir a los objetos sociales de su contexto habitual, personal, grupal o social, ya sea brusco o rápido en el tiempo, o que se vea sometido a una influencia retardada.

Pero, hay un tercer factor que se relaciona con la reestructuración de las imágenes, tal vez más difícil de lograr por quienes no manejan ciertas técnicas y, sobre todo, cuando se pretende que este cambio sea rápido o "ágil" como está de moda. Se trata de alterar de algún modo, los mismos elementos que intervienen en su formación: Hacer tomar consciencia sobre lo que se ha negado, facilitar la interiorización de nuevos elementos, presentar modelos que permitan nuevas proyecciones de la persona o del grupo, el ayudar a focalizar la atención en aquellas partes de la imagen que, o bien eran erróneas, o bien incompletas. Esto se logra razonando y conversando con las personas, acompañándolas en las emociones que les suscita, o tal vez sobre el porqué de su omisión en la imagen de totalidad y de las partes que conforman esta totalidad produciendo una Gestalt completa.

Finalmente, para producir el cambio de las imágenes, deben considerarse los mismos elementos que intervienen en su formación, pero dentro de un contexto personal amplio –vivencial– y contrastante con el habitual.

De esa manera y a través de una toma de consciencia, se puede obtener una reorientación de la conducta psicosocial y un cambio efectivo de la acción individual o colectiva.

¿Por qué los deoistas no nos hemos tomado en serio estos conocimientos y no los hemos aplicado para producir los cambios tan deseados en las organizaciones?, ¿por qué no hemos creado los mecanismos para generar imágenes positivas hacia las transformaciones?

Capítulo X

Las conversaciones

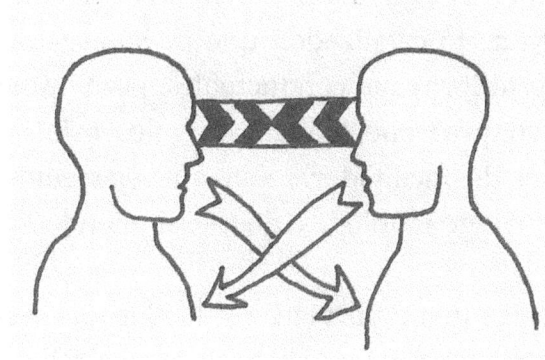

1.- Mentalidad y práctica dialógica

Es interesante destacar lo que dice una de las autoras contemporáneas que ha aportado mucho a la disciplina del DO en relación con el siglo XXI, Margaret Wheatley al escribir:

"...Las conversaciones humanas (mentalidad dialógica) son las más antiguas y fáciles formas para cultivar las condiciones para el cambio; cambio personal, y cambios de la comunidad y la organización" (Wheatley, 2014). Esta cita de Margaret nos indica la importancia de los comportamientos asociados a la práctica del diálogo como poderosa herramienta para desarrollar la auténtica y profunda capacidad conversacional que existe, potencialmente, en las organizaciones. Cabe preguntarse, si es tan antigua, ¿por qué hoy, en el siglo 21 todavía nos quejamos de la falta de comunicación a lo largo y ancho de las organizaciones? Si el diálogo, como señalan tantos autores y así lo creo yo también, permite la creación de un flujo a través y entre personas, si las conversaciones entre iguales, es más que una persona entendiendo algo y es la transformación de lo implícito en explícito y donde las creencias, valores e intenciones que dirigen e impulsan el comportamiento, llegan a construir significado y comunión.

El diálogo es inherentemente, relacional y colaborativo. Entonces, si buscamos una cultura organizacional colaborativa habría que fomentar el diálogo, diríamos simplistamente, pero ¿por qué eso no sucede en la realidad? Uno de nuestros objetivos está en resaltar la importancia de fomentar el diálogo y de las facilidades y dificultades para crear una cultura organizacional de colaboración.

Continuando con la fuente de inspiración que es Maturana, referido anteriormente, éste nos da luces sobre nuestro rol en el cambio organizacional. Al igual que el psicoterapeuta, el consultor frente a cualquier cambio que surja en los sistemas humanos, la intervención debe ser siempre entendida como una reorganización de la experiencia del sujeto o de su vida en la organización y no del consultor. El consultor puede sólo generar alteraciones, en tanto catalizador, que pueden gatillar la reorganización de los modelos mentales y posteriormente conductuales, pero, nunca especificarla de una sola forma. Esto viene a afianzar que uno de los roles más importantes a ejercer por el consultor de DO, es el de facilitador. Rol que ejercemos gracias a los avances ya conocidos a través del diálogo ontológico donde, siguiendo a Maturana y Echeverría:

"Una conversación es una danza entre el hablar y el escuchar y entre el escuchar y el hablar. Las conversaciones y las relaciones son una misma cosa. Las conversaciones que sostenemos son las que están produciendo y reproduciendo la relación" (Maturana, 1991).

2.- *Tipos de conversaciones*

R. Echeverría señala a continuación que hay diferentes tipos de conversaciones:

- La conversación de juicios personales (el dominio de la responsabilidad, de la inclusividad, de la temporalidad).
- La conversación para la coordinación de acciones.
- La conversación para posibles acciones.
- La conversación para posibles conversaciones.

Estas conversaciones permiten la creación de un flujo a través y entre personas, si las conversaciones entre iguales, es más que una persona entendiendo algo y es la transformación de lo implícito en explícito y donde las creencias, valores e intenciones que dirigen e impulsan el comportamiento llegan a construir significado.

Si estamos pensando en fomentar una cultura colaborativa en las organizaciones es porque hemos descubierto que en ella sí es posible el diálogo, si trabajamos bajo esa concepción o creencia. No podríamos hablar de éste tipo de cultura sin apoyarnos en el concepto de cultura de Maturana.

Él mantiene que "una cultura es una red cerrada de conversaciones y que un cambio cultural toma lugar en una comunidad humana cuando la red de conversaciones que la define como tal, cambia. Una cultura concebida así (coordinaciones del lenguajear y emocionar) es conservada cuando los miembros de ella se sienten perteneciendo y la hacen realidad al vivirla, todo lo cual contribuye a la identidad. Esta identidad puede cambiar si las personas cambian la red de conversaciones en las que ellos participan. Lo interesante aquí es que su identidad (emocional y conductual) no preexiste como un rasgo de la cultura, sino que surge momento a momento cuando ellos generan con su conducta, la cultura a la cual pertenecen" (Maturana, 2004).

Creo que con esto Maturana nos está dando la clave para producir los tan anhelados cambios de la cultura organizacional. Me voy a aventurar aún más; tengo la convicción que estos cambios son extrapolables a la sociedad misma.

Nuevamente la frase de Marie Jahoda, referida anteriormente, viene a mi mente (Anguita Godoy, 1976), cuando decía, precursoramente en los años 70: "Si Ud. quiere saber qué necesita la gente, pregúntele" y en eso basaba sus encuestas de comportamiento dando a entender así que, a través del lenguaje, en tanto comportamiento, podemos entender las carencias de grupos o personas. Fenómeno semejante presenciamos durante el período entre 1969 y 1973 en Chile donde el contenido del lenguaje eran algunas reiterativas palabras de alta concurrencia en la gente tales como "necesitamos", "nos falta", "no hay" y otras para expresar la precariedad de recursos de que se disponía.

Si ponemos atención a los discursos y palabras repetidas de la gente en un momento dado, tendríamos más claro el diagnóstico de sus preocupaciones, necesidades, motivaciones e inquietudes.

La comunicación de más calidad no es la unidireccional sino es la conversación que permite escucharse mutuamente. El conocimiento de más calidad no es el explícito, el que intentamos promover mediante la formación, sino el tácito que se transmite mediante conversaciones.

La cultura innovadora que tanto se persigue hoy, como cualquier otro tipo de cultura se basa en las conversaciones las que deben ser guiadas por un nuevo tipo de líder: El Líder Conversacional.

Ahora las conversaciones mediante las tecnologías sociales se potencian en las organizaciones en eso que hemos llamado conversaciones 3.0, lo que nunca reemplazará a la conversación cara a cara.

¿Realidad de las conversaciones en las organizaciones chilenas? En nuestras mediciones de clima organizacional desde hace más de 20 años el tema continúa arrojando resultados críticos. ¿Razones? Estas son múltiples; falta de credibilidad en los que se comunica, oportunidad de la comunicación o tardía, fuera de plazo razonable, o información obtenida a través de la prensa antes que verbalmente por el jefe. Falta de confianza en quien comunica, las jefaturas no se dan tiempo para conversar aludiendo que "tienen que trabajar" no entendiendo que las conversaciones lo ayudaran en las tareas, a no equivocarse, a aclarar lo que el otro necesita, a establecer un lazo de confianza…

Un número apreciable de áreas o departamentos encontramos en las organizaciones que trabajan independientes, sin comunicación entre ellos, semejando a silos, lo que implica desconocimiento de un área sobre otra, es decir no conversan entre ellas lo que las hace ineficientes, atentando a la productividad. Lo peor, parece no importarles o no entender el efecto de esta situación, al proponerles como consultores, actividades que echen abajo estos silos o parcelas. El DO posee desde hace años, entre sus múltiples técnicas la de El Espejo Organizacional que se aplica a dos áreas o departamentos sin embargo no existe ni el manejo por muchos consultores, ni consciencia ni voluntad para hacerlo de parte de la organización porque la visión sistémica y de interrelación entre los sistemas está ausente en la mayoría de las personas que dirigen nuestras organizaciones.

Toda innovación se hace sobre algo ya existente y que sea aplicable a un servicio, producto o algo ya creado por el Hombre. Sin embargo, cuando queremos hacer cambios, en cualquier orden de cosas, no debiéramos borrar todo lo conocido, sino que lo debiéramos adaptarlo y transformarlo sin perder la esencia para lo que está hecho. Requiere, conocimiento, talento y adecuación a la realidad de lo que se quiere obtener. ¿Entonces por qué en las transformaciones de las organizaciones nos olvidamos de esto y no volvemos a buscar en las raíces lo que se podría modificar para obtener mayor beneficio y en acuerdo con los cambios ambientales y del mundo? ¿Por qué ignoramos los avances en los estudios del comportamiento e iniciamos y buscamos probar, nuevas ideas y no integramos lo "viejo con lo nuevo" desperdiciando así todo lo adquirido? Si bien no sucede siempre, solemos descartar todos los conocimientos probados y lo cambiamos por otros totalmente nuevos. Esto está pasando también en el Desarrollo de Organizaciones.

Los cambios que han traído los avances científicos de diversas áreas del conocimiento, la tecnología, la importancia de la sustentabilidad del planeta, la necesidad de innovar, la deficiente calidad de vida de las personas, en todo ámbito social lo que nos está llevando a revisar la disciplina.

¿Qué ha pasado en estos 50 años que nos hemos ceñido a enfoques y técnicas conocidas? Es probable que hayamos estado en una época de maduración. Pero ha llegado el momento de cambiar nuestro foco y, además, expandirlo.

El ser una empresa sustentable implica implementar en el negocio, prácticas corporativas con principios éticos que, consideran los derechos e intereses de los *stakeholders* y no solamente los intereses de los accionistas.

Una empresa sustentable está comprometida con la transparencia y la responsabilidad personal (*accountability*). Esta organización le permite a los *stakeholders* tener oportunidades de participar en todas las decisiones relevantes que los afectan. ¿Por qué nos llaman cuando la fuerza de los hechos son una realidad que les toca: huelgas, deserciones, rotación de personal, chismes, licencias médicas, *stress*, *mobing*, entre muchos otros síntomas? Sólo entonces aparece la esperanza de que nuestro quehacer los ayudará.

Más aún, empieza un círculo vicioso: esperan que la solución venga del psicólogo organizacional y sus intervenciones, sin reconocer ni aceptar el rol que a los directivos compete. Esperan milagros… que hasta donde yo sé, nunca los aprendimos a hacer en ninguna universidad. Si el milagro no resulta los psicólogos consultores no sirven para nada y pasará mucho tiempo antes que lo vuelvan a intentar y nos desprestigiamos.

Capítulo XI

Hábitos y voluntad

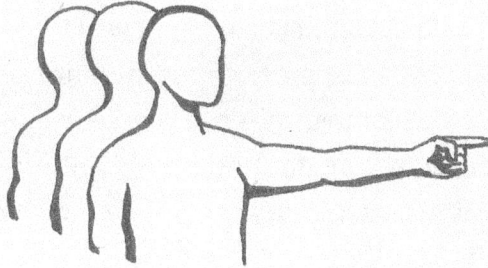

*"Eres lo que tu más profundo y vigoroso deseo es
Como es tu deseo, es tu voluntad.
Como es tu voluntad, son tus actos.
Como son tus actos, es tu destino."*
Brihadadaranyaka Upanishad IV.4.5

1.- Los hábitos

Los hábitos de conducta se forman tempranamente y generalmente en el seno de la familia que te crió, la que tiene sus raíces a la vez, en el árbol genealógico y cuyos rasgos pueden o no estar presentes en las generaciones venideras. De allí que sean más difíciles de cambiar.

Los investigadores de MIT han desarrollado un modelo que explica cómo se desarrollan los hábitos. Ellos señalan que los hábitos tienen 3 componentes básicos: el "disparador", la "rutina" y la "recompensa".

Los hábitos permiten que los individuos, las organizaciones y hasta las sociedades cambien los resultados que obtienen al cambiar sus acciones. Los investigadores de MIT han desarrollado un modelo que explica cómo se desarrollan los hábitos (Graybiel & Smith, 2014). Ellos señalan que las personas podemos conocer y modificar nuestros hábitos, si aprendemos a identificar sus elementos. Por ejemplo, si tenemos el siguiente hábito malo: comer golosinas todas las noches y engordar, podemos identificar los diversos pasos de nuestra rutina. Bajar a la cocina, abrir la alacena y buscar las golosinas. Después las comemos y nos sentimos bien. Al día siguiente nos sentimos mal al subirnos a la báscula y comprobar que subimos de peso.

En este caso, la rutina está clara, pero para poder cambiarla debemos analizar con cuidado lo siguiente: ¿Cuál es el "disparador"? ¿Cuál es la "recompensa"? Es decir, qué nos motiva a actuar y cuál es el premio que realmente buscamos.

Las recompensas son muy poderosas pues satisfacen nuestros deseos, nuestras ansias y nuestros antojos. Pero muchas veces no estamos conscientes de cuáles son nuestros verdaderos deseos. Podemos experimentar con distintos premios para identificar lo que realmente deseamos. Si en lugar de golosinas comemos una fruta, o bajamos a la cocina y no comemos nada, podemos identificar que nuestra recompensa, puede ser diferente y aun así satisfacer nuestro deseo de otra manera.

El siguiente paso es conocer lo que nos impulsa a la acción, "el disparador". Quizás, lo que nos mueve a buscar la golosina, no es el sabor a dulce, sino el no poder conciliar el sueño, o tener una preocupación que necesita "endulzarse", o algo similar. Si conocemos qué nos motiva, podemos entonces decidir cómo reaccionar.

Si estudiamos el ciclo de nuestros hábitos, entendiendo la "recompensa" que buscamos y el "disparador" que nos incita, podemos cambiar la "rutina" que nos lleva del inicio al fin. El cambio de hábitos implica una elección voluntaria de los actos a realizar, es decir, está en nuestras manos decidir cambiar nuestras acciones.

¿Tienes claros cuáles son tus hábitos? ¿Conoces cuál es el "disparador"? ¿Cuál es la verdadera "recompensa" que buscas? ¿Estás dispuesto a cambiar tus hábitos para mejorar?

Se dice que para que los cambios propulsados sean aceptados por las personas no pueden ser por decreto. Sin embargo, hay dos ejemplos notables en Chile que dicen lo contrario.

Uno, la prohibición de fumar en recintos cerrados oficinas, restaurantes, aeropuertos, clínicas. Estas prohibiciones han sido acatadas unánimemente y ya se instaló el hábito, el respeto a los demás, la aceptación de los que no fuman y más aún los fumadores empedernidos.

Lo mismo ha sucedido con las restricciones y controles sobre la ingesta de alcohol como viéramos más arriba -aunque en menor grado- en la conducción de automóviles, al medir el estado de intemperancia. Hoy día, la gente ha cambiado sus hábitos. Cuando van a una fiesta o comida, la gente conscientemente, no bebe si conduce o bien se hacen acompañar por un amigo que lo haga, o toman un taxi.

Ambos casos se veían afectados por una amenaza.

Decimos que para que la gente cambie, debe de tomar consciencia de los beneficios que el cambio le traerá. Pero en estos dos casos, vemos que también la amenaza a sí mismo, a ser detenido, a atropellar a otros, a que le quiten el permiso de manejar, o a destruir su propia vida, enfermando de cáncer, pareciera jugar un importante rol en este cambio de comportamiento.

La baja en el consumo de cigarrillo ha sido menor que la ingesta de alcohol cuando se va a conducir.

¿A qué se debe esto?, ¿será que cuando la amenaza va más allá del propio sujeto la consciencia es mayor?, ¿y por qué causas?, ¿por solidaridad?, ¿por no causar daños a terceros? Tema a investigar.

«Tolerancia Cero al alcohol: Disminuyeron en un 85% los muertos por accidentes de tránsito. Según el reporte trimestral de seguridad vial del Ministerio de Transportes, Conaset y Carabineros la entrada en vigencia de la ley influyó en la importante baja del número de fallecidos.

"La noticia espectacular es el impacto de los fallecidos por alcohol en conductores. Tenemos que la cifra se movía en general en los 18 ó 20 personas que fallecían producto del alcohol (mensualmente), que ya venía mostrando una tendencia a la baja porque nosotros el año pasado empezamos a hacer campañas muy fuertes", explicó Errázuriz.

Acto seguido señaló que "vemos que a partir de la ley en vez de los 25 fallecidos que hubo en el mes de enero en años anteriores, la cifra bajó a 15 y de los 20 que hubo en febrero de 2011 bajó a 10 este año y en marzo vemos que tenemos sólo a 4 personas".

El titular de Transportes aseguró que estos antecedentes demuestran un cambio cultural en el que la gente se está adaptando a la normativa y expresó que espera que "esto sea una modificación de hábitos" para que "esta buena noticia que realmente es muy positiva se siga repitiendo".

Por su parte el coronel Víctor Cancino, Jefe de la Prefectura del Tránsito de Carabineros, aseguró que "no basta con hacer campañas, ni adoptar acciones preventivas, de control y fiscalización si no existe un compromiso y la gente –en tanto los conductores como los más vulnerables que son los peatones- asuman una conducta de autocuidado y responsabilidad".

Juana Anguita G.

Asimismo, el coronel sostuvo la importancia de que este informe se realice de forma trimestral y no semestral como se hacía antes pues a su juicio ha dado las herramientas para que la institución pueda tomar decisiones y pueda aplicar medidas preventivas y correctivas "para la seguridad vial total". Con esto se está indicando de como la repetición de las medidas formarían parte del cambio de hábitos, hasta que estos se reinstalen en la conducta. Situación parecida a las leyes del aprendizaje o reaprendizaje, en este caso» (Ayala C., 2012).

2.- *La voluntad*

Uno de los conceptos que hemos dejado de lado en el estudio del comportamiento, es la voluntad, la que considero vital para cualquier emprendimiento.

La voluntad es una facultad intelectual que representa la fuerza del yo para dirigir y mantener la orientación de la acción hacia el cumplimiento de los objetivos.

Educar no es sólo formar la inteligencia, es también formar la voluntad, es decir, el deseo de buscar y alcanzar algo que consideramos como un bien. La precisión es importante porque detrás de la persona que es capaz de automotivarse está una voluntad fuertemente arraigada. Mejor dicho, las dos, automotivación y voluntad, deben presentarse juntas. ¿Qué hace nuestra educación por fortalecerla?

De hecho, algunos teóricos señalan que la voluntad es imprescindible para pasar de la intención a la acción. La motivación denota compromiso, promueve la intención de aprender y la volición supone mantenerse en la brecha, protege ese compromiso. Así, la sola presencia de la motivación y habilidad no es bastante para llevar a cabo una acción, salvo que ésta consista en meras rutinas. Para que la acción sea posible hacen falta, un desarrollo de apropiados mecanismos volitivos.

Dicho en otras palabras: un alumno puede tener una gran automotivación (sabe que el estudiar un examen es intrínsecamente bueno para él, porque le asegura un buen currículo para sus futuros estudios, porque le permitirá pasar un verano relajado) pero en el proceso de estudio debe competir con muchas interferencias a las que sólo la voluntad podrá vencer. "En definitiva, ponerse a estudiar o hacer las tareas escolares no sólo es cuestión de motivación, sino que requiere voluntad, que tiene mucho que ver con desarrollar la capacidad o más bien las estrategias de autocontrol y autodominio para resistir la tentación y demorar la gratificación", concluye María Carmen González (González Torres, 2012).

A partir de estas premisas, en su conferencia durante las V Jornadas de Innovación Pedagógica de Attendis, la profesora González, propuso toda una serie de estrategias volitivas encaminadas a controlar varios niveles, que se pueden sintetizar en tres: la propia motivación, las emociones y el estado de ánimo (¿cuántos de nuestros alumnos o hijos son incapaces de estudiar un tema, precisamente porque pierden el tiempo en pensar que no serán capaces de hacerlo?), y la conducta y el ambiente.

Muchas de ellas, sobre todo en el último de los aspectos, tienen que ver con el desarrollo de adecuados hábitos de estudio (control de tiempos, programación de tareas, elección de lugar de trabajo, elección de los acompañantes, disposición de documentación o recursos, realización de ejercicios de relajación, etc.), pero también proponen cuestiones como el planteamiento de metas y objetivos a corto y medio plazo, el dirigirse mensajes de autorefuerzo, proponerse posibles incentivos por la realización de la tarea, etc. De esta manera la voluntad viene a ser el tercer término en la ecuación: si es cierto que sin motivación no hay esfuerzo, también lo es que en la mayoría de las circunstancias la voluntad es también imprescindible, porque es la suma de la motivación y la voluntad la que conducirá al esfuerzo que permitirá a nuestros alumnos alcanzar sus metas.

Y, lo más importante de todo: esas estrategias de control volitivo pueden y deben enseñarse. La profesora González (González Torres, 2012) desgranó varias iniciativas encaminadas a ello; "se adquieren naturalmente", señala esta autora, "a través de la socialización y el modelado en casa, en la escuela con los profesores y compañeros, pero también se pueden enseñar explícitamente en las diferentes materias escolares".

Si hemos puesto estos ejemplos relativos a la educación y no al área de trabajo es porque, tal como señaláramos en los primeros capítulos, cuando las personas están en una organización ya han perdido la posibilidad de ejercitar la voluntad que debe comenzar tempranamente. Poco se ha hablado de este aspecto en nuestras intervenciones organizacionales y pensamos como el dicho que "más vale tarde que nunca".

Observamos a diario que hay personas que parecen carecer de voluntad o que al menos no tienen la suficiente; se dejan llevar por los deseos de los demás o no cuentan con el normal entusiasmo necesario para lograr sus propias metas que por lo general no tienen bien definidas. Durante un proceso de transformación organizacional, al buscar un cambio de hábitos, esto cobra importancia y pueden estar en ese 80% de la curva del cambio que bien puede inclinarse hacia los que lo resisten si no trabajamos sobre este aspecto particular. Esta ausencia de voluntad se relaciona con la falta de motivación por la dificultad para discriminar entre objetivos accesibles y razonables que estén de acuerdo con las propias posibilidades y el hábito frecuente de aferrarse a fantasías inalcanzables.

En el siguiente párrafo, podemos apreciar la relación entre el manejo de las emociones y la voluntad, relación que no siempre se tiene clara. El carácter es adquirido y es la forma de asimilar la experiencia; junto al temperamento básico, que como característica de nacimiento es inmodificable conforman la personalidad. Por lo tanto, sólo el carácter se puede modificar para lograr una mejor adaptación. La voluntad nos ayuda a controlar los impulsos y un buen manejo de ese control mejora el carácter.

No se puede identificar voluntad con deseo; pero es necesario que vayan juntos.

Los deseos tienden a satisfacer necesidades, la voluntad humaniza esos mismos deseos, organizándolos y orientándolos, dándoles un significado personal. El deseo exige inmediatez, no atendiendo razones. La voluntad no impide el deseo, sino que permite a través de la perseverancia y la protección del deseo, tener un significado esencialmente humano. El reverendo William F. Lynch desarrolló la tesis que sostiene que no es el deseo lo que causa la enfermedad sino la falta de deseo (Lynch, 1973).

El voluntarismo sin deseo es enfermizo y el deseo sin voluntad es inmadurez, ausencia de metas personales e intenciones conscientes.

El psicólogo William James llega al problema central de la voluntad, es decir, a la atención (James, 2011). El esfuerzo involucrado en el ejercicio de la voluntad es realmente un esfuerzo de la atención.

La tendencia del hombre moderno es creer que la persona es el resultado de impulsos incontrolables que determinan sus acciones, negando la existencia de la voluntad. Pero si la voluntad no existiera tampoco sería posible tomar decisiones libres y todo ser humano sería esclavo de sus instintos. Las dificultades físicas, por ejemplo, que se aceptan y se integran emocionalmente a la personalidad, suelen trascenderse y superar esos límites, con una buena motivación y una férrea voluntad.

Capítulo XII

Liderazgo integral

*"El primer principio es no
Engañarte a ti mismo, y tú eres la persona
más fácil de engañar"*
Richard P. Feyman (Romo, 2009)

1.- La decisión de ser líder

Muy ligado, psicodinámicamente, a la voluntad están las decisiones que tomamos para hacerlas realidad.

¿Te has planteado si quieres ser un líder? ¿Se plantean los directivos, los responsables de equipo si quieren ser líderes ellos mismos o al designar a otro? Aunque parezca obvio, la primera condición para desarrollar el liderazgo es querer serlo. Algo que parece de sentido común, no es práctica común.

Más allá de la afirmación, con la que estamos de acuerdo, de que el "líder no nace, se hace", podemos añadir que el liderazgo se decide, en base al deseo de llegar a serlo. Implica el deseo de guiar a los demás. La función de liderazgo se manifiesta, sobre todo, al estar en posiciones que implican autoridad formal o *status*. Sin embargo, no siempre va acompañado de la voluntad del propio interesado. ¿Será esto lo que diferencia a los buenos y malos jefes?

El liderazgo es una opción: es una cuestión de motivación -me gusta liderar- y voluntad -quiero liderar-. Poco se habla sobre voluntad y mucho sobre motivación, y son cara y sello de la misma moneda. Al respecto tengo el recuerdo de mi padre, que siempre me hablaba de la importancia de la voluntad, haciendo alusión a un libro así llamado que inspirara su vida. Mi padre nunca fumó y cuando a los quince años mi abuela me lo enseñó y yo le dijera "¡pero papá, si todo el mundo lo hace!", el me respondió una frase que he tenido presente, toda mi vida: "aunque todos... yo no". Lo que junto a otros comportamientos de él fueron un ejemplo de voluntad; como era reacio a tomar cualquier medicamento, al dársele un analgésico se lo echaba al bolsillo de su chaqueta y decía "así me mejorare". Se acostaba, y luego despertaba sin más jaquecas. Estos dos ejemplos nos muestran como uno puede defenderse ante lo que nos hace daño, incluso cuando se atacaba a su hombría por no querer fumar. Esto implica primero, conocerse a sí mismo, y tenerse autoestima junto a una congruencia en la actitud de reacción. Esto es entrenable. La inseguridad, el pesimismo, la baja autoestima y la debilidad del carácter atentan contra el ejercicio de la voluntad.

La motivación, nos permite identificar aquello que realmente queremos, porque nos gusta, nos da energía y nos permite disfrutar. Muchas personas confunden la motivación con la apetencia. La motivación es consistente, aunque con el tiempo pueda variar, la apetencia es variable e inmediata. La voluntad contribuye a que luchemos por aquello que nos motiva, por lo que es necesaria para conseguir nuestros sueños. La voluntad es la capacidad para llevar a cabo acciones, que en ocasiones pueden ser incluso contrarias a nuestras tendencias inmediatas en un momento dado o apetencias. Es fundamental. Sin ella, no somos capaces de hacer lo que realmente deseamos, sin ella tampoco podemos conseguir los objetivos que nos proponemos, sin ella nos podemos dejar llevar por la corriente del contexto. La voluntad es el poder de elección de la consciencia, sobre nuestros actos, nuestras decisiones y también sobre nuestro estado de ánimo.

Como decía Víctor Frank, "la libertad última es escoger cómo me siento" (Romo, 2009).

Si uno decide ser líder, tendrá mucho trabajo por delante. Pero si te gusta (motivación) y estás dispuesto (voluntad), tienes el éxito garantizado. Serás capaz de disfrutar haciéndolo y superar las dificultades. Una persona líder ha de, conocerse, gestionarse, escucharse, ser empáticos, generar emociones positivas, tener iniciativa, tomar decisiones, conseguir resultados. Las cuestiones más profundas sobre la existencia humana giran a menudo alrededor de las cuestiones sobre la voluntad. La voluntad es el poder de elección de la consciencia, el sentir y la acción dirigida por ellos.

Hoy encontramos mucha gente con deseos de cambiar muchas cosas de este mundo, pero sólo estamos en esa etapa del deseo, ¿alcanzaremos pronto las etapas siguientes para hacerlo realidad?

2.- El tipo de liderazgo que se necesita para una cultura de colaboración

En 1994 *Harvard Business*, en su artículo de revisión "ventaja colaborativa", Rosabeth Moss Kanter habla sobre los líderes que reconocen que existen relaciones de negocio críticos "que no pueden ser controlados por los sistemas formales, sino que requiere una densa red de conexiones interpersonales" (Kanter, *Collaborative Advantage: The Art of Alliances*, 1994). En un libro publicado en ese mismo año Chrislip y Larson miran los atributos de los grandes líderes cívicos de las comunidades en los EE.UU. y encontraron algunos atributos similares. "La colaboración requiere un tipo diferente de liderazgo, pero también necesita líderes que puedan salvaguardar el proceso, facilitar la interacción y la paciencia frente a los altos niveles de frustración" (Chrislip & Larson, 1994).

El autor Hank Rubin y presidente, del Instituto de Liderazgo de Colaboración ha escrito "La colaboración es una relación intencional en el que todas las partes deciden cooperar estratégicamente con el fin de lograr un resultado común" (Rubin, 1956). En su libro "Liderazgo de Colaboración: El Desarrollo de Alianzas Efectivas para las Comunidades y Escuelas" Rubin se pregunta: "¿Quién es un líder de colaboración?" y responde "Usted es un líder de colaboración una vez que haya aceptado la responsabilidad de la construcción –o ayudar a asegurar el éxito de– un equipo heterogéneo para lograr un propósito compartido. Sus herramientas son: (1) el ejercicio intencional de su comportamiento, la comunicación y la organización de recursos con el fin de influir en la perspectiva, las creencias y los comportamientos de otra persona (generalmente un socio colaborador) para, influir en la relación de esa persona con usted y su empresa de colaboración y (2) la estructura y el clima de un entorno que apoye la relación de colaboración".

David Acher y Alex Cameron en su libro Liderazgo Colaborativo (Archer & Cameron, 2013): ¿Cómo tener éxito en un mundo interconectado?, identifica la tarea fundamental del líder de colaboración como la entrega de resultados a través de las fronteras entre las diferentes organizaciones. Ellos dicen: "Conseguir el valor de la diferencia está en el corazón de la tarea del líder colaborativo… tienen que aprender a compartir el control y confiar en un socio, a pesar de que la pareja puede funcionar de manera muy diferente a ellos mismos".

Ha habido una serie de proyectos de investigación y revisiones de las lecciones clave para los líderes de colaboración, pero todas se reducen a algunos temas similares. Madeleine Carter, escribiendo para el Centro de Política Pública Efectiva, como parte del proyecto de investigación financiado por el Departamento de Justicia y el Instituto de Justicia del Estado, define cinco cualidades de un líder de colaboración (Carter, 2006):

1. La voluntad de asumir riesgos
2. Oyentes ansiosos
3. Pasión por la causa
4. Optimista sobre el futuro
5. Capaz de compartir el conocimiento, el poder y el crédito

De manera similar, Acher y Cameron listan diez lecciones claves para un líder de colaboración exitoso (Archer & Cameron, 2013):

1. Encontrar la motivación personal para colaborar.
2. Encontrar maneras de simplificar situaciones complejas para su gente.
3. Prepararse para, cómo se va a manejar el conflicto con suficiente antelación.
4. Reconocer que hay algunas personas u organizaciones que simplemente no puede asociarse con…
5. Tener el coraje de actuar en el largo plazo.
6. Gestionar activamente la tensión entre centrarse en la entrega y en la construcción de relaciones.
7. Invertir en fuertes relaciones personales en todos los niveles.
8. Inyectar energía, la pasión y la unidad en su estilo de liderazgo.
9. Tener la confianza para compartir el crédito con generosidad.
10. Desarrollar, continuamente, sus habilidades interpersonales, en particular: la empatía, la paciencia, la tenacidad, la celebración de conversaciones difíciles, y la creación de coaliciones.

Entre las más de 500 definiciones de Liderazgo existentes aún no hay ninguna que satisfaga a todo el mundo. ¿Por qué? Porque todas han sido escritas desde la experiencia de quien las define y sobre la época en que le tocó vivir. Sin embargo, si uno las estudia, son muchas las que hoy día en esta época en que estamos, se repiten en los conceptos involucrados y son útiles de considerar para diversos beneficios; para quienes dirigen un país, una organización, o para quienes forman líderes en cualquier área.

Si pensamos en los atributos del liderazgo en la Edad Media, en el Renacimiento, en las guerras, en los negocios o incluso en la Iglesia se aprecia que los líderes máximos de la iglesia católica han tenido diferentes condiciones de liderazgo y obrado en consecuencia. El Papa Francisco I, ¿no está acaso planteándonos una creencia que busca compartir; que a todas las religiones las une y se les respeta? ¿Otra óptica sobre el comportamiento que debemos tener? El Amor está presente en cada una de sus alocuciones, la tolerancia a quienes, de la diversidad, piensan diferente y aman diferente.

Basándonos en estas reflexiones, hemos creado una fórmula (a las personas les encanta las fórmulas y les ayuda a memorizarlas) que se basa en los principios de varias definiciones de liderazgo, por encontrarlas atingentes al nuevo paradigma que se avecina y que podrían contribuir, todas juntas, al liderazgo colaborativo que necesitamos ahora.

Como lo señalara desde uno de los primeros capítulos, tenemos que investigar mucho más para acercarnos a lo que realmente satisfará esta necesidad de la comunidad mundial.

3.- Nuestra fórmula para lograr el liderazgo colaborativo

Se necesita un nuevo humanismo en la sociedad, empresas, instituciones y organizaciones en general. Esta necesidad trasciende el "conócete a ti mismo" transformándolo en "aprendamos a conocernos para pensar juntos" (Wilber, 1996) y al pensamiento cartesiano que generaliza el "Pienso luego existo" por "Formamos una Inteligencia Colectiva, existimos como comunidad inminente". Estas afirmaciones, y nuestro propio sentir a través de la observación de lo que está ocurriendo, así como la lectura y asistencia a tantos seminarios sobre liderazgo, me llevan a proponerles la siguiente fórmula, así como al ver la diversidad de estilos en las organizaciones me parece que no habría un tipo de liderazgo único. Si alguna persona los puede tener todos sería fantástico; pero sino al menos los equipos directivos debieran estar conformados éstos, con los seis tipos de liderazgo que contiene nuestra fórmula, o al menos, una persona podría tener o alcanzar al menos tres de ellos.

4.- *Liderazgos para la colaboración*

Para lograr una cultura de Colaboración no se necesita un solo estilo de liderazgo sino varios, los cuales no necesariamente deben ser ejercidos por una sola persona.

De la enorme cantidad de definiciones pensamos que los liderazgos que hoy necesitamos para fomentar y asentar esta cultura son aquellos tipos de liderazgos que ayudan a crear la Cultura de Colaboración y que abreviamos CCTANS: Conversacional + Colaborativo + Transformacional + Andrógino + Network + Sustentable (Anguita Godoy, Clase, 2013).

¿Por qué tenemos que asignarle a una sola persona el liderazgo? ¿Y, si sólo tiene algunas de las características requeridas para el liderazgo de colaboración? ¿Quién dijo que un líder debe tener todas las características necesarias para liderar? ¿Tendrá las más de 500 características que tantos han señalado como efectivas? Si estamos hablando de colaboración, ¿por qué no elegir un equipo de líderes que, entre todos ellos, generen la fórmula que se necesita hoy día? ¿Pero no dejar que colaboradores adivinen, sino que cada uno comunique cuál es su tipo de liderazgo de manera que ante una necesidad acudan los colaboradores a quienes tienen las condiciones y las competencias para enfrentarla? ¿Por qué no hacer del liderazgo colaborativo, no una práctica unipersonal sino multipersonal, conociendo de antemano las características de cada uno de los que tienen poder en la organización?

5.- *Algunos resultados que apoyan esta hipótesis sobre el liderazgo*

Muchas son las evidencias, y así lo hemos comprobado en Anguita Consultores, del porqué los líderes no tienen que persistir en las mismas conductas con sus colaboradores como lo hacen hasta el momento una gran mayoría. Las razones son: "Los estilos de liderazgo más colaborativos propician mejores ambientes" (Hay Group, 2016).

"Casi la mitad de los directivos crean un clima desmoralizador que debe ser corregido". Conclusiones de un estudio sobre Liderazgo de Hay Group (Hay Group, 2016).

"Los directivos están obligados a tomar las decisiones necesarias para «cambiar de clima» y crear el ambiente adecuado que mejore el funcionamiento de las empresas, pues cuatro de cada diez ejecutivos propician climas que desmoralizan a sus empleados". A esta conclusión llega un estudio llevado a cabo por la consultora Hay Group. Este estudio, que recogió el comportamiento de 2.800 directivos de doce sectores diferentes en el Reino Unido, considera que es necesario un "cambio de clima" dentro de la empresa, sobre todo en un momento de incertidumbre económica como el que vivimos. Asimismo, identifica seis estilos de liderazgo diferentes y asegura que, cuantos más estilos el directivo sea capaz de usar, más fácilmente creará un ambiente adecuado" (Hay Group, 2016).

"Esto no es gratuito". Según el estudio, esta falla de dirección cuesta al sector financiero en el Reino Unido 8 mil millones de libras.

Otro de los hallazgos del informe es que un tercio de los ejecutivos consultados reconocían que el funcionamiento de sus empresas dependía directamente de la creación de un ambiente de trabajo positivo. Uno de cada cuatro ejecutivos crea dicho clima positivo que posibilita un buen funcionamiento de la organización a todos los niveles, pero únicamente una quinta parte de los encuestados generaban lo que el informe llama una atmósfera de trabajo "energizante".

En contraste, cerca de seis de cada diez fracasan a la hora de generar las circunstancias favorables para que el trabajo se desarrolle del mejor modo posible. Pero hay un dato todavía peor y que aún resta por explicarse: cuatro de cada diez, no sólo fracasan, sino que "triunfan" creando un clima desmoralizador entre sus trabajadores. ¿A qué obedece este?

Asimismo, un 16% de los directivos encuestados lo único que conseguía era un clima "neutral".

"Más de un 30% del funcionamiento de un negocio depende de que el clima laboral sea motivador. En tiempos de incertidumbre económica, maximizar la motivación del *staff* y su esfuerzo voluntario será más importante que nunca", comenta.

El informe concluye que los directivos están obligados a tomar las decisiones necesarias para "cambiar de clima" y crear el ambiente adecuado que mejore el funcionamiento de las empresas.

En la base de ese "cambio de clima" está inevitablemente el que los directivos adopten el liderazgo exacto o preciso en función de su equipo humano.

"Cuanto más amplio sea el estilo de liderazgo usado, más fácilmente se creará ese clima motivador que impulse a la empresa", dice el informe. Los directivos más eficientes son aquellos que mejor adaptan su estilo de liderazgo a las necesidades específicas de una situación o de miembros de su equipo.

El mismo estudio, identifica seis estilos principales de liderazgo que los directivos pueden aplicar en su trabajo: directivo, marcador de pautas, filial, participativo y *coaching*.

De los directivos entrevistados y que sí propiciaban un buen ambiente, tres de cada cuatro usaba regularmente tres o más de estos estilos de liderazgo. Por el contrario, el mismo porcentaje de quienes generaban un clima negativo utilizaban dos o menos.

"Los directivos necesitan confiar en una gama de enfoques y ser capaces de adaptarlos a cada miembro del equipo o de la situación del negocio", añade Chris Watkins (Watkins & Wagner, 1991).

Asimismo, el estudio identifica algunas de las tendencias que los encuestados revelaron respecto a qué estilos de liderazgo usaban con más frecuencia. Así, siete de cada diez se mostraron más inclinados a desarrollar actitudes colaborativas o enfoques basados en la participación del equipo.

Por el contrario, quienes no propiciaban un buen clima se mostraron más partidarios de los estilos individualistas (directivo, marcador de pautas).

"Todo estilo de liderazgo tiene su lugar, todos pueden tener su efecto en determinadas circunstancias", dice Watkins, pero nuestro estudio demuestra que los estilos más colaborativos son los mejores para crecer.

El mensaje que habría que dar a los directivos, concluye el estudio, es que los equipos funcionan mejor cuando se les apoya que cuando se les coacciona.

6.- *Definiendo los atributos de CENTAS*

Esta fórmula, no es una creación mía, sino que he elegido aquellas definiciones que nos parece que son las que se necesitan en la actualidad, si bien no para todos en la mayoría de los casos y apuntan a lograr un Liderazgo Colaborativo.

1. El Liderazgo Conversacional es el uso intencional que el líder hace de la conversación como un proceso clave para cultivar la inteligencia colectiva necesaria para la creación de valor, tanto del negocio como social (Hurley & Brown, 2009).

2. El Liderazgo Espiritual, lejos de toda categoría mística, es aquel capaz de superar toda adversidad, trazar una senda imposible de ver por los demás. El principal rasgo es el carisma, compuesto de la capacidad de inspirar devoción y entusiasmo. Inspirado en valores de lealtad, capacidad técnica e integridad moral. Es capaz de dimensionar la misión colectiva a partir de un propósito superior que le otorga fe y sentido (De La Iglesia & Avruj, 2013).

3. El Liderazgo actual está en el Network (i.e. Redes Sociales), según lo ha señalado Mila Baker (Baker, 2014). Es un modelo centralizado/descentralizado y construido y sostenido por los recursos de cada participante de la red, donde los pares actúan tanto como cliente que como servidor y considera temas de volatilidad, legalidad y escalabilidad. Está teniendo cada día más fuerza a todo nivel social.

4. El Liderazgo Transformacional es aquel que ayuda a tomar consciencia a los demás de sus fortalezas y debilidades y a liderar las posibilidades y sus propias actividades dentro de la organización. Piensa siempre en el desarrollo y crecimiento de sus colaboradores y da y provee ayuda para esta transformación.

   Este concepto tiene muchos autores con diferentes definiciones.

5. El Liderazgo Andrógino, busca objetivos compartidos y crea entornos colaborativos donde las relaciones son horizontales y se busca el bien común. Tienen alta orientación a las personas y alta orientación a la tarea. Valoran la Inteligencia Emocional y da atención a las necesidades emocionales. Se valora la igualdad, y las personas tienen identidades de género flexibles (Sargent, 1983).

6. El Liderazgo Sustentable; "Básicamente, el liderazgo sustentable desarrolla y preserva lo que importa, se difunde y extiende de modo tal de crear conexiones positivas y de desarrollo entre las personas sin hacer daño a otros en el presente o en el futuro" (Wirtenberg, Kelley, Lipsky, & Russell, 2018).

Para esto se apoya en 3 bases que lo sustentan: las personas, la rentabilidad y el planeta llamado también *The Three Bottoms Lines*.

La humanidad tiene la capacidad de lograr un desarrollo sustentable, satisfacer las necesidades del presente sin comprometer la capacidad de satisfacer las propias necesidades de las generaciones futuras (ONU, Informe Nuestro futuro en común o El informe Brundtland, 1987).

Entre las características que debieran tener o desarrollar las personas para tener éste tipo de liderazgo o los que lo seguirán están: Curiosidad, Ansia de Conocimiento, Cultivo de los Sentidos, Manejo de la Ambigüedad, Uso Total del Cerebro, Fomento de Actitudes Sociales, Responsabilidad y Adopción del Enfoque de Sistemas.

7.- *Supuestos de nuestra fórmula CENTAS*

El liderazgo se aprende y... se enseña.

El primer paso es la voluntad (i.e. *will*). Sin ella no se generará el proceso hacia la obtención de competencias para ser líder.

Punto de partida para llegar a serlo (aprendizaje) es, como ya lo hemos señalado varias veces, la toma de consciencia, porque "El verdadero acto de descubrir no consiste en hallar nuevas tierras sino verlas con nuevos ojos" (Proust, 1946).

Lo anterior conlleva una transformación que empieza en uno mismo.

El liderazgo no es una cuestión exclusiva de una posición, ni de un área específica, ni de un tipo de organización, sino que está al alcance de todos los que tienen el deseo, la voluntad y se arriesgan a lograrlo a través de un aprendizaje experiencial.

Las Competencias de Inteligencia Emocional, Personales, Manejo de sí mismo, Conversacionales y Relacionales son condición necesaria pero no suficiente.

Los estilos, son rasgos estructurales de la personalidad y propios de cada persona (i.e. *uniqueness*) por lo que teniendo las competencias no tendría que forzarse, sino que se ejerce desde y con sus características propias, lo que lleva a un comportamiento más coherente, genuino y autosatisfactorio del líder que, lo hace positivo.

8.- El liderazgo colaborativo

Como resultante de la suma de los liderazgos descritos y algo más, podríamos llegar al Liderazgo Colaborativo el que, sin embargo, tiene características propias, o a desarrollar, como las siguientes:

- Confianza en sí mismo y en los demás para intercambiar ideas.

- Compartir pensamientos, sentimientos, ideas.

- Consensuar fines colectivamente.

- Innovación para aumentar la colaboración.

- Caos colaborativo.

- Confrontación constructiva.

- Comunicación y conversación son sentido de comunidad.

- Diseño de espacios físicos que aumenten la colaboración.

Todas estas características son susceptibles de desarrollo y, por lo tanto, de aprendizaje. Debieran ser materia de formación en todos los niveles de una organización, contribuyendo así a un liderazgo colaborativo, y comprender el sentido de la colaboración, contribuyendo a él, para beneficio de la comunidad en que se desenvuelve.

9.- Construyendo la cultura de colaboración a través del aprendizaje colaborativo

Los objetivos que persigue este tipo de aprendizaje es el desarrollo de la persona, junto con el desarrollo grupal con lo cual podríamos alcanzar un mejor desarrollo humano.

¿Cómo se debe dar? En un ambiente: abierto, libre, que estimule la creatividad y donde la motivación está supeditada al compromiso personal, con libertad para participar o no. ¿Qué tipo de procesos requiere? Pueden ser procesos formales e informales donde sea importante el aporte individual: conocimiento y experiencia personal para el enriquecimiento del grupo. Los pasos del proceso grupal no son tan rígidos, pueden cambiar pues se deben adaptar al desarrollo grupal.

Las reglas son generadoras, no limitan ni encasillan, sino que generan creatividad. El desarrollo personal es el objetivo, junto con el desarrollo grupal y la productividad: secundaria. Comparten la interacción, el intercambio de ideas y conocimientos entre los miembros del grupo. Se espera que participen activamente, que vivan el proceso y se apropien de él.

El centro de preocupación es la experiencia en sí misma el aprender colaborativamente unos de otros y es algo que descubren los miembros del grupo rápidamente. La motivación que se genera es intrínseca.

10.- Diferencias entre aprendizaje colaborativo y aprendizaje cooperativo

Los términos de aprendizaje cooperativo, aprendizaje colaborativo, aprendizaje grupal y en ocasiones aprendizaje basado en problemas, son considerados por algunos autores como conceptos semejantes, sin embargo, diversos investigadores los consideran diferentes. Luz María Zañartu Correa (Zañartu Correa, 2002) sostiene que se trata de conceptos diferentes, menciona que cada modelo representa un extremo del proceso de enseñanza–aprendizaje. En el cooperativo el profesor es el responsable de estructurar el proceso, en cambio en el colaborativo la responsabilidad recae en el alumno. Pero aun así en ambos el enfoque radica en que el conocimiento es descubierto por los alumnos y transformado a través de la interacción con el medio, para posteriormente reconstruirlo y ampliarlo con nuevas experiencias de aprendizaje. Por lo tanto, ambos modelos de aprendizaje comparten aspectos, que en esencia tienden a que el aprendizaje surja de una correlación activa entre el profesor y los estudiantes, entre el jefe y sus colaboradores y entre los propios estudiantes o empleados.

Pensamos que este tipo de aprendizaje debiera darse desde la enseñanza parvularia, donde aprenderán las bases de lo que buscamos como cultura de una sociedad: el aprender a escuchar, respetar al otro, ayudar con los conocimientos a otros si el otro no los tiene, a preguntar si no entendió y a explicar de buena manera quien tiene el conocimiento.

A pesar de las confusiones existentes entre estos dos conceptos aún hay distinciones que caracterizan a ambos modelos. El aprendizaje colaborativo presenta como premisas: a) llegar al consenso a través de la cooperación entre los miembros del grupo, b) que la participación de los integrantes del grupo sea directa y exista entre ellos el compromiso y la voluntad de hacer. De tal manera que el aprendizaje colaborativo es una instancia de aprendizaje activo, que se desarrolla en una relación de consenso, pero no de negociación, de discusión, de acuerdos y no de una competencia entre sus integrantes. Fundamentalmente, el aprendizaje colaborativo se basa en estrategias pedagógicas y andragógicas que pueden o no, estar apoyadas con la tecnología de comunicación e informática que generan verdaderos ambientes de aprendizaje interactivo donde el estudiante es el responsable de su aprendizaje, mientras que en el aprendizaje cooperativo el profesor es el que incide de manera central en la estructuración del proceso enseñanza aprendizaje. En el aprendizaje cooperativo se da una división de tareas para posteriormente integrarlas para la consecución del objetivo, en cambio en el aprendizaje colaborativo se comparte la responsabilidad dándole mayor énfasis al proceso más que a la tarea, de tal forma que se construye el conocimiento a través de la colaboración grupal.

La colaboración es una filosofía de la interacción y un estilo de vida personal en el cual los individuos son responsables de sus acciones, incluyendo el aprender y respetar las capacidades y las contribuciones de sus iguales.

Esta colaboración será uno de los comportamientos y actitud clave para llegar a lograr una organización autogestionada como las investigaciones que sugiere Frédéric Laloux para llegar a ser una organización *"Teal"* que es el tipo de organización que ya empieza a crearse (Laloux, 2014).

La cooperación es una estructura de interacción didáctica diseñada para facilitar la realización de un producto final específico o una meta en personas que trabajan juntas en grupo.

En otras palabras, la colaboración es la suma de individuos que se unen para llegar a un fin; y la cooperación es la necesidad de interactuar con el individuo para llegar a un fin.

Últimamente la palabra Conectividad, proveniente de las nuevas tecnologías nos está también indicando la capacidad que tienen los distintos dispositivos electrónicos de poder interactuar con otros, justamente a través de los conectores anteriormente mencionados y que se señalan para su uso. Hoy se ha incorporado en el lenguaje organizacional en los trabajos de equipo, por el psicólogo chileno Marcial Losada (Losada & Heaphy, 2004).

Como hemos estado sosteniendo a lo largo de los capítulos hay demasiadas coincidencias y repeticiones a lo largo de la historia, seguimos creando conceptos... algunos son nuevos, pero no podemos olvidar el volver a las raíces, de dónde provino, cuántos siglos tiene, aunque con otra denominación y aprovechar el conocimiento que los ancestros nos legaran. Tal vez actualizarlos de acuerdo a los nuevos descubrimientos y, a veces, ¡es tan poco lo que se debe cambiar! Pero los desechamos sin reflexionar que tal vez los conceptos también se pueden reciclar a la luz de los cambios de época.

Capítulo XIII

El amor, altruismo y androginia

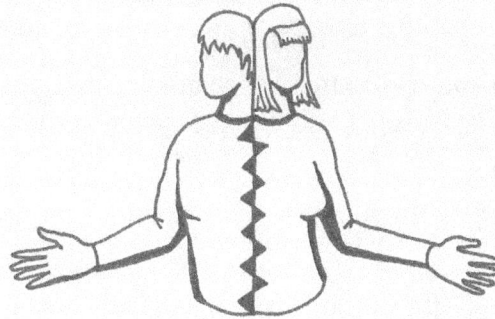

*"Precisamos una revolución
de compasión y amor".
Riane Eisler*

1.- El amor

Uno de los sentimientos más positivos que tienen hombres y mujeres, es el amor, tanto a sí mismo como a los demás, el cual se manifiesta de mil maneras. Debemos concordar que el amor hoy está ausente en nuestras relaciones humanas.

Maturana, y Verden-Zöller (Maturana & Verden-Zöller, 2003), son los primeros científicos que explican el amor de una manera científica. En su concepto de Biología del Amor, el amor no es una cualidad, o regalo o virtud, sino que es un fenómeno biológico relacional. De acuerdo con él, el amor es un fenómeno biológico básico, y es la emoción que constituye la existencia social. Maturana cree que nos enfermamos al vivir de una manera de vivir que, sistemáticamente niega el amor.

Si es biológico y relacional, ¿por qué no está presente en nuestras interacciones en las organizaciones donde trabajamos?, ¿por qué lo dejamos fuera de nuestros sentimientos expresables?, ¿la palabra amor la asociamos al amor de pareja, al sexo, al romance y eso nos da temor? Hablamos de dar amor a través de la compasión, que no es sentir una pena pasiva por lo que le pasa al otro desde una perspectiva minusválida, como lo señala el contexto cristiano, sino que es "la percepción y comprensión, del sufrimiento del otro, y el deseo de aliviar, reducir o eliminar por completo tal sufrimiento" (Maturana & Verden-Zöller, 2003). ¿No es acaso lo que buscamos en la vida, que no haya sufrimiento o al menos, disminuirlo o ser capaz de soportarlo?

¿Qué nos pasa hoy día que nos planteamos con indiferencia ante él? ¿Estamos en el antónimo de crueldad, inhumanidad o insensibilidad? Cuando la solidaridad y cuidado de los demás es una variable propia de la compasión.

La mayoría confunde la compasión con la empatía, siendo esta última menos intensa que la primera y sin los componentes del deseo de aliviar. La empatía es mucho más racional, es el comprender lo que le pasa al otro, pero lo que necesitamos es compasión, buscar la reducción o eliminación del sufrir, cuando sea posible.

¿Cuándo nos enseñaron estos dos conceptos y sus diferencias en nuestra educación? Como muchos otros conceptos que nos ayudan a bien vivir, debiéramos enseñarlos, mostrando sus beneficios, en los niños y en nuestras capacitaciones de adultos en las organizaciones que han venido a suplir lo que no se enseña en los colegios.

De acuerdo con él (Maturana & Verden-Zöller, 2003), "el amor consiste en una conducta o clase de conductas a través de las cuales el otro aparece como un legítimo otro en coexistencia con uno en circunstancias que el otro puede ser uno mismo". De acuerdo con él, no es un asunto de legitimar al otro, o de hacer cosas intencionalmente para legitimar al otro, es un asunto de la conducta a través de la cual la legitimidad del otro no es negada, aún en el desacuerdo.

Maturana afirma que el proceso terapéutico es siempre el mismo, cualquiera que sea la forma de psicoterapia, y que es lograda cuando el terapeuta tiene éxito, a través de la interacción con el paciente, en guiarlo a él o ella, consciente o inconscientemente, a abandonar la negación sistemática de sí mismo y de otros a través de recobrar la biología del amor como el hilo central de su vivir (Ruiz A., 1997). ¿Acaso no estamos enfermos en nuestra sociedad, aquejados por el *stress*, el abuso y abandono de unos con los otros, la indiferencia, la negación del otro declarado como inexistente al no considerar lo que dice o hace y no logra nuestra atención, hasta que irrumpe en un improperio, o huelga o simula trabajar, o anda de mal humor?

2.- *El altruismo, su primo hermano*

Primo hermano del amor, es el altruismo.

Según un estudio realizado por los psicólogos Felix Warneken y Michael Tomasello, del Instituto Max Planck de Antropología Evolutiva de Leipzig, Alemania (Warneken & Tomasello, 2006), el altruismo humano aparece a los 18 meses de edad, lo que sugiere que los seres humanos tienen una tendencia natural a ayudar a los demás.

Cabe preguntarse, ¿por qué esta actitud aparece en las crisis o catástrofes a la que estamos tan sometidos los chilenos? Sólo en esas circunstancias se manifiesta... en algunos y generalmente entre los que tienen menos recursos para ayudar o los jóvenes.

El altruismo es la tendencia desinteresada a procurar el bien ajeno, satisfaciendo las necesidades de otros, aun a costa del propio bien y de satisfacer las propias necesidades, al contrario del egoísmo. El individuo recibe satisfacción, ya sea a través del bienestar emocional del otro, ya sea de su agradecimiento, a diferencia de la bondad aparente del autosacrificio, a veces característico de la formación reactiva y del cual se suele alardear y así reconocemos su inautenticidad.

Al menos, como mecanismo de defensa sería uno de los más sanos, o, al menos, positivos socialmente y con mayor beneficio para la comunidad.

3.- La gerencia andrógina

Históricamente los hombres han dominado el mundo de los negocios, de la política, y de la religión y aún lo hacen. No nos sorprenda entonces, las conductas e ideas masculinas desapasionadas y racionales regidas por el lado izquierdo del cerebro que es el sello entre quienes dirigen nuestras organizaciones. ¿Qué podríamos generar frente a eso en las organizaciones?

Una Gerencia Andrógina, como la llamara Alice Sargent (Sargent, 1983) en su libro del mismo nombre sería lo adecuado para estos tiempos.

¿Qué es la Gerencia Andrógina?, es el comportamiento, que integra, valores y competencias positivas tanto masculinas como femeninos en la persona, proporcionándole así, habilidades para mejorar su desempeño en su vida cotidiana, pero específicamente en el ambiente profesional y el desempeño gerencial y directivo.

Alice Sargent propone una definición de liderazgo que extrae lo mejor de todos nosotros, hombres y mujeres. Ella lo llama andrógino, es decir que tiene las características de ambos sexos. Pero la clave que Sargent hace del término es la coexistencia equilibrada de las fuerzas masculinas y femeninas que actúan con igualdad en la naturaleza para construir y sostener el mundo que nos rodea.

Ha habido poca tolerancia a la sensibilidad, incluso a las lágrimas, como señala una autora. Sin embargo, se hace necesario reconocer hoy en día la necesidad de una administración y liderazgo con rasgos femeninos tales como la calidez, el afecto, la intuición, y un comportamiento nutritivo hacia el otro. Aspectos que, por cultura, los hombres no demuestran.

Ejercicio:

> Piense y escriba qué comportamientos andróginos podrían aplicarse en la organización en que Ud. trabaja. Propóngase conscientemente, tener uno cada día con quienes actúan a diario con Ud. Sería una manera de comenzar las transformaciones necesarias.

4.- *El humor, un nutriente organizacional olvidado*

*"El hombre sufre tan terriblemente en el mundo
que se ha visto obligado a inventar la risa".
Opinaba Nietzsche (1844-1900).*

El sufrimiento del ser humano que, al parecer, es inherente al estar vivo, no es algo que vayamos a eliminar, sin embargo, ¿podríamos disminuir ese negativo sentimiento?

Hace muchos años atrás, al conocer más y más las organizaciones de todo tipo, observaba que la gente no era feliz y acuñé una frase que curiosamente al decirla, las personas lo afirmaban con su cabeza o con sus historias. La frase que les decía era: "¡Oh! Las organizaciones… ese lugar donde tanto se sufre…"

Cuando digo que no eran felices no pienso en que el lugar de trabajo sea para ser feliz, pero si el tiempo que en el pasamos durante una jornada tras otra debe ser placentera, transformar el deber en un relativo placer y sensación de confort, que tenga sentido para cada uno y la sensación de trascendencia en su aporte a los productos o servicios finales.

No se veían contentas las personas en varias de las organizaciones donde trabajáramos. Tampoco las veía reír o sonreír. ¡Pensar que a lo menos 8 horas del día debían permanecer allí! ¿Por qué en nuestra cultura organizacional está mal visto reírse mucho y fuertemente?, se considera de mala educación o la creencia que "cuando se trabaja, se trabaja".

La risa, los chistes, las bromas son un verdadero bálsamo ante "el pasarlo mal", nos recarga de energía positiva. Pero hoy vemos chistes mal intencionados, o que ponen en ridículo a las personas o su comportamiento. Ese humor negro nos estaría indicando las sombras que tiene la organización.

Laura Sánchez (Sánchez) es actriz, comediante y profesora de teatro uruguaya. Ella dice que el sentido del humor es una ayuda invalorable a la hora de crear ambientes más relajados y favorables para la toma de decisiones y la solución de conflictos. Elimina el *stress*, aumenta la productividad, motiva al personal, dispara la imaginación y crea un excelente canal de comunicación.

Uno se pregunta, ¿si tiene tantas virtudes porque no lo practicamos más?

No he visto nunca en las Políticas de Personas nada relativo al sentido del humor ante los problemas serios, en reírse junto al otro, pero no del otro, en compartir anécdotas. Bienvenidas las imitaciones, los juegos de palabras, los disfraces, las representaciones divertidas en las fiestas de aniversarios, la música y el baile. A mayor abundamiento estas actividades u otras debieran incorporarse a las metodologías de aprendizaje ya que la resistencia atencional de las personas no dura más allá de una hora u hora y media, según los últimos estudios de la neurociencia.

Las empresas están comenzando a considerar en su justa medida la importancia del sentido del humor dentro de sus organizaciones. Esto es válido en la cultura norteamericana pero no en nuestro país. En un estudio realizado allí, por la consultora americana *Hodge Cronin & Associates* y que abarcaba a 737 altos ejecutivos, se revelaba que el 98% de los mismos contrataría a una persona con sentido del humor antes que a una que no lo tuviera (Stein, 2017).

Potencia la salud, aumenta la motivación, estimula y favorece el aprendizaje. Frente a los cambios que suelen producir *stress*, querámoslo o no, el uso del humor es un alivio y una carga de energía, también la risa. Potencia la salud, aumenta la motivación, estimula y favorece el aprendizaje. Por otra parte, se sabe por la neurociencia, que además de la oxitocina, la risa libera dopamina, que ayuda a la memoria y procesamiento de la información.

5.- La inteligencia colectiva

La inteligencia colectiva es una de las bases más sólidas y felizmente cada vez más extendida en su uso. Como veremos, la inteligencia colectiva no puede estar ausente en la cultura de colaboración.

"La inteligencia colectiva es una forma de inteligencia que surge de la colaboración y concurso de muchos individuos o seres vivos, generalmente de una misma especie. Hoy es un término generalizado de la cibercultura o sociedad del conocimiento" (Lévy, 1999).

6.- ¿Qué no es la inteligencia colectiva?

Asimilar nuevos conceptos no siempre resulta fácil surgiendo confusiones que pueden resultar muy negativas a la hora de tomarlas en consideración y aplicarlas. Con fines didácticos, es aconsejable pensar en su antónimo o lo que no es.

En primer lugar, la inteligencia colectiva no contempla proyectos y procesos de subordinación de individuos a comunidades. Se trata de cooperar transparentemente, sabiendo en todo momento dónde se está y por qué y para qué. Los proyectos que implican redes de inteligencia colectiva son esencialmente horizontales de manera que todos saben lo que hacen y cuál es el propósito final del proyecto.

Se excluye por tanto cualquier modelo "hormiguero" o la existencia en el proyecto de estructuras jerarquizadas que implique fines colaterales ocultos o parcialmente ocultos. El hormiguero tiene una estructura absolutamente fija, las hormigas están rígidamente divididas en castas. El hormiguero es el paradigma de lo que no es inteligencia colectiva.

7.- Inteligencia colectiva, la cultura colaborativa y ética de la responsabilidad

La inteligencia colectiva está íntimamente relacionada con el desarrollo de cualquier cultura, pero más aún en la colaborativa. Por sus características debemos considerarla como formando parte importante en construcción de la Cultura de Colaboración que buscamos. Efectivamente, nuestro pensamiento se elabora mediante recursos eidéticos, lingüísticos y mediante tecnologías cognitivas que proporciona la comunidad en las que nos hallamos. Como podemos observar en esta frase los recursos o variables a que hemos hecho alusión para lograr esta cultura, están presentes en la conformación de esta inteligencia colectiva; las imágenes, las conversaciones, la dialógica, la información, las redes sociales.

En el modelo de inteligencia colectiva, está el pensamiento de todas las personas, expresados libremente; el que crea, da sentido, perpetúa y mueve el de la sociedad de la que forman parte.

En un colectivo, la comunidad tiene como método de acción la negociación permanente del orden de las cosas, de su lenguaje, del papel de cada miembro, la definición de los objetos y la actualización continua de su memoria. Pero no es desordenado o relativista porque las actividades son evaluadas en tiempo real según muchos criterios los cuales –los criterios- son reevaluados en contexto.

La riqueza enorme de los eventos que se apoyan en la inteligencia colectiva de los asistentes y que encierran estos procesos, radica en el hecho de que los individuos líderes en el espacio del conocimiento, cualquiera sea el tema que los convoca, al interaccionar con diversas personas se abren de manera tal que no se convierten en miembros intercambiables, singulares, también múltiples nómadas y en situación de aprendizaje continuo o de metamorfosis continúa, nutriéndose de la inteligencia que cada uno aporta. Se le expande, a consciencia y/o el conocimiento. Se nutre y él o ella también nutre a los demás con sus conocimientos. Todos aportan a la inteligencia de todos.

Este proyecto biopsicosociológicos con sus múltiples expresiones, que como veremos en el capítulo siguiente es uno de los grandes aportes a una nueva corriente del DO (El DO Dialógico), ha sido considerado como un nuevo humanismo en el espacio del conocimiento, pero aún hay otros pasos que dar incluyendo el DO Tradicional, el DO Dialógico para llegar a lo que hoy preconizamos el DO Transdisciplinario, Holístico y Emergente.

Se debe dejar muy claro que no se trata de fusionar de cualquier manera las inteligencias individuales en una especie de masa informe e indistinta. La inteligencia colectiva consiste en un proceso de crecimiento, de diferenciación y de reactivación mutua de las singularidades. La imagen inestable que puede emerger de sus capacidades, de sus proyectos y de las relaciones multilaterales que sus miembros mantienen en el espacio del conocimiento, constituye para un colectivo, un nuevo modo de identificación, abierto, vivo y positivo. Las personas que asisten a estas prácticas no dejan de reconocer las posibilidades de expresión, sin censura y el compartir o no conversaciones en torno a temas que no le interesan.

Este es el sendero más seguro para que emerjan nuevas formas de democracia y, por ende, modelos más ricos de gobernanza (Lévy, 1999), que se adapten mejor a la complejidad de los problemas actuales, superando las aporías o conocimientos falsos que los dan como realidades algunas personas o grupos que se apreciaran en la mayéutica de Sócrates y que hoy se les plantean a las democracias más avanzadas de manera que podamos vivir estas de una manera ilusionante y realmente participativa. Lo interesante, radica en que al utilizar las tecnologías que se basan en los principios de la inteligencia colectiva los hechos y conocimientos, lo que es falso cae por el peso de la inteligencia de las personas que están en ese grupo dialogando. De lo que de ahí sale, como productos finales, son los que están más cerca de la verdad o bien un buen diagnóstico sin sesgos.

La decisión por consenso es un proceso de decisión que busca, no solamente el acuerdo de la mayoría de los participantes, sino también persigue el objetivo de resolver o atenuar las objeciones de la minoría para alcanzar la decisión más satisfactoria. A la vez consenso significa: un acuerdo general y un proceso para alcanzar dicho acuerdo. La toma de decisión por consenso trata fundamentalmente del proceso. Se ha dicho que el verdadero consenso implica «satisfacer las necesidades de todos». La toma de decisión por consenso intenta denigrar el papel de facciones o partidos y promover la expresión de voces individuales. El método también aumenta la probabilidad de soluciones imprevistas o creativas al yuxtaponer ideas disímiles, pues busca minimizar la objeción; es muy popular en organizaciones voluntarias, donde las decisiones se llevan a cabo cuando generalmente existe una aprobación amplia.

También encontramos en la toma de decisión por consenso, en grupos donde los participantes tienen diferentes áreas de conocimiento, pero trabajan para una meta común. Ejemplo de ello incluye equipos de diseño de proyectos de alta tecnología los cuales deben integrar opiniones, de diferentes personas de diferentes áreas de conocimiento.

Entre las tecnologías que utilizan esta Inteligencia Colectiva en el DO están, el *Open Space*, *World Café*, *Future Search* y muchas otras.

En estas tecnologías no se hace distinción en las conversaciones. Allí conversan aleatoriamente, "moros y cristianos" sean ellos minoría o mayoría o, de mayor o menor *status* y, todos son escuchados. La mayor frecuencia de respuestas de consenso, terminan ser lo que lo que la gente realmente piensa y quiere y siente.

Una vez más, las organizaciones y los países que se dicen tener una democracia participativa no utilizan estas técnicas que les permitiría saber en forma ágil y poco onerosa, lo que piensa y quiere la gente. En cambio, comienzan a suponer o deducir por lo que sus cercanos le dicen sobre lo que la gente "estaría" pensando y toman decisiones controvertidas por aquellos que no tuvieron la oportunidad de expresar su pensamiento, necesidad o deseo.

Esto nos indica que tenemos que "bajar" estas técnicas a las personas que nos rodean como una manera de saber rápidamente, lo que queremos saber sobre una materia dada, o sobre el cambio o los temores que despiertan las innovaciones o los nuevos proyectos. Además, tiene la ventaja que no necesitan el apoyo, la ayuda, la aclaración o contención de jefes, líderes o directivos. Todo está allí, en el grupo que conversa, para proveérselos.

A menudo se piensa que para alcanzar el consenso se requiere más tiempo y esfuerzo. Sin embargo, existen muchos ejemplos de grupos que emplean la toma de decisión por consenso de forma que les permite considerar las opiniones minoritarias y en una tiempo eficiente y adecuado.

Otros grupos, reservan el método de decisión por consenso para las decisiones sobre un tema particularmente complejas, arriesgadas, importantes o "conflictivas". Sin saber que, mejor serán los resultados mientras más difíciles sean las decisiones y cuando utilizamos bien la inteligencia colectiva de los involucrados. Observaremos que en ellos está la respuesta correcta. Nos ahorraríamos muchos sinsabores, tiempo, *stress* y dinero si aprovecháramos estos conocimientos que las ciencias sociales nos ponen a nuestra disposición.

Muchas de las técnicas que se están utilizando actualmente en DO se inspiran en el aprovechamiento de la inteligencia colectiva: la que a su vez se asienta en la Teoría del Caos.

Con esperanza, de que los lectores se hayan hecho las mismas preguntas a que los invité en el libro, y agregado muchas más, en búsquedas de nuevas respuestas y encontradas a través de un conocimiento extensivo y holístico, lecturas, investigaciones transdisciplinarias, para enfrentar la complejidad del mundo en que vivimos.

Y, todos juntos nos lleven a encontrar un mundo mejor en todas las áreas de nuestra vida dentro de las organizaciones, desde la primera ellas que es la familia hasta las más complejas, comenzando siempre, por la individualidad de cada persona, para seguir con los grupos, comunidades, partidos políticos, el país, el mundo y el planeta, también amenazado de distintas formas, por nosotros mismos…

Biografía de la autora

Comenzaré por decir lo que siento… y qué soy en la vida actualmente.

Soy madre, abuela y bisabuela, psicóloga, doctora en psicología, primera mujer doctorada en la Sorbonne y feliz con la vida que me ha tocado vivir, de dulce y de agraz.

Quiero relatar mi proceso de vida, sólo para iluminar a otros cómo, y a pesar de mi asombro, he llegado hasta aquí escribiendo este libro que comenzara hace unos 7 años. Y, cómo, durante ese tiempo, me han acompañado de manera no consciente hasta ahora, distintas circunstancias para ir descubriendo los conceptos, ideas y relaciones entre ellas para compartirlos con ustedes, en lo que pienso debemos actuar en un futuro inmediato. Para hacer frente, no sólo desde el DESARROLLO de ORGANIZACIONES, sino que desde la educación parvularia hasta la universitaria, para enfrentar proyectos, para dirigir un país o lograr la armonía y bienestar que todos buscamos.

Este esfuerzo ha sido realizado desde el inicio; paso a paso, tensión tras tensión, silencio tras silencio, obstáculos por doquier, descansos, reflexiones, conversaciones con otros, vivencias múltiples, ilusiones y desilusiones de personas y de algunos amores, lecturas, presentaciones, charlas, horas de clases, consultoría, talleres en todos los niveles

Juana Anguita G.

jerárquicos, conferencias en la Academia, en Chile y en otros países, mis múltiples viajes por casi todo el mundo, los agrados de tener amistades fieles, divertirme y el jugar con mis nietos cuando jóvenes y ver que cuando ya son grandes, cómo absorbieron mis enseñanzas y los valores humanistas que les transmití sin perder ninguno su singularidad.

Cuando me embarqué en esta aventura, no tuve consciencia del por qué lo hacía. Todo partió cuando me rehusé a "hacer más de lo mismo", al ver que la vida y nuestro entorno había cambiado, desde que introduje la disciplina en Chile y ver que, en las organizaciones, bajo el nombre "Desarrollo Organizacional, no hacía un trabajo científico y estratégico, que es de lo que nos provee la disciplina. Los académicos, además, persistían en enseñar, así como los consultores, internos y externos, a aplicar el DO Tradicional; hacer aquello a lo que estaban acostumbrado hacer, desde que lo aprendió. Y sea por lo ambiguo del nombre, y por la definición de algunos autores, se permitían hacer "cualquier cosa". Pero el mundo ha cambiado, y debemos enfocar todo nuestro quehacer en "mirar con nuevos ojos" la realidad como señala Proust y personalmente, agregaría: con nuevos modelos mentales y nuevas acciones creativas e innovadoras, porque el mundo lo requiere.

Estaba conversando con un amigo, bastante más joven que yo, quien está invitado a cocrear, junto a otros profesionales de diversas disciplinas, este nuevo mirar y actuar y le pregunté con curiosidad; ¿por qué tú quieres trabajar conmigo en este proyecto cuando ya tienes tu carrera direccionada y posicionada? Rápidamente y sin titubear me dijo: "porque tú eres perenne o *perennial*". No entendí de inmediato y cuando se fue investigue más y encontré los siguiente: "*Perennial* no es otra palabra para describir a alguien 'viejo'. No describe una generación", asegura en un texto Gina Pell, creadora del concepto, agrega: "Conozcan a los *perennials*" (definición aprobada por sociólogos, publicistas y expertos del sector). En este término se incluyen a personas de mediana edad, jóvenes, niños o ancianos que cumplan, eso sí, con determinados requisitos, que tal como lo dice el término, estén siempre floreciendo, que no se marchiten ni pierdan sus hojas; es decir, que permanezcan vigentes. Ser abierto de mente, estar al día con la tecnología y constantemente renovándose, son algunas de las características de este grupo de gente -consumidores-, en que la fecha de nacimiento poco influye a la hora de adquirir productos y servicios. Somos personas curiosas, de todas las edades, que sabemos lo que está pasando en el mundo, estamos al día con la tecnología y tenemos amigos de cualquier edad (…) "Un *perennial* siempre ha sabido que la edad no es un límite", y sigue arriesgándose en proyectos, creando ideas e influenciando a otros.

No me asombra haber sido denominada así por este amigo: vibro con nuevas ideas y busco la manera de llevarlas a cabo. Generalmente estas ideas tienen que ver con mi profesión de psicóloga organizacional, también tengo la experiencia, desde siempre, que me adelanto a los años, por lo menos 10 antes que sea aceptada y generalizada mi innovación. Esto no es gratis, acarrea la sensación de no ser comprendida, al ver lo que otros no ven, de ir sola algunos pasos más adelante invitando a otros y, cuando me siguen y lo logro, tengo la gran satisfacción de haber contribuido, un poco a un progreso -país. Pero, como *perennial*, no ceso allí, sino que otras ideas se me vienen a la mente y debo buscar a quienes me acompañarán.

Durante estos 7 años he tenido múltiples experiencias mientras escribía, innumerables coincidencias como las llamarían algunos, pero en realidad eran sincronías como las denominara Carl G. Jung, diciendo que éstas eran acausales y que no obedecen al azar. Una de ellas era que no había escrito nada aún sobre la importancia de no fragmentar el mundo, como solemos hacerlo en tantas cosas y como llegué a descubrir, a través de mis viajes por el Oriente, viendo que hemos ignorado por mucho tiempo esa cultura, su sabiduría y sus comportamientos.

Me di cuenta con sorpresa, que de esto no había hablado. Miro en mi escritorio, desordenado y llama mi atención un apunte escrito, hecho por mí en un papel cualquiera que estaba a mi alcance, y pongo el nombre del autor, en Google; lo primero que aparece, es justo el libro que tenía anotado, tanto tiempo atrás: Ken Wilber y aparece su libro "La Consciencia sin Fronteras. Aproximaciones de Oriente a Occidente al crecimiento personal", (1979) traducido al español por María I. Guastavino (1984) Editorial Kairós S.A.

¿Una sincronía más como las ¡tantas! que me han acompañado en el trayecto de *Somos Todos, Uno*?

Sólo finalizar para decir que muchos de sus pensamientos los he compartido y probado a través de estos años. Los invito a pensar que *Somos Todos, Uno* y a actuar en consecuencia.

Dra. Juana Anguita G.
Verano 2019

Bibliografía utilizada y recomendada

- Aboitiz, F. (2001). *Brain, behavior and evolution, 57*(2), 29.
- Acosta Oviedo, K. (21 de Diciembre de 2018). *Escuela de Organización Industrial.* Obtenido de https://www.eoi.es/blogs/katherinecarolinaacosta/
- Alarcón Anco, R. (s.f.). *Comportamiento organizacional y desarrollo organizacional.* Obtenido de Monografias.com: https://www.monografias.com/trabajos97/comportamiento-organizacional-y-desarrollo-organizacional/comportamiento-organizacional-y-desarrollo-organizacional.shtml
- Allport, G. W. (1961). *Pattern and Growth in Personality.* New York, NY, USA: Holt.
- Anguita Godoy, J. (1975). *Le rôle des aspirations dans le comportement psychosocial et leur influence dans le changement social.* Université Paris Descartes, Sciences Humaines. Paris: ACADEMIE de PARIS.
- Anguita Godoy, J. (1976). Entrevista personal. Cambridge, UK.
- Anguita Godoy, J. (1976). *Las Imágenes, una condicionante del Comportamiento Individual y Colectivo.* Santiago, RM, Chile: Ediciones DERTO. Facultad de Ciencias Económicas y Administrativas. Universidad de Chile.
- Anguita Godoy, J. (1989). Clase.
- Anguita Godoy, J. (2008). Clase.
- Anguita Godoy, J. (2013). Clase. Santiago, RM, Chile.
- Archer, D., & Cameron, A. (2013). *Collaborative Leadership: Building Relationships, Handling Conflict and Sharing Control.* London, UK: Routledge Academic Press.
- Argyris, C., & Schon, D. (1978). *Organizational Learning: A Theory of Action Perspective.* Boston, MA, USA: Addison-Wesley Publishing Company. doi:9780201001747
- Arrien, A. (1991). Lessons from Geese. *Organizational Development Network.*
- Arrien, A. (1993). *The Four-Fold Way: Walking the Paths of the Warrior, Teacher, Healer, and Visionary.* San Francisco, CA, USA: HarperOne.
- Association internationale de sociologie. (1959). Actes du quatrième Congrès mondial de Sociologie. Milan et Stressa.
- Ayala C., L. (29 de abril de 2012). Tolerancia cero al alcohol: Disminuyeron en un 85% los muertos por accidentes de tránsito. *EMOL.* Obtenido de https://www.emol.com/noticias/nacional/2012/04/29/538056/tolerancia-cero-al-alcohol-disminuyo-en-un-85-los-muertos-por-accidentes-de-transito.html
- Baker, M. N. (2014). *Peer-to-Peer Leadership: Why the Network Is the Leader.* San Francisco, CA, USA: Berrett-Koehler Publishers.
- Baumgartner, A. N. (1994). *Macrometanoia: Un nuevo orden, una nueva civilización.* Santiago, RM, Chile: Editorial Sudamericana.
- Beck, D. E., & Cowan, C. C. (2005). *Spiral Dynamics: Mastering Values, Leadership and Change.* Hoboken, NJ, USA: Wiley-Blackwell.
- Beckhard, R., & Harris, R. T. (1977). *Organizational transitions: managing complex change.* Boston, MA, USA: Addison-Wesley Publishing Company.

- Bennis, W. G., & Nanus, B. (2008). *Líderes: Estrategias para un liderazgo eficaz.* Barcelona, España: Ediciones Paidós.
- *Biblia de Jerusalén.* (1979). Bilbao, España: Desclee de Brouwer.
- Bonilla, L., Harnecker, M., & el Troudi, H. (2005). *Herramientas Para La Participación.* Caracas, Venezuela: Servi-k Servicio Gráf. Digital.
- Boudreau, J., & Ramstad, P. (2007). *Beyond HR: The new science of human capital.* Boston, MA, USA: Harvard Business School Publishing.
- Braidot, N. (2016). *Neurociencias Para Tu Vida.* Buenos Aires, Argentina: Ediciones Granica, S.A.
- Burke, W. (2014). On the state of the field: OD in 2014. *OD Practitioner*, 8-11.
- Burke, W. (2017). *Organization Change: Theory and Practice* (5 ed.). Berverly Hills, CA, USA: SAGE Publications. doi:9781506357997
- Bushe, G. R., & Marshak, R. J. (2015). *Dialogic Organization Development: The Theory and Practice of Transformational Change.* San Francisco, CA, USA: Berrett-Koehler Publishers.
- Bushe, G., & Marshak, R. (2009). Revisioning organization development: Diagnostic and dialogic premises and patterns of practice. *Journal of Applied Behavioral Science*, 348-368.
- Camus, A. (1942). *Le Mythe de Sisyphe.* Paris, France: Gallimard.
- Capra, F. (1998). *La trama de la vida: Una nueva prespectiva de los sistemas vivos.* Barcelona, España: Editorial Anagrama. doi:9788433905543
- Carter, M. (2006). The Importance of Collaborative Leadership in Achieving Effective Criminal Justice Outcomes. *Center for Effective Public Policy.*
- Chombart de Lauwe, P.-H. (1970). *Transformations de l'environnement des aspirations et des valeurs.* Paris, France: Anthropos Paris.
- Chopra, D. (2000). *Conocer a Dios.* Barcelona, España: Plaza & Janés Editores S.A.
- Chrislip, D., & Larson, C. (1994). *Collaborative Leadership: How Citizens and Civic Leaders Can Make a Difference.* San Francisco, CA, USA: Jossey-Bass Publishers. doi:9780787900038
- Christenson, R. (2006). *Roadmap to strategic HR: Turning a great idea into a business reality.* New York, NY, USA: AMACOM Books. doi:9780814436356
- Cohen, D. S., & Kotter, J. P. (2005). *The Heart of Change Field Guide: Tools And Tactics for Leading Change in Your Organization.* Brighton, MA, USA: Harvard Business Review Press.
- Cooperrider, D. L., & Whitney, D. (2005). *Appreciative Inquiry: A Positive Revolution in Change.* San Francisco, CA, USA: Berrett-Koehler Publishers.
- Cummings, T. G., & Worley, C. G. (2001). *Organization Development and Change.* Cincinnati, OH, USA: South-Western College Pub.
- Damasio, A. (2010). *Y el cerebro creó al hombre: ¿cómo pudo el cerebro generar emociones, sentimientos, ideas y el yo?* Barcelona, España: Ediciones Destino. doi:9788423343058
- de Castro, J. (2006). *PARA MEJORAR LA VIDA. Introducción a la psicología de Carl Gustav Jung.* Santiago, RM, Chile: Editorial Universidad Católica. doi:9789561408821

- De La Iglesia, P., & Avruj, G. (2013). *Liderazgo Espiritual.* Buenos Aires, Argentina: Editorial Kier. doi:ISBN:9789501728149
- Descartes, R. (1637). *Discours de la méthode.* Leyde, Holanda: Imprimerie de Ian Maire.
- Dorigan, C. (n.d.). The Condor Report Newsletter. Lake Oswego, OR, USA. Retrieved from http://dorigan.com/
- Drucker, P. F. (2001). *Management Challenges for the 21st Century.* New York, NY, USA: HarperBusiness.
- Edwards Bello, J. (1969). *Andando por Madrid y otras páginas.* Santiago, RM, Chile: Editorial Andrés Bello.
- Edwards Bello, J. (1983). *Homo Chilensis.* Valparaíso, RM, Chile: Ediciones Universitarias de Valparaíso.
- Éfeso, H. d. (Circa 500 a. C.). *fragmentum B 20.* Obtenido de https://el.wikisource.org/wiki/Αποσπάσματα_(Ηράκλειτος)#fragmentum_B_20
- Éfeso, H. d. (Circa 500 a. C.). *fragmentum B 49a.* Obtenido de fragmentum B 49a: https://el.wikisource.org/wiki/Αποσπάσματα_(Ηράκλειτος)#fragmentum_B_49 a
- Emelo, R. (2013). *Creating a Modern Mentoring Culture (Infoline: Tips, Tools & Intelligence for Training).* Alexandria, VA, USA: Association for Talent Development. doi:9781562868833
- Fariñas, G. (2006). *Retazos de un ayuno.* La Havana, Cuba.
- Fernandez, N. (2013). *Psicodrama Arquetipal.* Caracas, Venezuela: Altolitho. doi:9789801269649
- Freud, A. (1967). *Le Moi et les mécanismes de défense.* Paris, France: P.U.F.
- Freud, S. (1930). *Le mot d'esprit et ses rapports avec l'inconscient.* Paris, France: Gallimard.
- Fromm, E. (1970). *Espoir et revolution, vers l'humanisation de la technique.* Paris, France: Stock.
- García-Huidobro, C. (2000). *Tics de los chilenos. Vicios y virtudes nacionales según nuestros grandes cronistas.* Santiago, RM, Chile: Catalonia.
- Gawain, S. (2018). *Techniques de visualisation créatrice.* Paris, France: Le Courrier du Livre. doi:9782702914663
- Gendlin, E. (2004). *Process Model.* Circulación Restringida, New York.
- González Torres, M. (2012). Más allá de la motivación: cultivar la voluntad de aprender para hacer frente a las demandas escolares, favorecer el éxito escolar y el desarrollo positivo de los estudiantes . *Revista IDEA (Consejo Escolar de Navarra),* 31-44.
- Graybiel, A., & Smith, K. (2014, June). GOOD HABITS? HABIT Researchers are pinpointing the brain circuits that can help us form good habits and break bad ones. *Scientific American*(310), 38-43. doi:10.1038/scientificamerican0614-38
- Grinberg, M. (2005). *Ken Wilber y la psicología integral.* Buenos Aires, Argentina: Campo de Ideas S.L.
- Guelfenbein, C. (2006). *La mujer de mi vida.* Madrid, España: Editorial Alfaguara.
- Harari, Y. (2016). *Homo Deus: Breve historia del mañana.* Madrid, España: Penguin Random House Grupo Editorial España. doi:9788499926643

- Harari, Y. (2018). *21 lecciones para el siglo XXI*. Madrid, España: Penguin Random House Grupo Editorial España. doi:9788499928678
- Harman, W. (1998). *El cambio de mentalidad: La promesa del siglo XXI*. San Francisco, CA, USA: Berret-Koehler Publisher.
- Harman, W. (2001). *El Cambio de mentalidad: la promesa del siglo XXI*. Buenos Aires, Argentina: Centro de Estudios Ramón Areces. doi:9788480044998
- Harman, W., & Porter, M. (1997). *The New Business of Business: Sharing Responsibility for a Positive Global Future*. San Francisco, CA, USA: Berrett-Koehler Publishers.
- Hawley, J. (1995). *Reawakening the Spirit in Work*. Oakland, CA, USA: Berrett-Koehler Publishers.
- Hay Group. (2016). *Best Companies for Leadership Study*. Hay Group.
- Heider, F. (1958). *The Psychology of Interpersonal Relations*. London, UK: Psychology Press. doi:9780898592825
- Heider, J. (1985). *El TAO de los líderes*. Buenos Aires, Argentina: Del Nuevo Extremo.
- Heifetz, R. A. (1997). *Liderazgo sin respuestas fáciles; Propuestas para un nuevo diálogo social en tiempos difíciles*. Barcelona, España: Ediciones Paidós.
- Heylighen, F. (1990). Classical and Non-classical Representations in Physics. *Cybernetics and Systems*, 423-444.
- Hiatt, J. (2006). *ADKAR - A Model for Change in Business, Government and Our Community*. Fort Collins, CO, USA: Prosci.
- Hofstede, G. (1984). *Culture's Consequences: International Differences in Work-Related Values*. Beverly Hills, CA, USA: SAGE Publications. doi:080391444X
- Hollander, E., & Hunt, R. (1972). *Classic Contributions to Social Psychology: Readings with Commentary*. Oxford, UK: Oxford University Press. doi:9780195015072
- Hultman, K., & Gellermann, B. (2001). *Balancing Individual and Organizational Values: Walking the Tightrope to Success*. San Francisco, CA, USA: Pfeiffer.
- Hunter, D., Bailey, A., & Taylor, B. (1995). *The Zen of Groups. The Handbook for people meeting with Purpose*. Cambridge, UK: Fisher Books. doi:9781555611002
- Hunter, D., Taylor, B., & Bailey, A. (1995). *The ZEN of Groups; The Handbook for People Meeting with a Purpose*. Boston, MA, USA: Da Capo Lifelong Books. doi:9781555611002
- Hurley, T., & Brown, J. (2009, November). *Conversational Leadership: Thinking Together for a Change*. Retrieved from The Systems Thinker: https://thesystemsthinker.com/conversational-leadership-thinking-together-for-a-change/
- James, W. (2011, June 29). The Collected Works of William James. USA. Retrieved August 16, 2018, from https://www.amazon.com/gp/product/B0058RMA3U/
- Janis, I., & Mann, L. (1977). *Decision making: A psychological analysis of conflict, choice, and commitment*. New York, NY, USA: Free Press. doi:0029161606
- Jauset Berrocal, J. (2017). *Música y neurociencia*. Barcelona, España: Editorial UOC.
- Kanter, R. M. (1993). *Men and Women of the Corporation*. USA: Basic Books.

- Kanter, R. M. (1994). Collaborative Advantage: The Art of Alliances. *Harvard Business Review, July-August 1994*. Retrieved August 16, 2018, from https://hbr.org/1994/07/collaborative-advantage-the-art-of-alliances

- Kelvin, L. (1883). Electrical Units of Measurement. In *Popular Lectures Vol. I* (p. 73).

- Kolb, D., & Fry, R. (1975). Towards an applied theory of experiential learning. En C. Cooper, *Theories of Group Process* (págs. 33-57). London, UK: John Wiley.

- Kottak, C. P. (2007). *Antropologia cultural*. New York, NY, USA: McGraw-Hill Inc.

- Kotter, J. P. (1996). *Leading Change*. Brighton, MA, USA: Harvard Business Review Press.

- Krech, D., Crutchfield, R., & Ballachey, E. (1978). *Psicología Social* (3 ed.). Madrid, España: Biblioteca Nueva. doi:9788470300301

- Krüger, W. (1981). *Techniken der organisatorischen Problemanalyse*. Wiesbaden, Alemania: Gabler Verlag.

- Kuhn, T. S. (1981). *La estructura de las revoluciones científicas*. México, DF, México: Fondo de Cultura Económica.

- Kutner, B., Wilkins, C., & Yarrow, P. (1952, August). Verbal attitudes and overt behavior involving racial prejudice. *Journal of Abnormal Psychology*, 649-652. doi:10.1037/h0053883

- Lagos, C. R. (1994). *Desarrollo Organizacional en Latinoamérica: Perspectivas, Estrategias y Experiencias de Desarrollo Organizacional e Institucional para Afrontar los Desafíos del Cambio* (Vol. ME/055). Ciudad de Guatemala, Guatemala: INCAP.

- Laloux, F. (2014). *Reinventing Organizations: A Guide to Creating Organizations Inspired by the Next Stage in Human Consciousness*. Millis, MA, USA: Nelson Parker.

- LaPiere, R. (1934, December). Attitudes vs. Actions. *Social Forces, 13*(2), 230-237. doi:10.2307/2570339

- Larrauri, M. (20 de junio de 2015). *Para todos la filosofía (20): "Conócete a ti mismo"*. Obtenido de Filosofía para Profanos: https://filosofiaparaprofanos.com/2015/06/20/para-todos-la-filosofia-20-conocete-a-ti-mismo/

- Lévy, P. (1999). *Collective Intelligence: Mankind's Emerging World in Cyberspace*. New York, NY, USA: Basic Books. doi:9780738202617

- Lévy, P. (24 de Junio de 2007). La inteligencia colectiva, nuestra más grande riqueza. *Le Monde*.

- Lewin, K. (1946). Action Research and Minority Problems. *Journal of Social Issues*(2), 34-46. doi:10.1111/j.1540-4560.1946.tb02295.x

- Lorenz, K. (1950). The comparative method in studying innate behavior patterns. *Symposia of the Society for Experimental Biology*, (pp. 221-254).

- Losada, M., & Heaphy, E. (2003). *El papel de la Positividad y la Conectividad en el Desempeño de Equipos de Alto Rendimiento de Negocios - Modelo de Dinámica no Lineales*. Obtenido de unegocios.cl: http://clases.unegocios.cl/fdescargas/4946/losada.-el-papel-de-la-positividad-(1).pdf

- Losada, M., & Heaphy, E. (2004, February). The Role of Positivity and Connectivity in the Performance of Business Teams: A Nonlinear Dynamics Model. *American Behavioral Scientist, 47*(6), 740-765. doi:10.1177/0002764203260208

- Lowe, P. (1989). *The Experiment Is Over*. New York, NY, USA: Roximillion Publications Corporation. doi:9780924239007
- Lynch, W. F. (1973). *Images of Faith: Exploration of the Ironic Imagination*. Notre Dame, IN, USA: University of Notre Dame Press.
- Malinowski, B. (1984). *Una teoria científica de la cultura*. Madrid, España: Sarpe.
- Mallard, S. (2018). *Disruption - Intelligence artificielle, fin du salariat, humanité augmentée*. Paris, France: Dunod. doi:9782100777105
- Margulies, N., & Raia, A. (1975). *Organizational Development: Values, Process and Technology*. New York, NY, USA: McGraw-Hill Inc.
- Mas, J. (22 de Diciembre de 2018). *En busca del sentido*. Obtenido de http://juanma-enbuscadelsentido.blogspot.com/2012/11/trascender.html
- Maturana, H. (1991). *El sentido de lo humano*. Santiago, RM, Chile: Dolmen Ediciones, S.A. doi:9562011150
- Maturana, H. (2004). *¿La realidad objetiva o construida? Fundamentos biológicos del conocimiento*. Barcelona, España: Anthropos Editorial.
- Maturana, H. (2015). La concepción de Maturana acerca de la muerte. *CES Psicología, 8*(2), 182-199.
- Maturana, H., & Verden-Zöller, G. (2003). *Amor y juego: fundamentos olvidados de lo humano, desde el patriarcado a la democracia*. Santiago, RM, Chile: J. C. Sáez Editor. doi:9789567802524
- Mead, G. (2006). *L'esprit, le soi et la société* (éd. 1). Paris, France: puf - Presses Universitaires de France. doi:9782130554165
- Michael J., M. (1991). *Human Change Process: The Scientific Foundations of Psychotherapy*. New York, NY, USA: Basic Books.
- Minahan, M. (2016). OD: Sixty Years Down, and the Future to Go. *OD Practitioner, 48*(1), 5-10.
- Ministry of Information and Broadcasting, Government of India. (1964). Chapter: General Knowledge About Health XXXII: Accidents Snake-Bite. En M. Gandhi, *The Collected Works of Mahatma Gandhi, Volume XII, April 1913 to December 1914* (págs. Start Page 156, Quote Page 158). The Publications Division, Ministry of Information and Broadcasting, Government of India.
- Molina, A. (2015). *SATI, meditación en acción*. Santiago, RM, Chile: Cuarto Propio. doi:9789562607117
- Moltedo, A. (2008). La evolución de la obra y el modelo de Vittorio Guidano: Notas hitóricas y biográficas. *Revista de Psicología*, 65-85.
- Montero, C. (2016). *De la ciencia a la conciencia, un viaje interior*. Santiago, RM, Chile: Penguin Random House Group Editorial S.A.
- Morin, E. (1996). *Mis demonios*. Barcelona, España: Editorial Kairós.
- Morin, E. (2003). *El Método V: La humanidad de la humanidad. La identidad humana*. Madrid, España: Ediciones Cátedra.
- Morin, E. (2010). Complejidad restringida, complejidad general. *Revista estudios*, 81-135.
- Mumford, L. (1956). *The Transformations of Man*. New York, NY, USA: Harper & Brothers.
- Naranjo, C. (2015). *Cosas que vengo diciendo*. Buenos Aires, Argentina: Kier.

- Newberg, A., & Waldman, M. (2014). *Words Can Change Your Brain.* London, UK: Penguin Random House UK. doi:9780142196779
- Nicolescu, B. (1996). *La transdisciplinarité: Manifeste.* Paris, France: Editions du Rocher.
- Noer, D. (2017). *Humanistic Consulting: Its History, Philosophy and Power for Organizations.* Jefferson, , NC, USA: McFarland & Company. doi:9781476667799
- ONU. (1987). *Informe Nuestro futuro en común o El informe Brundtland.* New York. Obtenido de https://undocs.org/es/A/42/427
- Ortega y Gasset, J. (1935). *Revista de Occidente.*
- Owen, H. (1997). *Open space technology.* San Francisco, CA, USA: Berrett-Koehler Publishers.
- Payot, J. (1926). *La Educación de La Voluntad.* Madrid, España: Biblioteca Científico-Filosófica.
- Perls, F. (1965). Fritz Perls and Gloria - Counselling Full Session.
- Piaget, J. (1964). *Six études de psychologie.* Paris, France: Gonthier.
- Piaget, J. (1974). *La prise de conscience* (Vol. 6). Paris, France: PUF, Presses universitaires de France. doi:ISSN 0768-1623
- Piaget, J. (1985). *La Toma de conciencia* (3 ed.). Madrid, España: Ediciones Morata. doi:9788471120182
- Pór, G. (2003). *Blog of Collective Intelligence (since 2003).* Obtenido de https://blogofcollectiveintelligence.com/
- Prather, H. (1975). *Palabras a mi mismo.* Santiago, RM, Chile: Editorial Cuatro Vientos. doi:9789876090698
- Prigogine, I. (1996). *El Fin de las Certidumbres.* Santiago, RM, Chile: Editorial Andrés Bello.
- Prosci Inc. (2018, December 22). *What is Change Management?* Retrieved from https://www.prosci.com/resources/articles/what-is-change-management
- Proust, M. (1946). « *Albertine disparue* », dans *À la recherche du temps perdu, vol. 15.* Paris, France: Gallimard.
- Psicología-Online. (12 de Marzo de 2018). *La teoría de las necesidades de Murray y la de McClelland.* Recuperado el 16 de Agosto de 2018, de Psicología-Online: https://www.psicologia-online.com/la-teoria-de-las-necesidades-de-murray-y-la-de-mcclelland-1774.html
- Pyzdek, T., & Keller, P. (2018). *The Six Sigma Handbook, 5E 5th Edition* (5 ed.). New York, NY, USA: McGraw-Hill Education. doi:9781260121827
- Reyes, J. P. (1993). *Introducción a la psicología de Carl Gustav Jung.* Santiago, RM, Chile: Editorial Universidad Católica.
- Rigoli, M., & Ross, L. (2010). *Renacer espiritual en la empresa. Evolución de la conciencia en el trabajo.* Santiago, RM, Chile: Catalonia. doi:9789563240740
- Robertson, P., Roberts, D., & Porras, J. (1993, June). Dynamics of Planned Organizational Change: Assessing Empirical Support for a Theoretical Model. *The Academy of Management Journal,* 619-634. doi:10.2307/256595
- Rokeach, M. (1968, January). A theory of organization and change within value-attitude systems. *Journal of Social Issues,* 13-33. doi:j.1540-4560.1968.tb01466.x

- Romo, M. (17 de Abril de 2009). *El ejercicio de la voluntad: la decisión de ser líder.* Recuperado el 16 de Agosto de 2018, de MR : Marta Romo: http://www.martaromo.es/2009/04/17/el-ejercicio-de-la-voluntad-la-decision-de-ser-lider/
- Rosen, E. (2007). *The Culture of Collaboration: Maximizing Time, Talent and Tools to Create Value in the Global Economy.* San Francisco, CA, USA: Red Ape Publishing. doi:9780977461707
- Rubin, H. H. (1956). *Collaborative Leadership: Developing Effective Partnerships in Communities and Schools.* London, UK: Corwin Press.
- Rudd, M., Vohs, K., & Aaker, J. (2012, October 1). Awe expands people's perception of time, alters decision making, and enhances well-being. *Psychological Science, 23*(10), 1130-1136. doi:10.1177/0956797612438731
- Ruiz, A. (1997). *Las contribuciones de Humberto Maturana a las Ciencias de la Complejidad y la Psicología.* Culiacán, Sinaloa, México: Universidad Autónoma de Sinaloa.
- Ruiz, P. R. (27 de enero de 2009). *gerencia y cambio de la cultura organizacional.* Recuperado el 10 de enero de 2019, de https://congresorh.wordpress.com/2009/01/27/paulr/
- Russell, P. (2014). *Ciencia, conciencia y luz.* Barcelona, España: Editorial Kairós. doi:9788472455085
- Sánchez, L. (s.f.). *Laura Sánchez.* Obtenido de Espacio Teatro Uruguay: https://www.espacioteatrouruguay.com/curriculum-laura-sanchez
- Sardar, Z., & Abrams, I. (1999). *Introducing Chaos.* London, UK: Icon Books. doi:9781840460780
- Sargent, A. G. (1983). *The Androgynous Manager.* New York, NY, USA: AMACOM Books.
- Schein, E. H. (1982). *Consultoria de procesos: su papel en el desarrollo organizacional.* México, DF, México: Fondo Educativo Interamericano.
- Schein, E. H. (2009). *Helping: How to Offer, Give, and Receive Help.* San Francisco, CA, USA: Berrett-Koehler Publishers.
- Schuschny, A. (2008). *La red y el futuro de las organizaciones.* Buenos Aires, Argentina: Kier. doi:9789501731040
- Senge , P. (1990, October). The Leader's New Work: Building Learning Organizations. *Sloan Management Review*(32), 7-23.
- Simpkins, C., & Simpkins, A. (2010). *The Dao of Neuroscience: Combining Eastern and Western Principles for Optimal Therapeutic Change.* New York, NY, USA: W. W. Norton & Company. doi:9780393705973
- Stein, J. (16 de Noviembre de 2017). El humor es un negocio serio. *América economía.* Obtenido de https://www.americaeconomia.com/analisis-opinion/el-humor-es-un-negocio-serio
- Stroke, S. (2002). Relaciones Humanas. *Jera. Escuela Sevillana de Psicoterapia Gestalt.* Sevilla. Obtenido de https://www.fritzgestalt.com/artisuzy.htm
- Sutich, A. (1969). Some considerations regarding transpersonal psychology. *The Journal of Transpersonal Psychology*(1), 15-16.
- Tirapegui, E. (s.f.). Comunicación personal. (J. Anguita, Entrevistador)

- Torralba Roselló, F. (2014). *Inteligencia espiritual.* Barcelona, España: Plataforma Editorial.
- Triandis, H. (1974). *Actitudes y cambios de actitudes.* Barceona, España: Ediciones Toray. doi:9788431010577
- Valenzuela, F. (1984). Las ideas no Tienen Historia. *Revista Chilena de Humanidades, 5,* 69-77.
- Varela, F. (2000). *El fenómeno de la vida.* Santiago, RM, Chile: Editorial Dolmen.
- Varela, F. J. (1990). *CONOCER; Las ciencias cognitivas: tendencias y perspectivas. Cartografía de las ideas actuales.* Barcelona, España: Gedisa editorial.
- Varela, F., & Hayward, J. (1997). *Un puente para dos miradas.* Santiago, RM, Chile: Dolmen Ediciones. doi:9789562013352
- Warneken, F., & Tomasello, M. (2006, March 3). Altruistic Helping in Human Infants and Young Chimpanzees. *Science, 311*(5765), 1301-1303. doi:10.1126/science.1121448
- Warnken, C. (2 de marzo de 2017). El primer día de clases. *El Mercurio,* págs. Cuerpo A, pág. 3.
- Watkins, C., & Wagner, P. (1991). *La disciplina escolar.* Barcelona, España: Ediciones Paidós. doi:9788475097077
- Wheatley, M. (2014). *How Does Raven Know? : Entering Sacred World : A Meditative Memoir.* USA: Margaret Jean Wheatley Incorporated. doi:9780982669914
- Wikipedia. (22 de Diciembre de 2018). *Noética.* Obtenido de https://es.wikipedia.org/wiki/Noética
- Wilber, K. (1979). *La Consciencia sin Fronteras. Aproximaciones de Oriente a Occidente al crecimiento personal.* (M. Guastavino, Trad.) Barcelona, España: Editorial Kairós. doi:9788472452787
- Wilber, K. (1996). *A Brief History of Everything.* Boulder, CO, USA: Shambhala Publications.
- Wirtenberg, J. (2014). *Building a Culture for Sustainability. People, Planet and Profit in a New Green Economy.* Santa Barbara, CA, USA: Praeger. doi:9781440803765
- Wirtenberg, J., Kelley, L., Lipsky, D., & Russell, W. (2018). *The Sustainable Enterprise Fieldbook Building New Bridges* (Second Edition ed.). London, UK: Routledge Academic Press. doi:9781783534173
- Wirtenberg, J., Russell, W., & Lipsky, D. (2008). *The Sustainable Enterprise Fieldbook: When It All Comes Together.* London, UK: Routledge Academic Press. doi:9781906093099
- Wittgenstein, L. (1921). *Tractatus Logico-Philosophicus.* Austria: W. Ostwald's Annalen der Naturphilosophie.
- YA, R. (23 de Febrero de 2016). Entrevista a Isabel Behncke. *El Mercurio.*
- Zañartu Correa, L. (2002). Educar a jóvenes marginales con ordenadores en red. . *Comunicar, Revista Científica de Comunicación y Educación;*(18), 117-121.
- Zinker, J. (2006). *El Proceso Creativo en la Terapia Gestáltica.* México, DF, México: Ediciones Paidós.

Colofón

Este libro se imprimió mecánicamente, no sabemos dónde ni cuándo, por algún robot dedicado a la impresión bajo demanda. Por lo tanto, nos es imposible indicar cuántos ejemplares han sido producidos a la fecha ni cuántos lo serán en el futuro. Esperamos que se haya usado papel Bond blanco y una tapa de cartulina polilaminada a color, con una encuadernación rústica mediante *hotmelt*. Por lo menos estamos seguros de haber usado la tipografía *Book Antigua*, en varios tamaños y variantes, para la mayoría de su interior.

S

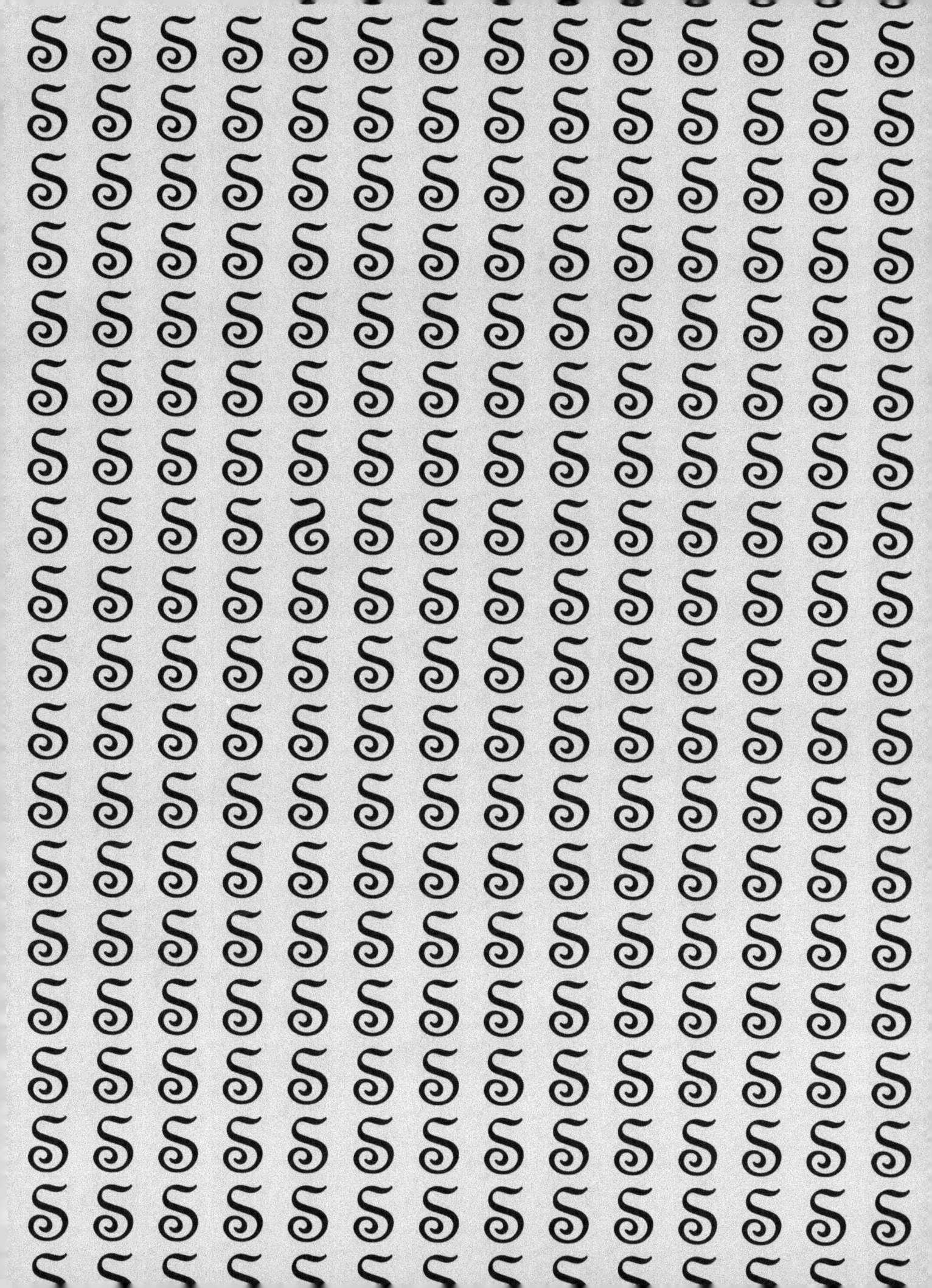

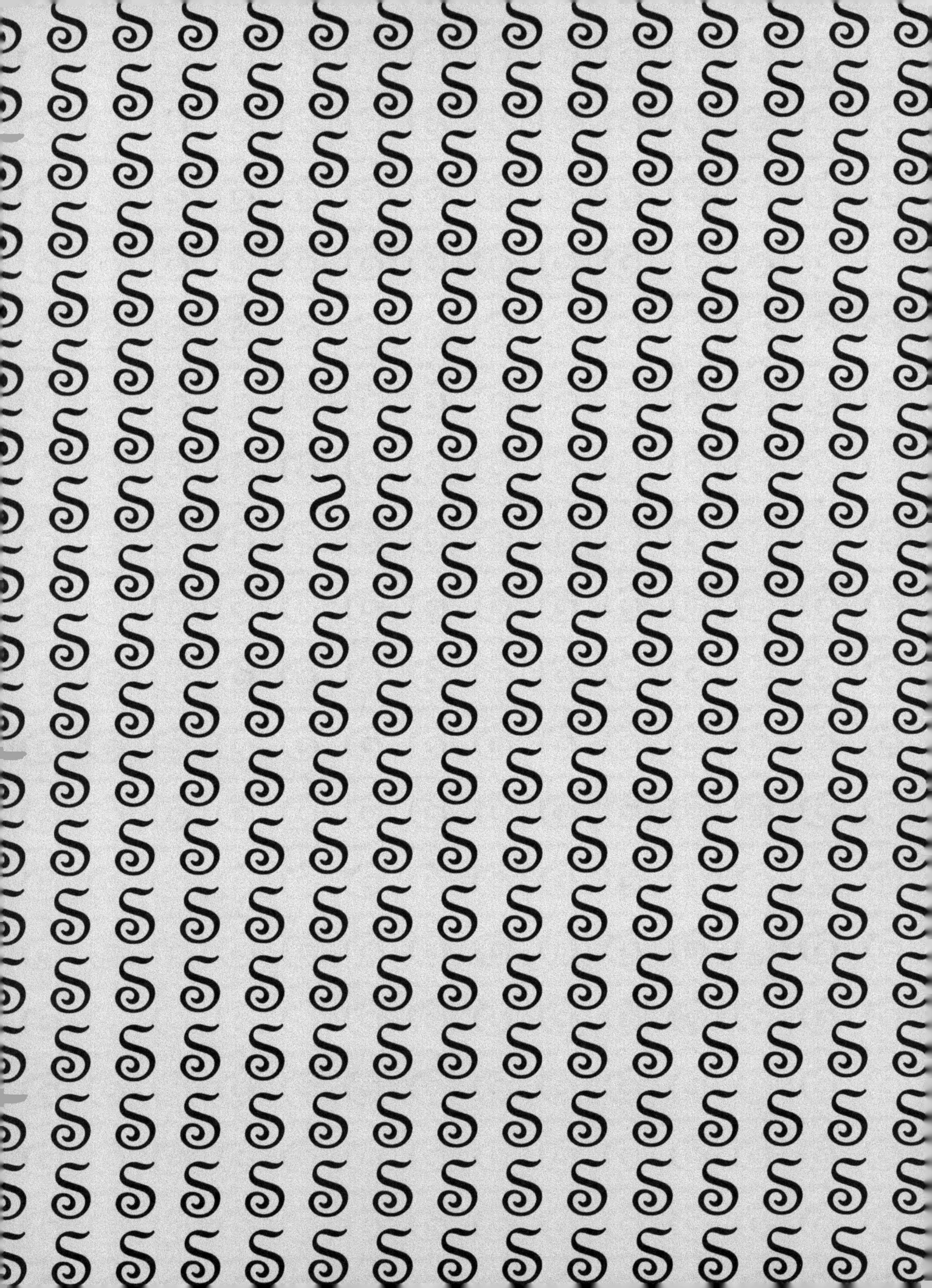

www.ingramcontent.com/pod-product-compliance
Lightning Source LLC
Chambersburg PA
CBHW080245030426

42334CB00023BA/2712